全国教育科学"十三五"规划 2020 年度教育部重点课题"'双高计划'建设背景下高职院校产业学院建设、运营与评价机制研究"（课题批准号：DJA200306）研究成果

职业技能等级证书与专业人才培养融合路径与案例研究

张志东　著

中国石油大学出版社
CHINA UNIVERSITY OF PETROLEUM PRESS

山东·青岛

图书在版编目（CIP）数据

职业技能等级证书与专业人才培养融合路径与案例研
究／张志东著 . -- 青岛：中国石油大学出版社，
2023.2

ISBN 978-7-5636-7792-4

Ⅰ. ①职… Ⅱ. ①张… Ⅲ. ①职业教育－专业人才－
人才培养－培养模式－研究－中国 Ⅳ. ① G719.2

中国国家版本馆 CIP 数据核字（2023）第 035747 号

书　　名：职业技能等级证书与专业人才培养融合路径与案例研究

ZHIYE JINENG DENGJI ZHENGSHU YU ZHUANYE RENCAI PEIYANG
RONGHE LUJING YU ANLI YANJIU

著　　者：张志东

- -

责任编辑：李　　明（电话　0532-86983564）
责任校对：刘平娟（电话　0532-86983561）
封面设计：乐道视觉

- -

出　版　者：中国石油大学出版社
　　　　　　（地址：山东省青岛市黄岛区长江西路 66 号　邮编：266580）
网　　　址：http://cbs.upc.edu.cn
电子邮箱：jichujiaoyu0532@163.com
排　版　者：青岛友一广告传媒有限公司
印　刷　者：泰安市成辉印刷有限公司
发　行　者：中国石油大学出版社（电话　0532-86983437）
开　　本：710 mm × 1 000 mm　1/16
印　　张：13
字　　数：250 千字
版 印 次：2023 年 2 月第 1 版　2023 年 2 月第 1 次印刷
书　　号：ISBN 978-7-5636-7792-4
定　　价：58.00 元

·前　言·

　　"学历证书＋若干职业技能等级证书"制度（1+X 证书制度）是职业教育作为类型教育的重要特征体现，是落实立德树人根本任务，完善职业教育和培训体系，深化产教融合、校企合作的重大制度设计，为复合型技术技能人才成长提供了通道，为解决职业教育与经济社会发展联系不够紧密等问题提供了依据。自2019 年《国家职业教育改革实施方案》提出在职业院校、应用型本科高校启动1+X 证书制度试点工作以来，国内学者对职业技能等级证书开展了大量相关研究。

　　本书以职业技能等级证书有机融入职业院校专业人才培养的路径和典型案例为研究对象，梳理融合现状，在系统论等相关理论的视角下，结合融合的具体实践，探索可复制、可推广的融合模式和路径，并提出建议。全书在以下几个方面进行了创新探索：

　　一是融合理念创新。针对 1+X 证书制度试点过程中的瓶颈问题，从系统论视角，创新地提出了"催化、合力、共生"的融合理念，将"1"与"X"融合的内涵从物理变化升华到化学反应。"催化"，"X"对"1"产生催化作用，形成一个整体，实现产教深度融合，为职业教育增值，为职业教育培养的学生赋能；"合力"，"1"与"X"共同服务于人才培养，助力职业教育提质培优；"共生"，"1"与"X"共生共长，实现校企紧密合作，形成新的职业教育发展生态，促进职业教育实现"三个转变"。

　　二是遴选模型创新。将德尔菲法和层次分析法引入证书遴选模型构建过程，从国家产业布局、区域产业发展需求、就业需要和学生发展意愿等维度，由专家确定对人才培养影响最大的指标，构建分层分类的指标体系，将证书职业技能与指标体系逐项匹配，根据匹配程度的高低，确定主要融合、次要融合、部分融合和不融合四个融合层次的 X 证书，建立"四维四层"证书遴选矩阵，为 1+X 证书融合路径的实施奠定基础。

三是融合路径创新。职业技能等级证书与专业人才培养融合是提升学生职业技能、增强学生就业创业本领的重要途径。针对目前融合过程中存在的证书与专业人才培养融合度不高、融合质量反馈机制不健全、融合保障机制不完善等问题，研究职业技能等级证书与专业人才培养免修、重排、强化、补充、拓展、新增六类融合路径，并在专业中开展融合实践，构建"厚基础、精技能、强拓展"的融合课程体系，实施"两阶段、三协同、多元化"的融合育人模式，建立"双认可"的融合质量反馈机制，为深入推行 1+X 证书制度提供理论与实践参考。

四是成效评价创新。从效果导向出发，全面筛选职业技能等级证书对技术技能人才培养的影响因素，构建雷达图视域下 1+X 证书制度育人效果评价指标体系，科学合理地评价职业技能等级证书对夯实学生可持续发展基础、拓展就业创业本领的作用。从完善遴选机制、优化融合路径、改革育人模式、创新效果评价等维度提出提升育人效果的策略，对推进 1+X 证书制度在院校全面推行，提升技能输出质量具有促进作用。

本书是项目组研究团队集体智慧的结晶，团队主要成员所在的山东商业职业技术学院为中国特色高水平高职院校（A 档）建设单位。笔者在写作过程中得到了众多业内专家、兄弟院校职教同人的悉心指导和帮助，特别是在项目研究过程中，从潍坊工程职业学院、北京电子科技职业学院、济南职业学院、青岛酒店管理职业技术学院、山东商务职业学院、杨凌职业技术学院、武汉职业技术学院等多家院校征集了 119 个案例，本书选取了 6 个典型案例向读者进行展现。笔者在写作过程中还学习、参考和引用了诸多专家的思想和研究成果，在此对以上各专家、同人一并致以衷心的感谢！

由于笔者水平有限，书中难免有不尽完善之处，恳请广大读者批评、指正。

张志东

2022 年 5 月

·目 录·

第一章

学历证书＋若干职业技能等级证书制度是新时代职业教育的重要制度设计

《国家职业教育改革实施方案》明确提出，"从 2019 年开始，在职业院校、应用型本科高校启动'学历证书＋若干职业技能等级证书'制度试点（以下称 1+X 证书制度试点）工作""试点工作要进一步发挥好学历证书作用，夯实学生可持续发展基础，鼓励职业院校学生在获得学历证书的同时，积极取得多类职业技能等级证书，拓展就业创业本领，缓解结构性就业矛盾"。

截至 2021 年 6 月，教育部已牵头认定了 4 批职业教育培训评价组织和职业技能等级证书，共批准职业教育培训评价组织 301 家，涉及职业技能等级证书447 种。1+X 证书制度作为落实立德树人根本任务、健全职业教育培训体系、深化产教融合校企合作的重要制度设计，对于深化复合型技术技能人才培养培训模式改革具有积极的促进作用。

第一节　我国职业证书发展过程

学历证书和职业证书是以就业为导向的专业人才培养过程中涉及的重要证书。其中，职业证书包括职业资格证书和职业技能等级证书，它们共同构成了国家职业资格证书制度体系。国家职业资格证书制度是劳动用工就业准入制度的重要组成部分，也是国家证书制度和国家考试制度的一种形式。我国的国家职业资格证书制度正式建立于 1995 年 1 月 7 日，当日发布的《职业资格证书制度暂行办法》规定,职业资格包括从业资格和执业资格。开展职业技能鉴定和实施职业资格证书制度,是贯彻落实科教兴国战略方针的一项重要举措,也是开发人力资源的一项战略措施,对于劳动者素质的提升、技能人才的培养和技能型社会的建设,以及促进劳动力市场和社会经济发展都具有重要意义。

一、学历证书、职业资格证书与职业技能等级证书的概念

(一) 学历证书

学历证书具有求学、学习的历史或经历的含义,是在学制系统内实施学历教育的学校或其他教育机构颁发的毕业证书,颁发给在学制系统内完成一定教育阶段学习任务的受教育者。《中华人民共和国教育法》规定:经国家批准兴办或认可的学校和其他教育机构,按照国家有关规定颁发学历证书或其他学业证书。未经批准和认定的学校和其他教育机构,不得擅自颁发学历证书。

学历证书是学习经历和受教育程度的证明文件,职业证书是个人具有职业技能和专业水平的证明和认定文件,两者分别代表一个人的综合文化程度和专业(职业)程度,是相辅相成的,而不是对立的。对于一个国家或社会而言,职业证书的真实性、权威性和适用性才是其生命之所在。作为一个人综合文化程度和专业水平的外在标志,学历证书一直在现代社会生活中发挥着重要的作用。

(二) 职业资格证书

职业资格是从事某一职业所必需的学识、技术和能力的基本要求,包括技能人员职业资格和专业技术人员职业资格。职业资格证书是国家承认申请人所学专业(工种)的知识、技术和能力的证明,是求职、任职、独立开业和单位聘用的主要依据,是指依据《职业资格证书规定》,经人力资源和社会保障部门(或原劳动保障部门)和行业(企业)职业技能鉴定机构鉴定,并由相应行政主管部门核发的职业技能等级证书。职业资格证书分为行政许可类职业资格证书(执业资格)和水平评价类职业资格证书(专业技术资格)。行政许可类职业资格是指国家对涉及公共安全、人身健康、人民生命财产安全等的特定职业(工种),依据有关法律、行政法规或国务院决定设置的行政许可。水平评价类职业资格是指国务院人事劳动保障部门根据经济社会发展需要,会同国务院有关主管部门制定职业标准,在社会通用、专业性强、技能要求高(非行政许可类职业资格)的职业(工种)中建立的能力水平评价体系。

2021年,为落实国务院"放、管、服"改革要求,结合近年来国务院有关部门

职责调整和行政审批事项改革,人力资源和社会保障部门对 2017 年发布的《国家职业资格目录》进行了调整。调整后,列入专业技术人员职业资格 59 项,其中,准入类 33 项,水平评价类 26 项。

(三) 职业技能等级证书

2019 年 12 月 30 日,国务院常务会议决定分步取消水平评价类技能人员职业资格,推行社会化职业技能等级认定。职业技能等级证书不再由政府或其授权单位认定发证,改由人社部门(含其他部委)备案的评价机构(用人单位和相关社会组织)依据国家职业技能标准或评价规范,结合实际确定评价内容和评价方式,综合运用理论知识考试、技能操作考核、工作业绩评审、过程考核、竞赛选拔等多种评价方式,对劳动者(含准备就业人员)的职业技能水平进行科学、规范、客观、公正地评价,对合格者授予相应的职业技能等级证书。证书由评价机构根据人社部提供的证书参考样本自行设计、印刷,用章也由评价机构备案设计。

职业技能等级证书等同于职业资格证书,具体表现为:为经规范认定、取得相应职业技能等级证书且证书信息可在人社部职业技能鉴定中心全国联网查询系统上查询的人员提供技能补贴,将这些人员纳入人才统计范围,落实相关政策,兑现相应待遇。经备案的评价机构颁发的职业技能等级证书的效用等同于国家职业资格证书,其持有人对应享受同等待遇,按规定给予培训鉴定、就业创业、技能提升等补贴,纳入人才统计、高技能人才表彰、政府奖励津贴等范围。用人单位对取得相应职业技能等级证书并受聘于高级工、技师、高级技师岗位的职工,比照本单位助理工程师、工程师、高级工程师落实相关工资和福利待遇。

职业资格证书与职业技能等级证书的比较见表 1-1。

表 1-1　职业资格证书与职业技能等级证书的比较

异同		职业资格证书	职业技能等级证书
不同之处	证书样式	由人力资源和社会保障部统一印制,封面、内页均印有国徽。其中,实行国家职业资格全国统一鉴定的职业,其证书在发证机关(印)处套印人力资源和社会保障部职业技能鉴定中心职业技能鉴定专用章,职业技能鉴定(指导)中心(印)处盖省级职业技能鉴定(指导)中心印章	由评价机构独立印制并发放,政府部门不参与监制。证书内页加盖评价机构印章或评价机构印章＋职业技能等级认定专用章

续表

异同		职业资格证书	职业技能等级证书
不同之处	鉴定主体	政府部门/机关	培训评价组织和用人单位
	证书内涵	劳动者具有从事某一准入类职业所必须具备的学识和技能的证明	劳动者从事水平评价类职业的技能等级证明
相同之处		等级划分相同(一般都是高级技师、技师、高级工、中级工、初级工5个等级),申报条件和流程相同,考核规范相同,权威效力相同,专业地位相同,政策福利相同,查询网站相同(均可以在技能人才评价证书全国联网查询系统或各省人力资源和社会保障厅官网进行查询)	

二、我国职业证书制度的发展

《中华人民共和国劳动法》第八章第六十九条规定:国家确定职业分类,对规定的职业制定职业技能标准,实行职业资格证书制度,由经过政府批准的考核鉴定机构负责对劳动者实施职业技能考核鉴定。职业资格证书制度是劳动用工制度的重要组成部分,是实现科学评价人才、规范劳动力市场、维护就业市场基本公平、促进人才合理流动、构建国家资历框架的关键环节,与劳动用工制度、劳动分配制度、劳动准入制度、劳动预备制度、职业资格鉴定制度等密切相关。我国在不同的历史阶段所实施的双证书制度、1+X证书制度,都是作为职业资格证书制度在职业教育领域的具体应用和实践形式。

(一)职业资格证书制度的前身:八级工制度与工人技术等级考核制度

1949年新中国成立之初,我国技术工人队伍建设开始实行八级工人技术等级标准和考核定级制度。制度规定技术等级从低到高分为1~8级,并对应八级工资制度,将劳动者的技术等级与工资标准直接挂钩,1级最低,30元左右,8级最高,100多元,俗称"八级工制度"。八级工制度不仅消除了以往采用"工分制"带来的不公平的弊端,还大大激发了劳动者学习生产技术的积极性,带动了企业重视技术技能人才的权益保护,对提高劳动者的社会地位和企业的产品质量以及促进社会生产起到了很大的促进作用。八级工制度在全社会产生了广泛、深刻的影响,受到了普遍的欢迎和赞誉。八级工制度是我国特殊历史时期的产物,在国家社会主义现代化进程中具有举足轻重的地位,也产生了重大影响。

1979年,工人技术等级考核制度建立。从1979年至1992年的十几年间,国家劳动人事部门相继印发了《工人技术等级考核暂行条例(试行)》《工人考核条例》《中华人民共和国工种分类目录》,将传统的八级工人技术等级标准和考核定级制度简化为与国际接轨的初、中、高三级制,制定了科学、严谨的编码和格式,进一步规范了标准体系。

(二)职业资格证书制度的建立

1993年11月发布的《中共中央关于建立社会主义市场经济体制若干问题的决定》首次提出建立学历文凭和职业资格证书"双证"制度,指出"实行学历文凭和职业资格两种证书制度,逐步实行公开招聘、平等竞争,促进人才合理流动"。同年,国家提出了建立国家职业分类、职业资格证书和职业技能鉴定制度。

1994年《中华人民共和国劳动法》和1996年《中华人民共和国职业教育法》分别提出建立实行"职业资格证书制度""学历文凭、培训证书、职业资格证书制度",为建立国家职业资格证书制度提供了法律依据。1994年2月22日,原劳动部、原人事部联合发布的《职业资格证书规定》,明确规定了职业资格证书的社会功能,即职业资格证书是国家承认申请人的相关知识、技术和能力的证明,是求职、就业、自主创业和单位聘用的主要依据,其国家属性十分明确。1995年1月17日,原人事部发布《关于印发〈职业资格证书制度暂行办法〉的通知》,以此为标志,我国职业资格证书制度正式建立。

1999年,中共中央、国务院作出《关于深化教育改革全面推进素质教育的决定》,明确要求实行学业证书和职业资格证书并重的制度。在此背景下,各职业院校普遍实行"双证"制度,即学生在校期间除完成学业取得学历证书外,还必须参加相应的职业技能培训和鉴定,从而在毕业时取得相关职业资格证书。

(三)职业资格证书问题逐渐显现,国家职业资格目录制度建立

职业资格证书制度实施以来,有力地推动了我国劳动就业制度的现代化进程,以及职业院校办学实践中"双证"制度的实施,对提高专业技术人才和技能人才的素质以及加强技术技能人才队伍建设起到了一定的促进作用。然而在实践中也出现了证书过多过滥、监管缺位、管理混乱、证书认可度不高和含金量不足等问题。

2014年8月,《人力资源社会保障部关于减少职业资格许可和认定有关问题的通知》发布,明确提出"四个取消":一是取消国务院部门设置的没有法律法规或国务院决定作为依据的准入类职业资格;二是取消与国家安全、公共安全和公民人身财产安全关系并不密切,或经鉴定不适合以职业资格方式进行管理的准入类职业资格；三是取消国务院部门和全国性行业协会、学会等自行设置的水平评价类职业资格；四是取消地方各级人民政府和有关部门自行设置的职业资格。

自 2015 年《国务院关于取消一批职业资格许可和认定事项的决定》发布以来，经过多次调整，2021 年人力资源和社会保障部推出了最新版《国家职业资格目录》。列入《国家职业资格目录》的专业技术人员职业资格共 59 项，其中，准入类 33 项，水平评价类 26 项；技能人员职业资格 13 项。两项合计，国家职业资格共 72 项。

至此，经过 10 多年的大力清理和整顿，一大批不必要的职业资格退出了《国家职业资格目录》，职业资格证书的种类整体上减少到 72 种，职业资格证书市场乱象初步得到遏制，职业资格证书制度在职业资格设置、培训、认定、发放、监管等各个环节进行了大刀阔斧的改革。

（四）以市场为主导的职业技能等级制度应运而生

近年来，职业资格证书制度逐步向职业技能等级制度过渡，职业资格证书制度改革进入深度调整期。2017 年 6 月，中共中央、国务院印发的《新时期产业工人队伍建设改革方案》，就要求建立和完善多元化的职业技能评价办法，引导和支持企业、行业组织、社会团体等自主开展技能评价，做好职业资格体系与职业技能等级体系的衔接工作。2018 年 5 月，《国务院关于推行终身职业技能培训制度的意见》提出，"建立与国家职业资格制度相衔接、与终身职业技能培训制度相适应的职业技能等级制度"。2019 年 4 月，人力资源和社会保障部、教育部联合印发《职业技能等级证书监督管理办法（试行）》。2019 年 8 月，人力资源和社会保障部印发《人力资源社会保障部关于改革完善技能人才评价制度的意见》，明确要求改革技能人才评价制度，建立并推行职业技能等级制度，由用人单位和社会培训评价组织按照有关规定开展职业技能等级认定。以此为标志，我国初步建立了职业技能等级制度。

由此，我国职业资格证书制度完成了一次重大的转变，即由政府直接参与主导授权证书的国家职业资格证书制度逐步转变为以市场为主导、由社会第三方评价机构承担职业技能鉴定职能的职业技能等级制度。

三、职业证书与职业教育融合：从双证书制度到 1+X 证书制度

我国关于学历证书与职业证书相结合的实践始于 20 世纪 90 年代。1993 年召开的中国共产党第十四届中央委员会第三次全体会议通过的《中共中央关

于建立社会主义市场经济体制若干问题的决定》第四十三条指出，"实行学历文凭和职业资格两种证书制度"，即标志着我国正式建立职业教育双证书制度。随后，《中华人民共和国劳动合同法》《中华人民共和国职业教育法》等一系列法律法规都给出了关于职业资格证书制度的具体法律条款或执行条例。

在职业教育实践中，双证书制度在推动教育教学改革、培养学生职业技能、提高就业能力等方面发挥了重要作用，也出现了导致学生重复学习、就业导向模糊、进取心不强等问题，还面临着证书覆盖面不够、市场需求变化响应度不高、证书管理不规范等问题。尤其是近年来国家开始分批次取消职业资格证书，对推行双证书制度提出了新的挑战。

2019年，在总结和反思双证书制度的经验教训的基础上，1＋X证书制度以崭新的面貌成为职业教育深化改革的重要部分。1＋X证书制度在概念、定位、X证书开发建设主体、运行机制、管理模式等方面都发生了根本的变化。更重要的是，1＋X作为一个整体成为学校职业教育的制度基础，"1"与"X"教育培训的对象相同、内容互补、目标同向，相比双证书制度中两种证书之间的关系有了质的区别。将"X"定义为"职业技能等级证书"，与国家职业资格证书的概念不同、口径不同，划分的等级层次也不同，因此1＋X不是双证书制度的延续，也不是双证书制度的"升级版"。双证书制度与1＋X证书制度的具体比较见表1-2。

表1-2 双证书制度与1＋X证书制度的比较

对比内容	双证书制度	1＋X证书制度
证书组成	学历证书、职业资格证书	学历证书、若干职业技能等级证书
证书等级	职业资格证书分为五个等级：初级(五级)、中级(四级)、高级(三级)、技师(二级)和高级技师(一级)	职业技能等级证书分为初、中、高三个等级
人才培养目标	在学历教育基础上，通过职业资格证书强化学历教育内容中的实践教学，增加与专业相关的实践学习	深化复合型技术技能人才培养培训模式和评价模式改革，提高人才培养质量，畅通技术技能人才成长通道，拓展技术技能人才就业创业本领
证书选择	一般要求学生选择与本专业相关或相近的职业资格证书	既可以选择能深化和提升学历证书内容的职业技能等级证书，也可以选择能拓展学历证书内容的职业技能等级证书，甚至可以选择与学历证书内容不相关的证书

对比内容	双证书制度	1+X 证书制度
开发建设主体	职业资格证书由人力资源和社会保障部联合行业组织开发	职业技能等级证书由第三方职业教育培训评价组织开发
鉴定考核	职业资格证书鉴定考核及发放由人社部委托职业技能鉴定社会化管理中心和职业技能鉴定指导中心开展	职业技能等级证书鉴定考核及发放由第三方职业教育培训评价组织实施
管理和监督	学历证书由教育行政部门负责管理和监督,职业资格证书由人社部行政部门负责管理和监督	学历证书和职业技能等级证书均由教育行政部门负责管理和监督
书证关系	书(学历证书)与证(职业资格证书)不能互认学习成果	实行"学分银行",即书(学历证书)与证(职业技能等级证书)的学习成果可互认、积累和转换

第二节　1+X 证书制度的内涵与特征

1+X 证书制度将职业技能等级标准与职业标准、教学标准相衔接,将职业培训内容与学历教育课程相融合,统筹安排职业技能等级考核和与学历教育相关的专业课程考试,同步考试评价,认定、积累、转换学历教育学习成绩与职业培训学习成绩,奠定了学习者终身学习的基础,是建立国家资历框架制度的基础性工程。

一、1+X 证书制度的内涵

(一) 1+X 证书制度的定义

1+X 证书制度是学生在获得学历证书的同时,获得多类职业技能等级证书,是学历证书与职业技能等级证书相互衔接、相互融通的制度,是构建国家资历框架的重要依据。"1"是学历证书,是指在学制系统内实施学历教育的学校或其他教育机构,对完成了学制系统内一定教育阶段的学习任务的受教育者所颁发的文凭。"X"为若干职业技能等级证书。

从面向的群体来看,职业技能等级证书分为面向社会人群的院校外的职业技能等级证书和面向在校学生的院校内的职业技能等级证书。因此,教育行政部门监督管理并在高校实施的职业技能等级证书,其发放对象以在校学生为主体,主要是对学生完成相关职业知识和技能学习任务后所达到的职业技能水平的一种衡量,也是对学生学习成绩的一种衡量。

(二) 职业技能等级证书与职业资格证书的区别

虽然职业技能水平反映的是完成职业岗位工作任务的能力水平,但与真正上岗的职业资格证书还是存在本质的不同,主要表现在以下两个方面。一方面,从证书的内涵来看,根据《国家职业教育改革实施方案》的设计,面向高校学生的职业技能等级证书是对学生在某一职业技能领域职业技能水平的客观反映,是根据《中华人民共和国劳动合同法》"国家确定职业分类,对规定的职业制定职业技能标准,实行职业资格证书制度"的规定,将职业资格证书分为执业资格证书和从业资格证书两类。另一方面,从证书的功能来看,学习者获得职业技能等级证书,有利于加深对工作岗位和工作任务的认识,准确认知自我的职业技能水平,更好地做好职业规划,而职业资格证书则包含了国家对某些特殊行业规定的准入资格或职业技术人员、技能人员所应具有的职业资格。

二、1+X 证书制度的特征

对 1+X 证书制度来说,"1"是基础,"X"是"1"的补充、强化和拓展。1+X 证书制度可以加快培养更多的技术技能人才、能工巧匠和大国工匠,"X"与"1"不是割裂的,而是互相融通、互相渗透、共生共长的关系。1+X 证书制度的特点主要表现在以下三个方面:

(一) X 证书与专业人才培养方案吻合

人才培养方案是学校贯彻落实党和国家关于人才培养工作的总体要求,组织开展教学活动、布置教学任务的规范性文件,是实施人才培养和开展质量评估工作的基本依据。由于 X 证书主要面向在校学生,因此它与专业人才培养目标和课程体系是吻合的。它根据人才培养方案中知识、能力和素养覆盖职业技能要求的程度,通过多元化的融合途径,将职业技能等级证书的集中专项培训融入日常专业教学过程,并结合职业岗位(群)工作任务,按照生产实际、岗位标准和工作过程设计课程,开发新型活页式、工作手册式教材,进而提高学生的学习能力和学习成效,同时也便于学生根据学习基础和职业发展需要进行个性化选择,激发发展潜力。

(二) X 证书与教学规范融通

《国家职业教育改革实施方案》提出,构建具有国际先进水平的中国职业教育标准体系,把标准建设作为深化职业教育改革的突破口,在职业教育质量提升中发挥标准的基础性作用。X 证书是与职业技能标准、专业教学标准、顶岗实习标准等相互融通的,同时引入企业案例以及新技术、新工艺、新规范,并将职业技能等级证书和技能大赛的内容融入教学,深化项目教学、案例教学等教学模式改革,能够满足经济社会发展和产业转型升级对技术技能人才的需求,使学生的知识技能与产业发展、技能升级同步,提高技术技能人才的适应能力。

(三) X 证书与评价融通

实行 1+X 证书制度的初衷,是为了深化复合型技术技能人才培养模式改革,夯实学生可持续发展的基础,提高学生就业创业的能力。因此,现阶段,无论是教育行政部门,还是证书培训与鉴定机构、职业院校,都在建立将职业技能等级证书整合到人才培养与鉴定体系中的机制。教育行政部门委托第三方评价机构对职业技能等级证书从顺应产业发展、对接行业人才需求、动态修订职业技能等级证书标准、学校和学生对证书的满意度、社会对证书的认可度等方面开展了教育效果评价。培训评价机构通过开展广泛的调研,对与行业企业的合作程度,职业技能等级证书与企业岗位(群)需求的吻合度,与新技术、新工艺、新规范、新要求的契合度,与职业标准的对接程度等方面进行了监测。职业院校构建了以学生为中心的发展性评价体系,对满足学生全面发展和个性化发展需求的职业技能等级证书进行评价,从而提高学生学习效果和就业竞争力,增强职业教育人才培养的适应性。

三、1+X 证书制度的功能

《中华人民共和国国民经济和社会发展第十四个五年规划和 2035 年远景目标纲要》提出,建设提高人力资本水平和人的全面发展能力的高质量教育体系。完善 1+X 证书制度,是推进技术技能人才供给侧结构性改革的有效措施。

(一) 1+X 证书制度是增强职业教育适应性的制度安排

新的发展阶段和新的市场需求对作为与普通教育具有同等重要地位的职业教育提出了新的要求。"十四五"时期是职业教育实现跨越式发展的黄金时期,职业教育要着眼增强适应性,围绕服务国家战略和区域发展战略,服务师生成长成才,服务经济社会发展和产业转型升级。1+X 证书制度,通过制度创新实现"书证合一",可以深化复合型技术技能人才培养模式改革和考核评价模式改革,提升人才培养能力和水平。

一是通过多项职业技能等级证书和职业技能培训,补充和赋能学历教育体系,在人才培养中不仅传授给学生基本的理论知识,还能提高学生的复合型专业技能水平和职业素养,提高学生的就业创业能力,实现更高质量、更充分的就业。

二是建立健全"教育培训并重"的现代职业教育体系,深化"三教"改革和教育评价改革,深入推进产教融合、校企合作,提升职业教育主动适应新趋势、新需求的能力,提高职业教育发展水平和社会认可度,也为探索"学分银行"改革、构建国家资历框架打下基础。

三是通过招聘,遴选以企业为主体的职业教育培训评价组织,开发职业技能等级证书,制定职业技能等级标准,及时将行业企业的新技术、新工艺、新规范、新要求融入人才培养全过程,发挥培训评价组织在人才培养和质量评价中的作用,实现各类学习成果的认定、积累和相互转化,有效解决学校教育与市场脱节,以及职业院校标准滞后、教学模式陈旧、师资水平落后、现有课程教学资源不足等问题。

(二)1＋X证书制度是深化职业教育"三教"改革的助推器

提高技术技能人才培养质量的各项目标和任务,最终都要落到人才培养的各个环节,如专业设置、人才培养方案制定、课程设置、教材编写、课堂教学、实习实训等。需要将职业技能等级标准等相关内容融入课程、融入课堂,提高职业技能等级证书的含金量,推动职业技能等级证书与学历证书相互融合,深化职业教育"三教"改革。

首先,职业院校教师要做"双师型"教师,不仅要有先进的教学理念和高超的教学实践能力,还要始终确保具备与行业企业发展对接的专业技能;不仅是教学能手,还应该是企业能手。实行1＋X证书制度,可以使学校教师与行业专家、企业技术能手共同制定课程标准,共同实施课程教学,共同开展考核评价,促进教师职业技能与产业发展同步更新。

其次,技能等级证书标准代表了行业企业的新技术、新标准、新规范,将其融入教材建设的全过程,有利于根据职业岗位的能力要求,紧跟产业需求和教学要求,对教材进行持续更新,解决部分课程教材老化的问题,开发适合职业院校学生特点和专业教学需求的新型活页式、工作手册式教材,优化课程设置和教学内容,畅通人才成长通道。

课堂是职业教育的主战场,推广岗课赛证融合等新模式,有利于转变课堂观念,推动云计算、大数据、互联网、虚拟现实、人工智能等现代信息技术与职业教育深度融合,推进项目教学、案例教学、情景教学、混合式教学、理实一体化教学和模块化教学等新型教学模式,使课堂教学活动更好地满足企业发展的需求,打造"有温度、有热度、有实效"的优质课堂。

(三)1+X 证书制度是建设技能型社会的重要载体

加快技能型社会建设,培养一大批适应经济社会发展需要的技术技能人才,是实施制造强国战略、振兴实体经济的迫切需要。习近平总书记作出重要指示,要求在全社会弘扬精益求精的工匠精神,激励广大青年走本领成才、技能报国的创业之路。技能是强国之基、立业之本、生存之道,越是经济社会加快发展,技能的重要性就越突显出来。2021 年职业教育大会首提技能型社会建设概念,但在 2022 年,技能型社会建设就被纳入了中央政治局常委会工作要点。

1.1+X 证书制度有利于缓解结构性就业矛盾

1+X 证书制度设计的初衷是坚持以学生为中心,深化复合型技术技能人才培养模式和评价模式改革,提高人才培养质量,畅通技术技能人才成长渠道,提高技术技能人才就业创业能力。实行 1+X 证书制度,鼓励学习者通过获得多种职业技能等级证书,扩大就业渠道,增强就业能力。此外,职业技能等级证书标准是由行业企业、职业院校和评价机构共同制定的,体现了用人单位对技术技能人才职业能力的需求,代表了用人单位对学习者职业能力的认可,增加了学习者就业和创业的机会。

2.1+X 证书制度有利于学生全面发展

党的十九大报告将"不断促进人的全面发展"列入习近平新时代中国特色社会主义思想的重要内容,坚持人的全面发展思想,对于加快发展中国特色的现代职业教育有着重要的指导意义。《中华人民共和国国民经济和社会发展第十四个五年规划和 2035 年远景目标纲要》提出,要建设高质量的教育体系,提高人力资本层次,增强人的全面发展的能力。1+X 证书制度促使职业教育由专门技术人才培养向具有职业技能、职业素养和综合能力全面发展的复合型技术技能人才培养转变,促进知识和技能融合,提高学生的迁移能力、技能水平、发展能力和就业能力。

3.1+X 证书制度有利于建设技能型社会

技能型社会是人人都有一技之长的社会。《中华人民共和国国民经济和社会发展第十四个五年规划和 2035 年远景目标纲要》明确提出要实施"技能提升行动"。职业教育是建设人力资本的重要途径,是构建技能形成与提升体系的关键环节,在技能型社会建设过程中具有不可替代的重要作用。1+X 证书制度通过使职业院校既适应经济社会发展和产业转型升级对技术技能人才素质能力的需求,构建满足不同学习者个性化发展需求的培训模式,实现高素质教育与高素质培训的有机融合,满足不同学习者对职业技能等级提高的需求,达到全民技能水平提高、技能供给优化的目的。

第三节　学历证书＋若干职业技能等级证书制度的启动与发展

自 2019 年"学历证书＋若干职业技能等级证书"制度启动以来,国家印发了《关于在院校实施"学历证书＋若干职业技能等级证书"制度试点方案》《职业技能等级证书监督管理办法(试行)》《职业技能等级标准开发指南(试行)》等 10 多个文件,开发了"学分银行"、证书平台并投入运行,彰显了职业教育类型特色,有力地推进了职业教育提质培优、增值赋能。

一、1+X 证书制度的启动

1+X 证书制度的启动成为职业教育改革顶层设计的重要行动。2018 年 11 月,教育部召开新闻发布会介绍《高等职业教育创新发展行动计划(2015—2018 年)》《职业院校管理水平提升行动计划(2015—2018 年)》实施成效,以及职业教育贯彻落实全国教育大会精神的工作举措。教育部职业教育与成人教育司负责人介绍了两个行动计划实施的成效和办好新时代职业教育的主要考虑,首次提到职业教育将启动实施 1+X 证书制度改革。

2019 年 1 月,国务院印发了《国家职业教育改革实施方案》,明确提出"深化复合型技术技能人才培养培训模式改革,借鉴国际职业教育培训普遍做法,制订工作方案和具体管理办法,启动 1+X 证书制度试点工作""鼓励职业院校学生在获得学历证书的同时,积极取得多类职业技能等级证书,拓展就业创业本领,缓解结构性就业矛盾"。

《2019 年国务院政府工作报告》进一步指出,"要加快学历证书与职业技能等级证书的互通衔接"。

2019 年 4 月 4 日,孙春兰副总理在全国深化职业教育改革电视电话会议上明确指出:稳妥推进1+X证书制度试点。把学历证书和职业技能等级证书结合起来,是职业教育改革方案的一大亮点,也是重大创新。职业教育以职业为基础,以就业为导向,不片面追求学历。职业技能等级证书就是要突出技能水平,强化技能评价在办学模式、教学方式、人才培养等方面的引领作用,深化复合型技术技能人才培养培训模式和评价模式改革,体现职业教育的类型属性。

二、1+X证书制度的相关政策相继出台

2019年4月,教育部等四部门出台了《关于在院校实施"学历证书＋若干职业技能等级证书"制度试点方案》,正式启动了1+X证书制度试点改革,从国家层面确立了1+X证书制度工作的总体目标、基本原则和试点内容,并对试点范围、工作进度、保障机制和相关参与主体的职责进行了整体部署。

2019年4月23日,人力资源和社会保障部、教育部联合印发《职业技能等级证书监督管理办法(试行)》,明确了国家职业标准、教学标准和职业技能等级标准的开发主体,提出了"三同两别"的职业技能等级证书管理原则。

2019年10月25日,教育部印发了《关于扩大1+X证书制度试点规模有关事项的通知》,明确规定在原有试点规模的基础上,允许具备良好工作基础、符合试点条件的院校自主参与1+X证书试点工作。

2020年1月22日,教育部原职业技术教育中心研究所发布了《关于确认参与1+X证书制度试点的第三批职业教育培训评价组织及职业技能等级证书的通知》,确定了参与1+X证书制度第三批试点的63家职业教育培训评价组织、76种职业技能等级证书,意味着1+X证书试点工作从点到面逐步展开。

(1)过程管理方面。2019年11月9日,教育部发布了《教育部办公厅、国家发展改革委办公厅、财政部办公厅关于推进1+X证书制度试点工作的指导意见》,进一步规范了培训评价组织、师资培训、证书考核成本核算、财政支持等。之后教育部等相关部门又相继印发了《关于做好首批1+X证书制度试点工作的通知》等文件,对证书遴选、师资培训、考核发证、监督管理和财政支持等提出了具体要求,保障了试点工作的科学规范和有序推进。

(2)标准体系方面。2020年3月10日,教育部原职业技术教育中心研究所下发了《关于印发〈职业技能等级证书编码规则(试行)〉和〈职业技能等级证书参考样式〉的通知》。2020年6月19日,国家职业教育指导咨询委员会发布了《职业技能等级标准开发指南(试行)》,指导职业技能等级标准开发,进一步规范了标准的内容结构、编写规则和格式要求等。

（3）经费管理方面。2020年1月22日，教育部原职业技术教育中心研究所印发了《关于在院校实施的职业技能等级证书考核成本上限设置方案的公告》，按照公益性和成本补偿原则，明确规定了证书考核成本的列支条目、考核的四种类型及成本核算上限。2020年8月24日，教育部办公厅等四部门发布的《关于进一步做好在院校实施1＋X证书制度试点有关经费使用管理工作的通知》提出，进一步强化主体责任，加强沟通协商，完善相关政策，健全工作机制，创新工作方式，确保1＋X证书制度试点工作健康有序推进。

（4）教师培养方面。2019年5月13日，教育部印发的《全国职业院校教师教学创新团队建设方案》提出，为服务1＋X证书制度试点，面向职业院校，聚焦战略性重点产业领域和民生紧缺领域专业，经过三年左右的培育和建设，打造360个满足职业教育教学和培训实际需要的高水平、结构化的国家级团队。

（5）人才培养方面。2019年6月5日，教育部印发了《教育部关于职业院校专业人才培养方案制订与实施工作的指导意见》，提出了"促进书证融通"：鼓励学校积极参与实施1＋X证书制度试点，将职业技能等级标准有关内容及要求有机融入专业课程教学，优化专业人才培养方案；同步参与职业教育国家"学分银行"试点，探索建立有关工作机制，对学历证书和职业技能等级证书所体现的学习成果进行登记和存储，计入个人学习账号，尝试学习成果的认定、积累与转换。

（6）教材改革方面。2019年12月16日，教育部印发的《职业院校教材管理办法》提出，加强教材规划、编写、审核、选用等环节的规范管理，职业院校的教材将更加强化全流程产教融合，注重体现职业教育特色。鼓励职业院校、培训评价组织适应1＋X证书制度试点工作的需要，将职业技能等级标准有机融入教材，开发一批推动书证融通、课证融通的教材；支持校企"双元"合作，开发优质教材和配套的信息化资源，加强新型活页式、工作手册式教材的开发、使用与推广。

（7）开展职业培训方面。2019年10月16日，教育部办公厅等十四部门印发了《职业院校全面开展职业培训　促进就业创业行动计划（2019—2022年）》，要求加快推进1＋X证书制度试点工作，鼓励参训人员获取职业技能等级证书和职业资格证书。2020年9月16日，教育部等九部门印发了《职业教育提质培优行动计划（2020—2023年）》，要求推动学历教育与职业培训并举并重，深入推进1＋X证书制度试点，及时总结试点工作的经验做法，提高职业技能等级证书的行业企业认可度，发挥职业教育培训评价组织在实施职业技能培训中的主体作用,推动更多职业学校参与 1+X 证书制度试点。

三、1+X 证书制度试点存在的问题

虽然目前职业技能等级证书与专业人才培养融合方面已取得了一定的成果,但是由于职业技能等级证书种类与质量的差异,以及各院校专业建设特殊性与针对性的不同,在职业技能等级证书融入专业人才培养实施过程中还存在较多的问题未能解决,集中表现在以下方面:

1. 职业技能等级证书遴选标准未确立

目前,职业技能等级证书存在证书质量参差不齐、考核监管不够规范等问题,如何遴选出满足行业产业发展需要、含金量够高的职业技能等级证书,是"1"与"X"融合首先要解决的问题。

2. 职业技能等级证书与专业人才培养融合度不高

职业技能等级标准与专业教学标准对接不紧密,职业技能等级证书考核的内容与课程教学的内容融合不够,行业企业、第三方培训评价组织参与教学实施过程的力度不大,高度认可、客观有效的多元立体评价体系不完善,导致职业技能等级证书与专业人才培养存在"两张皮现象",急需建立与完善"1"与"X"深度融合的人才培养路径。

3. 职业技能等级证书与专业人才培养融合质量反馈机制不健全

1+X 证书制度自 2019 年实施以来,已经历两年多实践检验,前两批试点专业的学生已走上工作岗位,职业技能等级证书与专业人才培养融合质量已有初步反馈,但是现有文献中缺乏对融合质量反馈机制的研究,这会影响融合路径的持续优化。

4. 职业技能等级证书与专业人才培养融合保障机制不完善

首先是政策方面,缺少职业技能等级证书认可、积累、转换制度,影响"1"与"X"融合的长效性。其次是参与主体方面,缺少对行业企业、学校、第三方培训评价组织等主要参与者职责的整体划分,影响融合实施质量。最后是教师方面,缺少对参与融合工作的教师的激励制度,影响教师参与的积极性。

四、1+X 证书制度的发展

2021 年 3 月,1+X 证书制度被写入《中华人民共和国国民经济和社会发展第十四个五年规划和 2035 年远景目标纲要》。《中华人民共和国国民经济和社

会发展第十四个五年规划和 2035 年远景目标纲要》明确指出"突出职业技术(技工)教育类型特色,深入推进改革创新,优化结构与布局,大力培养技术技能人才。完善职业技术教育国家标准,推行'学历证书＋职业技能等级证书'制度"。

2021 年 4 月,教育部负责人在国务院新闻办召开的发布会上表示,教育系统正大力贯彻落实《中华人民共和国国民经济和社会发展第十四个五年规划和 2035 年远景目标纲要》,加快建设高质量教育体系。他表示,为落实《中华人民共和国国民经济和社会发展第十四个五年规划和 2035 年远景目标纲要》,建设高质量教育体系,教育部的基本思路就包括构建支撑技能社会建设的职业技术教育体系,大力推进产教融合、校企合作,普遍实行 1＋X 证书制度,加强"双师型"教师培养,切实增强职业技术教育的适应性。《教育部关于学习宣传贯彻习近平总书记重要指示和全国职业教育工作会议精神的通知》要求,探索岗课赛证相互融合,把住 1＋X 证书制度的质量关,引导职业院校充分利用行业龙头企业在专业人才培养和评价方面的成熟标准,结合自身实际,充实和提升相应课程和专业。1＋X 证书制度产生和发展的关键事件节点如图 1-1 所示。

教育部职业教育与成人教育司负责人在 1＋X 证书制度试点重点工作推进视频会上,对 1＋X 证书制度的发展做出了明确指示,从而确保了 1＋X 证书制度行稳致远。

1. 进一步扩大证书专业范围和院校规模

鼓励具备条件的、有积极性的院校积极参与试点,通过平台备案等形式,扩大院校参与面,鼓励院校积极参与。同时,大力推动社会人群参加培训考核,充分发挥院校育训结合的职责,鼓励院校敞开校门承接面向社会人员的证书培训,成为社会人员的培训基地,达到学生群体与社会人群的同步推进,实现能训尽训,应考尽考。

2. 及时落实证书发放工作

把维护学生权益和促进学生就业放在首位。在教育行政部门积极推动的同时,各地各院校要根据新发布的厅函要求,加快落实费用核定与支付。培训评价组织要把证书发放到位,及时上传电子公章,实现证书的在线发放、打印。

3. 确保完成既定规模的考核

省级教育行政部门、院校、培训评价组织通力协作,探索线上线下相结合的教育培训模式,强化派送师资参加培训,同时结合教学安排有机融入培训内容,分期分批合理安排培训与考核。此外,还要加快扩充在线学习资源,进一步扩大

2018年11月7日

教育部职业教育与成人教育司负责人首次提到职业教育将启动实施1+X证书制度改革

2019年1月

《国家职业教育改革实施方案》明确提出启动1+X证书制度试点工作

2019年4月

教育部等四部门出台《关于在院校实施"学历证书+若干职业技能等级证书"制度试点方案》,正式启动1+X证书制度试点改革

2019年11月9日

《教育部办公厅、国家发展改革委办公厅、财政部办公厅关于推进1+X证书制度试点工作的指导意见》,进一步规范了培训评价组织、师资培训、证书考核成本核算、财政支持等

2020年9月16日

《职业教育提质培优行动计划(2020—2023年)》要求,深入推进1+X证书制度试点,及时总结试点工作的经验做法

2021年3月

推行1+X证书制度被写入《中华人民共和国国民经济和社会发展第十四个五年规划和2035年远景目标纲要》

2021年4月26日

《教育部关于学习宣传贯彻习近平总书记重要指示和全国职业教育工作会议精神的通知》要求,探索岗课赛证相互融合,把住1+X证书制度的质量关

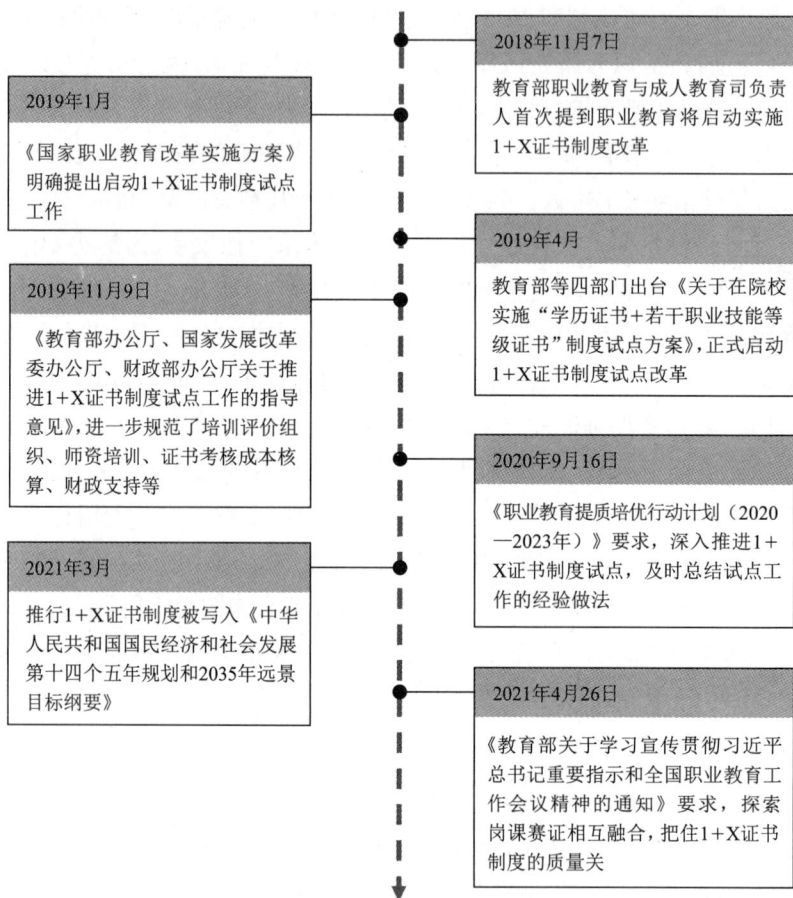

图1-1　1+X证书制度产生和发展的关键事件节点

学生的机考、线上学习和培训规模,降低成本,提高效率。

4.同步加大培育与监督力度

严格落实放管服要求,根据培训评价组织遴选管理办法,对培训评价组织及有关证书实行动态调整机制,对涉及捆绑销售、高收费、考核放水、推进不力等的培训评价组织坚决予以清退。加快建立培训评价组织行为监督评价系统和评价指标体系,研究数据采集和绩效评价指标,完善培训评价组织退出机制和实施路径。

第二章
国外职业资格证书制度的发展

职业教育发达的国家和地区，大都在职业教育人才培养中将职业能力（资格）证书与学历证书相结合，其重要的背景和前提是，构建技能等级证书与职业教育融合是在国家资历框架制度下进行的。国家资历框架是指能够清晰界定出每种资格并列出其层级关系的国家资历体系，通常以学习结果为基准，由各国自行决定本国资格认证体系的等级，并自行对各等级予以描述与界定，进一步认可非正式学习与非正规学习的学习成果。

第一节　德国职业资格证书的发展

一、德国职业资格证书制度的形成与发展

在世界上职业教育发达的国家中，德国的职业教育享有盛誉，而完善的职业资格证书体系是其职业教育体系得以正常运转和发展的重要基础。德国职业资格证书制度的发展一直伴随着职业教育的发展，尤其是"双元制"教育模式也在发展和完善。

德国的职业教育起源较早，最早可追溯到中世纪"公会"中实行的制度。在公会的管理和监督下，师傅对徒弟进行职业培训，双方相当于签订了一份职业培训合同，但这一阶段的证书并没有具体呈现出来。19世纪70年代以后，德国基本完成了工业革命。与英国类似，德国职业学校和培训机构也在这一阶段兴起，与传统学徒制一起培养社会所需要的人才。为了保证人才培养质量，德国于

1908 年引入资格证书,将通过师傅考试作为胜任工作的前提条件,为弥补企业培训不足而建立的职业进修学校也应颁发证书,于是产生了"双元制"的职业资格证书制度培训模式。

1969 年,德国第一部《职业教育法》在德国基督教社会民主大联盟框架内诞生。它是一部由雇主、工会、行业协会和国家部门共同参与制定的法律,对"双元制"培养做出了统一规定,以使大部分人都可以得到职业培训和职业资格。根据该法,企业培训必须遵守联邦政府制定的关于企业教育的全国统一规章,所选择的教育职业必须全部由《职业教育条例》规定,全国统一鉴定,确定了统一的全联邦企业培训职业资格标准,在培训前必须与企业签订培训合同,合同的形式、内容,以及企业的责任、义务由国家以法律的形式事先确定。它使"双元制"教育逐步制度化、法制化,标志着职业资格证书制度"双元制"培养模式的确立,德国职业资格证书制度在该法中通过明文规定得以确立。

德国在 20 世纪 70 年代后继续完善了职业资格证书制度。1981 年颁布了《职业教育促进法》,2005 年对 1969 年的《职业教育法》进行了修订,将其与《职业教育促进法》合并,制定了新的《职业教育法》。新的《职业教育法》对职业资格证书体系的条款进行了修订和补充,使之更加完备,特别是在证书规定方面,明确了职业教育关系结束时,教育提供者应当为受教育者出具书面证明。

二、德国职业资格证书的种类

德国各种职业资格证书的级别(职前培训、高级培训)都有独立的分类体系,不同的教育和培训部门(职业学校、企业)对这些不同级别的职业资格证书所建立的标准也不尽相同,甚至在某种程度上那些单独的教育和培训部门都有自己独立的标准。根据不同的标准,可以将职业资格证书划分为不同的种类。

(一)依据与学习培训地点的关系,职业资格证书分为考试合格证书、培训合格证书、职业学校毕业证书

考试合格证书一般是与学习地点无关的职业培训结业考试的证明,凡通过行业协会组织的结业考试的人员,均可获得本行业的考试合格证书,国内外均认可。培训合格证书和职业学校毕业证书则是与就读地点相关的学历认证。培训合格证书为培训企业或培训师出具的教学合格证书,职业学校毕业证书是职业学校特有的一种证明。三种证书相互关联,构成了德国职业培训的证书制度。

值得注意的是,只有主管部门(如行业协会)出具的证明,才对今后从事所学专业具有法律意义。新的《职业教育法》第 34 条规定,凡是经认可的职业培

训,均应举行结业考试。从法律角度来说,只有这一项考试能证明学生已经具备相应的职业资格条件。职业学校颁发的毕业证书展示的是学生在校期间的学习表现,即不以结业考试为依据。主管部门组织的结业考试是考核学生在职业学校所学的内容和掌握的知识。

依据新的《职业教育法》,企业有义务在受训者结束培训时签发证明,它包含了关于方式的说明,培训的期限、目标,以及获取的知识和技能。学员可以自行决定是否希望有一张培训合格证书,这张证书包含了对领导、成绩、特长的补充说明。培训证书应是可理解、可接受的,但必须是真实的。培训企业的证书一般情况下缺乏客观性,容易受到社会各方面的影响。

三种证书相互独立,互不影响,各自对相应证明的问题进行单独说明。同时,三种证书互为补充,能使人了解持证人不同方面的从业能力。三种证书的同时存在也最大限度地减少了错分、偏科等对学生前途的影响。

(二) 依据教育职业,职业资格证书分为技能工证书、(徒工)满师证书、工商业联合会考试合格证书

"双元制"模式下毕业的学生可以拿到技能工证书,这是工商业联合会颁发的国家承认的行业教育职业合格证书。一并发放的技能工证书、职业学校结业证书是进入专科学校学习或取得硕士研究生学历的前提和条件。职业学校是中学第二阶段以职业教育为主的学校。在职业学校,教师通过框架性的教学计划或教育计划将特定的内容传授给学生。绝大多数职业学校都提供职业准备、全日制学校的职业训练以及职业继续教育。

对《手工业条例》附录的手工业职业培训,按照《手工业条例》第31条规定进行理论与实践两部分的满师考试。通过满师考试就能拿到满师证书,满师证书会和职业学校的结业证书一起发放,它是以后做师傅的一个从业资格和前提条件。

工商业联合会考试合格证书是工商业联合会在结业考试后颁发给合格者的一种证书。工商业联合会考试合格证书对学习的职业(职业名称)和通过的结业考试做了说明,与手工业满师证书、工商业联合会技能工证书处于同等地位。工商业联合会是主管工商业领域培训与职业继续教育的规定机构,是一个经济部门,也是当地工商企业的利益代表。

(三) 依据证书效用,职业资格证书分为学徒证书、师傅证书

学徒证书和师傅证书都是通过德国技能鉴定拿到的证书。

学徒证书不是就业的必要条件,但与其他未持此证者相比,持此证者更容易被用人单位录用,用人单位也常以此证作为工资发放和核定职位高低的依据。参加学徒制培训期满且考核合格的人员,可获得技工(助理)资格,由地区协会颁发技工证书。取得证书的成为正式技术工人,可按团体协议规定以技术工人获得起薪。

取得职业学校学历后有3～5年的工作经验,或取得1年的大师专修学校学历并有2年以上的工作经验,均可报考师傅证书考试。通过考试者,由各行业协会统一颁发证书。证书可作为持证人从事职业培训或自行开店执业的证明。

简单来说,接受"双元制"职业教育的学生,通过行业协会组织的结业考试可以拿到学历证书和职业资格证书,根据教育职业的不同,可以拿到不同的证书。获得职业学校学历证书后,还可以参加师傅考试,获得师傅证书。

三、德国职业资格证书的管理制度

德国的职业资格证书实行的是社会多方参与的职业资格证书管理制度,在主体上来说,主要涉及对职业资格证书进行管理的机构;从过程上来说,主要涉及职业资格证书的获取和发放问题。具体表现在以下几个方面:

(一)德国职业资格证书认证的主体

《职业教育法》明确规定:每个行业协会都要作为专业决策机构,成立职业教育委员会。其职责是:组建职教机构,制定规章制度,对培训企业的培训资格进行认定,对培训合同进行审查,确定培训时间,组织技能考试和颁发资格证书,以及仲裁、监督和咨询。

(二)德国职业资格考试

德国职业资格考试涉及考核的法律基础、考官的任命、考试委员会的组成、考题的命制、考试机构和实施、评估和技术手段,以及评分等多方面的内容。

根据《职业教育法》《手工业条例》的规定,国家承认学历的教育职业应当实行结业考试、满师考试。工商业进行的技巧性教育职业考试称为结业考试,手工业进行的技巧性教育职业考试称为满师考试。培训期间,培训机构为了解培训情况,将按照培训规定举行中级考试。中级考试是考虑到对训练状态的控制而设置的。中级考试成绩不会对结业考试成绩产生影响,也不会影响培养关系的延续。参加中级考试是允许参加结业考试和满师考试的条件。自2002年以来出现了一种新的考试形式——扩展考试。扩展考试可分为扩展结业考试和扩展满师考试两部分。这两部分考试分别在两个不同的时段进行,两部分考试成绩都会写进证书。也就是说,每一部分的拓展考试不能作为独立的考试存在。优点是通过实施两部分考试及时考查学员的能力。第一部分考试最晚应在第二学年结束时进行,考试成绩按培训规定权重计算。第二部分考试在培训结束时进行。两部分成绩相加即为最终成绩。考试工作由行业协会统一组织实施。除了考试,还有高手过招。

(三) 德国职业资格证书的颁发

考生在参加完第一部分的中期考试或结业考试后,会得到一份成绩单,上面有考生每一部分考试所得的成绩。这份成绩单将会被陆续寄往企业和学校。在参加结业考试或第二部分结业考试的最后一天,考委会会通知考生是否通过考试,考生当天就会拿到考试是否通过的证明,但并无具体结果。此结果对考生来说意义重大,关系到能否考取职业资格证书。通过考核的考生,行会会颁发有行会会长签名的职业资格证书。颁发证书的仪式非常隆重,领导致辞,贵宾出席,乐队伴奏,更多的是新闻媒体的采访报道,同时也会对成绩优秀的考生进行表彰。

第二节　英国职业资格证书的发展

一、英国职业资格证书的形成与发展

英国职业教育的发展要从 18 世纪工业革命之后说起,在此之前,由于传统贵族教育的盛行,职业教育并未受到重视。但随着工业革命的发展,特别是到了18 世纪 60 年代,以"学徒制"形式培养出来的人才,无论是数量还是质量,都远远不能满足市场的需求。19 世纪初,英国成立了促进职业技术教育发展的专门机构,如伦敦城市和行业学会,1853 年英国科学和工艺部制定了职业技术学科考试制度,对合格者颁发技师资格证书,这标志着英国职业资格制度的建立。

由于证书数量多,管理部门多,1986 年英国成立了全国职业资格委员会,负责推广国家职业资格证书。国家职业资格证书主要以国家职业标准为导向,以劳动者的实际表现为考核依据,几乎涵盖了各个行业,具有较强的普适性。

在不断完善国家职业资格证书体系的同时,1993 年英国又推出了普通国家职业资格证书。普通国家职业资格证书既可以作为就业凭证,又可以作为升学依据,搭建了职场与学校沟通的桥梁,完善了英国职业资格框架体系。为使资格证书之间能够有效衔接,1997年英国政府推出了国家资格框架,共五级。此后,为与欧洲资格框架相衔接,2004年英国政府将国家资格框架改为九级,2011年将更为灵活、全面的资格与学分框架确定为唯一的资格认证框架,2015年对资格与学分框架进行了全面审查,形成了规范的资格框架。

二、英国职业资格证书体系的内容

英国的职业资格证书制度经历了从非标准化到标准化的过程。在职业资格证书实施初期,曾经出现过很多问题,如职业资格证书种类繁多、证书之间缺少联系、证书发放主体混乱等。随着国家有关部门的强势介入,英国构建了职业资格框架体系,逐渐形成以国家职业资格证书、普通国家职业资格证书等为代表的国家职业资格证书体系。职业资格证书制度与普通教育证书制度构成全国统一的资格证书制度。普通教育证书由低到高分为五级,普通国家职业资格证书由低到高分为三级,国家职业资格证书由低到高分为五级。

(一)国家职业资格证书

1987年,英国推出了国家职业资格证书,共有五个等级。英国职业资格证书与学历证书衔接的经验在于国家职业资格证书可以对应普通教育证书。例如,国家职业资格证书的一级可以对应普通教育等级证书的D~G级,国家职业资格证书的二级可以对应普通教育等级证书的A~C级。获得三级国家职业资格证书者,可免试升入大学就读,也可继续获得更高等级的国家职业资格证书。而普通国家资格证书则分为三个等级,高级证书获得者可以考取国家职业资格证书的四级和五级,也可以直接进入大学攻读相关专业。推出普通国家资格证书的目的是兼顾升学和就业的需要,可以说是对国家职业资格证书的补充。

国家职业资格证书是以国家职业标准为基础实施开发的。这些标准描述了从事某一类职业所需要的能力,包括最佳的问题解决方案、未来的适应力、目前所需要的知识以及理解能力。国家职业资格证书是第一个仅以学习结果来定义的国家资格证书。它将劳动者通过学习获得的知识和能力作为获得证书的门槛,而不是要求必须通过学校途径获得证书,也不设学历门槛。它对学习者学习成果的认可,打破了以学历证书为门槛的就业市场,这一方面可以有效地刺激学习者在劳动、行业技能等方面下功夫,另一方面也可以帮助学习者适应就业市场的需求。

（二）普通国家职业资格证书

英国普通国家职业资格证书是由全国职业资格委员会和全国商业与技术教育委员会共同推出的。1991年，全国职业资格委员会扩展了其相关的职业资格类型。此次扩展涉及更广泛的职业类别，目的是让学生能够更方便地就业或继续接受高等教育。普通国家职业资格证书提供了一种替代方案，其实用性比传统学术路线更强，与工作的相关性更大。普通国家职业资格证书是职业教育的证书，一般涉及职业领域，不涉及任何具体工作。普通国家职业资格证书适合所有的年龄段，许多学校都可以开设相关的课程，这些课程可以与普通中等教育证书或等级考试证书并驾齐驱，这标志着英国普通中等教育考试与普通国家职业资格证书开始对接。

国家职业资格证书制度规范了英国的各类职业资格证书，将基础知识、通用技能和核心技能划分成若干模块，制定了全国统一的职业资格标准，形成了全方位、分层次的资格体系。普通国家职业资格证书是建立在全国职业资格委员会制定的知识体系的基础上的，这个知识体系对年轻人就业非常重要。这些知识在单元式、模块化的课程中被定义，绩效考核（基于学习结果）必须通过符合要素指标的工作档案和国家必修单元的多项选择测试（连续考核）。

英国通过三种途径增加想要接受高等教育的学生接受高等教育的机会：等级考试途径、国家职业资格证书（主要由工作场所提供）培训途径和中等职业教育普通国家职业资格证书途径。等级考试途径主要是通过普通（学术）教育考试，学生考试合格即可以获得相关资格并进行升学；国家职业资格证书培训途径是通过获得不同行业的职业资格（特别是国家职业资格），达到相关等级的要求，进入大学学习；普通国家职业资格证书途径是通过获得相应等级的普通职业资格证书，来选择继续升学或者就业。这三种途径构成了英国的国家职业资格框架。从理论上讲，通过这三种途径都可以获得进入大学学习的机会，但这在很大程度上取决于各院校的条件，以及相关考试委员会给予的经费支持等。

在实践中，通过这三种途径的结合，更有可能在一所较大的中学、继续教育机构或大专院校等单一机构获得学习机会。为了加强三者之间的有机结合，有考试委员会探索使用了通用的教学材料，以便将等级考试和高级普通国家职业资格证书的某些内容合并在一起进行教学，有考试委员会为此还选择了高级商业研究领域作为改革试点。

三、职业资格证书的获得与管理

英国国家职业资格证书制度可以说涵盖了所有职业,无论是刚工作不久的职场新人,还是高层管理者,都可以用职业资格证书对其全部技能和知识水平进行衡量。英国国家职业资格框架划分得很细,这些标准都是根据企业和雇主的实际需要制定的,不仅要测试一个人知道什么,还要测试他能做什么,这些标准的进一步细化有效地保证了英国国家职业资格证书体系的质量。

在英国,国家职业资格委员会负责检查职业资格证书的质量。这个委员会对每一个国家职业标准的制定都有严格要求,同时对获得和管理国家职业资格证书制定了严格的制度和章程。国家职业资格证书主要从工作技能和关键能力两个方面进行职业资格考核。工作技能主要考查被考核者在实际工作岗位上所具备的关键能力。关键能力即核心能力,是超越职业知识与技能的能力,是与纯粹的专业知识和职业技能没有直接联系的能力,如自主学习、自主实施、自主控制、自主评价的能力,特别是创新能力、信息技术能力和合作探究能力。在国家职业资格证书的考核上,英国制定的考核办法相对科学、合理,因为考生能否考取职业资格证书不会由某一项考试决定,而要看其平时学习中多次考核的成绩总和。所谓的多次考核主要通过以下几种方法进行:

一是工作现场考核方法。这种方法主要是对一些特殊的职业资格进行评定。具体操作是,考官将考生在工作场所的实际表现作为考核评价的依据。为了保证测评结果的科学性,考官在进行具体测评时会将工作能力分为若干个能力单元,这样就做出了一份测评表。测评表显示,当考官在现场测评过程中认为考生的某一能力单元达标时,就会在测评表上签署意见"能力达标"并签字。

二是模拟考试方法。这种方法是考官在模拟情景下对考生进行能力、技能和熟练度的测试,根据考生在这几方面的表现,在真实的工作状态下衡量考生的能力。

三是口头提问和书面笔试的方法。通过这种方法考查受评者是否能够理解工作的一般原理,同时考查考生是否具备将工作的一般原理灵活迁移运用到其他情境的工作能力。

四是搜集法。这种方法要求每一位考生必须按照职业标准的内容来完成并搜集适当的证明,以证实自己之前的学习成果。这些证据可以是来自之前认可的知识和表现,也可以是其目前的设计方案、培训发展计划、实际产品以及实际工作环境中的日常素材。

英国成立了专门的证书机构和认可的鉴定站对学员进行鉴定评估。对于鉴定站,英国的要求也很严格,对鉴定站的鉴定过程进行严格审查,对负责鉴定工作的考评员、外监员和内监员的能力水平进行核实,对参评人员进行管理,对参评人员的选拔、培训等工作负总责。首先需要有一定数量的考评员、督考员完成所有对考生的考核。这些考评员必须达到产业指导委员会制定的测评人员必备的国家标准才能从事测评工作,从操作规则、能力要素等方面对考生进行测评。督考员由鉴定站的工作人员担任,这些人员都需要经过必要的培训,这样才能对考评员进行协调和监督,保证考评过程顺利进行,同时监督和检查整个考核过程的现场工作以及证书发放的各个环节。考生在通过一系列的考核后才能取得相应的职业资格证书。

英国的职业资格证书是由专门的机构颁发的,颁发的证书可以全国通用,并且可以进入国家资格证书数据库进行查询,这样可以保证考生在拿到证书之后,不仅可以谋职就业,还可以直接升入大学继续深造。此外,证书机构还要随时监督检查,一般在 3 年左右的时间内对证书颁发机构进行复查,重新确定资格,以保证证书颁发机构的质量和信誉,从而保证职业资格证书的质量。

第三节　澳大利亚职业资格证书的发展

澳大利亚技术与继续教育是一套集职业教育、技术教育、继续教育和成人教育培训于一体的教育培训系统。全国统一的职业资格认证框架在教育培训系统中起到了重要作用,它将普通教育证书、职业教育证书、高等教育证书等全部纳入体系中,使各个层次、不同种类的教育资格证书之间能够相互补充,相得益彰。取得职业资格证书和高级文凭的学生,可免试直接升入高等学府接受高等教育。学生可以获得高中和职业技术院校的一级证书和二级证书,职业技术院校和高校则颁发毕业证和高级毕业证。

一、澳大利亚职业教育的形成与发展

技术学院是澳大利亚进行职业教育的机构,从 20 世纪 50 年代到 70 年代发展迅速。学生可分为两类:一类是正式生,一类是学徒。技术学院的课程以理论知识和实用技术为主,学生毕业时可获得相应的毕业证书。

20 世纪 70 年代至 90 年代,澳大利亚技术与继续教育学院开始建立。技术与继续教育学院承担初级和高级职业培训,日常教学在技术和继续教育委员会的指导下进行。在技术与继续教育学院,技术与继续教育相结合,学历教育与岗位培训相结合。技术与继续教育学院成立后,日益成为主要实施职业教育的院校。此外,由于社会就业压力过大,为缓解就业压力,澳大利亚政府通过两种形式来增加普通高中的职业教育部分,即在普通高中开设技术课程和就业指导课程。

20 世纪 90 年代以后,澳大利亚建立了职业教育国家框架体系。这个体系主要包括培训框架、认证框架、资质框架。培训框架由两部分组成,即国家认证的培训包和国家质量培训框架,保证了培训的质量;认证框架主要在职业教育、培训结束后确认职业资格;资质框架把普通教育、职业教育、高等教育联系起来,把多种证书容纳在一个资质框架体系内,有利于国家统筹规划,对各种形式的教育进行质量管理。澳大利亚从 1995 年开始逐步采用全国统一的职业资格认证框架,这一措施的实施有利于改变以往学校和培训机构各自发证的混乱局面。经过 5 年的努力,澳大利亚在 1999 年彻底建成全国统一的职业资格认证框架。这个职业资格认证框架主要由 12 种义务教育后资格等级证书组成,其中包括 6 种职业教育资格等级专业证书,这些资格证书大都由技术与继续教育院校签发,全国通用,涵盖了 750 个专业。

二、澳大利亚职业资格证书制度的具体内容

(一)分权式管理模式

澳大利亚通过联邦政府和州政府(主要包括国家培训总局、国家职业教育研究中心、行业培训咨询委员会等机构)对职业教育进行管理。联邦政府主要制定职业教育的方针政策、全国性的职业教育学历框架体系和质量监控体系、国家职业资格证书和学历证书的标准。州政府主要负责州内职业教育管理的工作,主要部门有州产业培训理事会、州教育培训部等。

国家培训总局是联邦政府对职业教育进行管理的具体实施者,其具体职能是对职业教育进行管理。国家培训总局负责执行政府制定的政策,管理全国的职业教育,管理和监督各州和不同地区的职业教育机构,每年划拨职业教育经费。国家职业教育研究中心是由联邦政府主管并提供相应资金支持的职业教育研究和统计调查机构,其中建有职业教育相关数据库,每年向政府部门提供毕业生就业信息和质量信息反馈报告。

(二) 职业资格证书的等级与标准

澳大利亚采用全国统一的职业资格认证框架,这个职业资格认证框架主要由12种义务教育后资格等级证书构成,包括6种职业教育资格等级专业证书(一至四级证书、职业文凭证书、高级文凭证书建立统一的标准体系,满足市场和企业发展的需求,对国家职业技能的发展具有重要意义)。全国统一的职业资格认证框架的6种职业教育资格等级证书的标准如下:

一级证书:掌握基本的就业知识和基本的工具使用技术,能接收和传递信息,并在指导下完成工作任务。

二级证书:掌握从事某一职业的基础知识和操作技能,能够在有限的自由选择中,通过各种途径获取和记录信息,完成任务。

三级证书:掌握相关的理论知识和较成熟的技能,具有独立完成任务和解读信息的能力,对自己所从事的工作能够承担责任,对他人所从事的工作能够承担有限责任。

四级证书:具有深厚的知识基础,能够在不同的领域中运用知识和技能,分析、评价信息,参照特定的质量标准对自己的工作负责,对他人的工作承担有限责任。

职业文凭证书:具有广泛深入的知识基础和理论基础,能在多种情况下运用理论不断创新,能对信息进行评估并利用信息制订计划和确定研究目标,对自己的工作负责,对他人的工作承担有限责任。

高级文凭证书:掌握广泛的专业技能,从而达到不同行业的从业水平,在技术和管理领域进行分析、诊断、设计、执行和决策,在各方面对自己的团队进行抽象的信息分析并对团队负责。

一至四级职业资格证书培训的目的主要是让学生在专业领域内达到较高的动手操作能力;职业文凭证书和高级文凭证书的培养目标是让学生在具有较强的动手操作能力的基础上,还具备一定的技术分析能力和设计能力,以及解决实际问题的能力。学生在获得职业文凭证书和高级文凭证书后,可直接升入大学二年级,获得相关专业的学位证书。技术与继续教育学院采用学分制,部分课程所获得的学分在很多大学都会被承认。澳大利亚的职业资格证书制度认可以往在学习、培训和工作中获得的知识和技能,从而避免了人们重复学习带来的浪费,鼓励人们继续深造。这种不同等级的职业资格证书,有利于学生根据自身需求和能力选择不同等级的技术技能培训,有利于学生循序渐进地向上攀登,有利于学历教育与职业教育的衔接与转换。

(三) 澳大利亚的职业资格认证体系

澳大利亚的职业资格认证体系基于全国统一的职业资格框架。它是独立于职业教育和职业培训体系的,但它与普通教育、职业教育和高等教育三种教育构成了相互交流的融合体系,这对澳大利亚终身教育体系的发展和其他教育的发展都具有举足轻重的作用。

1. 澳大利亚职业资格认证的组织管理体系

澳大利亚职业资格认证实行网络化管理模式,主要机构包括联邦政府和州政府、国家培训总局、国家职业教育研究中心、行业培训咨询委员会。联邦政府和州政府主要负责在全国范围内制定教育方针政策,建立职业教育培训框架体系和相应标准,确定职业教育质量监督制度,等等。国家培训总局主要负责代表政府行使具体行政职责,协调、管理、指导和监督各州的职业教育工作,以及分配教育经费。国家职业教育研究中心开展职业教育调查研究,对收集到的资料进行统计分析。行业培训咨询委员会主要负责职业培训的有关工作。

2. 澳大利亚职业资格鉴定系统

澳大利亚职业资格证书的颁发机构为注册培训机构。只要是符合国家规定的 12 个条件的教育机构均可从事职业教育培训和职业技能鉴定,并可颁发职业资格证书。职业技能鉴定机构,根据学员不同的能力水平和修业年限,为其颁发相应的资质证书。

澳大利亚职业技能鉴定采用学分制管理方式,学生可通过累积学分完成最终学业。学分制可以与普通教育、高等教育相衔接,学生在高中阶段或职业教育阶段取得的学分,在下一阶段的学习中会被承认,在培训机构取得资格证书也会被承认学分。

澳大利亚的职业资格鉴定系统有自身的特点,学分制的管理模式有利于促进不同教育形式之间的相互交流,有利于学生增强实践技能,发展终身教育。鉴定标准与市场需求紧密结合,适应了企业、行业的发展需求,推动了经济的高速发展。技能鉴定的标准采用等级 + 模块的形式,层次分明,操作起来也比较简便。

三、澳大利亚国家职业资格框架制度的特点

澳大利亚政府从 20 世纪 80 年代开始不断地进行改革,经过十几年的努力,颁布了国家框架体系,并逐步推行。

　　澳大利亚职业教育的管理机构主要包括三个层次：一是由政府委员会领导的决策机构，主要负责确定与职业教育相关的目标，并分配项目；二是以质量技能管理局为代表的管理机构，主要负责对培训机构的资质进行审核，监督资金使用情况等；三是起到辅助性质的辅导机构，这些辅导机构主要是为国家职业教育的发展出谋划策。

　　澳大利亚的国家职业教育框架体系主要包括培训框架、认证框架和资格框架。培训框架对培训机构的资格确认、报名流程和高水平职业教育培训质量的标准进行了规定；认证框架用于指导培训机构进行资格确认和注册工作，保证了培训质量；资格框架用 12 个等级的资格规定了初等和中等教育、职业教育与培训、高等学历教育的相互融通，推动了各环节相互衔接。澳大利亚政府要求各行业根据国家职业教育框架体系的具体要求，制定本行业的能力标准，并形成培训套餐。技术与继续教育学院是负责职业教育的机构，要按照培训包的具体要求开设课程、组织教学、考核学生学习成绩，为成绩合格者颁发全国通用的证书。在技术与继续教育学院获得的职业资格证书是就业的必备条件，它可以和大学学历证书互相融通。高中毕业后的学生可以选择进入大学继续学习，也可以进入技术与继续教育学院学习。学生在技术与继续教育学院完成两年的职业教育课程后，不仅可以获得高级文凭证书，直接走上工作岗位，还可以进入大学本科二年级继续深造。

　　全国统一的职业教育框架体系整合了各个行业所需要的能力，不同等级的证书对应相应的职业岗位。澳大利亚能力标准体系与澳大利亚职业资格证书之间建立了相应的联系，即能力标准体系的一到六级分别对应职业资格证书的一到四级证书、职业文凭证书、高级文凭证书。职业能力标准体系倡导以能力本位为主导思想的关键能力。关键能力强调的是一个人从事某项工作所必须具备的知识和技能，以及如何将这些知识和技能应用到实际工作中，得到产业界承认并得到全国认可。

　　澳大利亚职业教育充分发挥企业的作用，在各州建立咨询委员会，主要负责联系企业，协调政府与行业和企业的关系，在向企业传递政策的同时，为政府提供企业发展的信息。澳大利亚培训总局领导的是以产业界人士为主组成的产业培训咨询董事会。董事会成员来自 23 个行业的行会和公司企业，包括制造业、金融、房地产、批发零售、信息技术、旅游等，培训总局可以直接听取他们的意见和需求，制定相应的资质标准，拟订发展规划。澳大利亚政府在职业教育培训国家发展战略中，提出了"让产业界在职业教育培训中唱主角"的口号。在积极参与职业培训的过程中,企业在资质标准制定、专业设置等方面扮演了重要的角色。

通过以上研究发现,职业教育较发达的国家在学历证书和职业证书相结合方面的实践可以为我国完善职业证书制度提供以下借鉴:

(1)完善职业资格证书制度的法律保障。重视立法和依法实行职业资格认证制度以及发展职业教育,依法推行职业资格认证制度,积极改革和完善国家职业教育培训制度。

(2)建立健全职业资格制度体系。通过推行国家职业资格制度,开辟一条逐步达到国家职业资格标准,与社会需求紧密结合的职业教育发展道路。以职业资格框架弥合职业教育与普通教育、职业教育与就业的距离,以学习的课程作为连接桥梁,把教育与就业相联系,把教育、培训和提高技能相联系。

(3)加强职业资格证书的质量管理。职业技能等级证书的含金量是检验1+X证书体系是否成功的重要指标,要建立健全职业资格证书质量保障体系,确保认证后的职业资格符合国际标准。加强质量管理是搞好职业资格证书工作的关键。建立严格的质量控制体系,职业技能鉴定考试机构要完备,考试方式要灵活,考试制度要严格。

在我国,职业资格认证采用育训结合的方式,政府、学校、行业、企业多方合作。职业资格认证制度与我国的职业教育和培训有效结合,采用多形式、多渠道的职业培训形式,充分发挥社会各界,特别是企业、行业的协同作用,极大地促进了包括高等职业教育在内的职业教育的发展。

第三章
职业技能等级证书与专业人才培养融合理论

职业技能等级证书与专业人才培养融合是职业技能等级证书体系与专业人才培养体系的有机融合,"1"和"X"两个体系耦合共生,相互关联,产生合力,从而形成一个新的职业教育生态系统。同时,还可以从人本视角、经济视角、教育视角、职教视角等多个理论视角来进一步审视这一新的系统,指导和促进职业技能等级证书与专业人才培养有机融合。

第一节　主视角:系统论、耦合理论、共生理论

系统论,是有关系统的全部理论和方法。从系统论的视角来看,世界上任何一个事物,大至浩瀚的宇宙,小至微观的原子,如一粒种子、一个国家、一个地区、一个企业、一个部门……都可以看成一个系统,系统是普遍存在的,整个世界就是系统的集合。自20世纪中期美籍奥地利理论生物学家和哲学家路德维希·冯·贝塔朗菲(Ludwig Von Bertalanffy,1901—1972)正式提出一般系统论以来,现代系统论在众多领域得到了应用和发展。系统思维为人们面对复杂的问题提供了一种综合、科学的思维方式和有效解决问题的方法。

一、系统论

(一) 系统和系统论的概念

诺贝尔经济学奖获得者西蒙指出:"系统这个术语越来越多地被用来指那种特别适于解决复杂组织问题的科学分析方法。""系统"一词源于希腊语,原意为由部分组成的整体。《现代汉语词典》(第7版)中的解释是"同类事物按一定的关系组成的整体;有条理的,有系统的"。从词条中的解释来看,"要素""联系""组合""结构""功能""整体"这些关键词是一个系统的必要元素。对于系统的核心概念,贝塔朗菲的解释是,系统就是互相作用的若干要素复合体或具有组合性特征的要素复合体。就是说,理解这样的系统不仅必须知道部分,还必须知道关系,即组合性特征不能用孤立的部分来解释。

对于"系统论"一词,《现代汉语词典》(第7版)中的解释是"研究系统的一般模式、结构、性质和规律的理论,也指研究系统思想和系统方法的哲学理论"。

1972年,贝塔朗菲在《一般系统论的历史与现状》一文中认为,一般系统论包括研究系统的科学和数学系统理论、系统技术、系统哲学。20世纪80年代,我国著名科学家钱学森提出,系统论是系统科学与哲学之间的中介理论。

(二) 系统论的提出

纵观古今中外,系统的思想观念由来已久。例如,中国传统的"天人合一"的思想,以及在中医学说、军事理论、农业生产等实践中总结的经验和理论。西方自古希腊起就有"万物归一"等朴素的系统观。近代,马克思和恩格斯提出了唯物辩证法,把自然和社会都看成对立统一的系统,马克思和恩格斯成为现代系统方法的始祖。

目前学术界公认,首先明确提出系统论的学者是贝塔朗菲。他于1945年公开发表了《关于一般系统论》这篇论文,从而奠定了这门科学的理论基础。1968年,贝塔朗菲的专著《一般系统理论基础、发展和应用》出版,该书被公认为是这门学科的代表作。《一般系统理论基础、发展和应用》在人类历史上第一次将系统思想发展为一门科学,并用数学语言定义了系统的概念,因此对于系统科学而言,该书确立了这门科学的学术地位,具有里程碑式的意义。

一般系统论来源于生物学中的机体论,是在研究复杂的生命系统中诞生的。一般系统论是关于任意系统研究的一般理论和方法。它虽源于理论生物学中的生物机体论,但与哲学密切相关,是处于具体科学与哲学之间,具有横断科学性质的一种基本理论。一般系统论的主要任务是以系统为研究对象,从整体出发研究系统整体和组成系统整体各要素的相互关系,从本质上说明其结构、功能、行为和动态。

贝塔朗菲认为,科学领域的发展,尤其是信息技术和自动化技术的发展,导致人与机器的关系问题出现,以及财政、经济、社会、政治等问题大量出现,倒逼着一场深刻的世界变革,这种变革要求一种全新世界观的形成,即从原来的机械论的世界观转化为系统世界观。在这种世界观的指导下,自然科学和社会科学将会产生极大的变革。在他看来,一般系统论的前提条件是考察处于相互作用的各要素的复合体,因为从单个原子的机械的角度无法正确地认识事物。并且随着科学的发展,物理学、生物学、心理学和社会科学等各门科学都出现了一般化理论的发展趋势,一般系统论的发掘成为必要。贝塔朗菲将一般系统论的内涵总结为五点:① 各种不同的学科,包括自然科学和社会科学,有着走向综合的普遍趋势;② 这样的综合要以系统的一般理论为中心;③ 这样的理论可能成为非物理领域的科学面向精确理论的一种方法;④ 这一理论通过寻找出能统一"纵向地"贯穿于各个单个科学共性的原理,使我们更接近科学大统一的目标;⑤ 这一理论能够导致迫切需要的综合教育。这五个方面的内涵既表述了一般系统论对自然科学和社会科学哲学意义上的指导性,引领自然科学和社会科学走向统一的路径,又引领着人类世界观的重塑,并指出了综合教育的迫切性。

(三) 系统论的发展

贝塔朗菲创立的一般系统论,从理论生物学的角度总结了人类的系统思想,运用类比和同构的方法建立开放系统的一般系统论。他创立的一般系统论属于类比型一般系统论,对系统的有序性和目的性并没有做出令人满意的解答。此后的几十年间,许多科学家发展和丰富了系统论,如:维纳提出了控制论,申农提出了信息论,普里高津提出了耗散结构理论,哈肯提出了协同理论,林永福提出了一般系统结构理论、一般系统模块理论,等等。系统分析技术在科学及工程领域得到了广泛应用。

(四) 系统论产生的意义

1. 推动了观念意识的更新

系统论提出的系统层次、反馈、控制等概念,为人们提供了新的思路。人们从系统的整体性及相互制约性得到启发,增强了统筹兼顾、综合优化的意识,在决策时能考虑到有关的方方面面,克服了传统思维容易造成的片面性。

任何一个系统均从属于更大的系统,这个概念可以帮助人们正确认识组织与其他组织的地位、使命和社会责任,有助于克服本位主义,减少目光短浅的行为。

开放系统及组织效应理论、耗散结构理论有力地支持和推动了各种组织之间、国家之间的联合与协作。

系统论中把信息提高到与物质、能量同等重要的地位,使人们重新认识了资源的含义,把信息视作战略资源之一,有意识地加强了信息管理工作。

系统论关于结构、联系决定系统功能的观点,使人们更加重视对系统机制的分析研究。因为所谓"机制",就是决定系统运动的物质载体、动因和控制方式,也就是系统的结构与联系,从而为人们提供了通过调整结构、增进联系以增强系统功能这一有效途径。

2. 提供了解决复杂问题的分析工具

随着人类实践的深化、科学技术的发展、生产社会化程度的提高,人们要处理的系统设计和系统控制问题也日益复杂起来。系统论揭示的宇宙中各类系统具有相似性这一真理,使人们一下子开阔了视野,变得聪明和灵活起来。系统论使自然科学和工程技术领域获得了许多有力的工具,如控制论、运筹学、数理统计、可靠性方法、模糊数学、心理学等。系统理论及其工程方法提供了有效的思维工具,如:运用系统层次概念及递阶控制原理有助于解决大系统的管理控制问题,利用系统整体的相关概念及多目标规划方法可以较好地处理多元目标系统优化问题,利用模型和模拟、马尔可夫方法、系统动力学方法有助于解决动态系统的预测和控制问题。

二、耦合理论

系统耦合理论,是指两个或两个以上性质相似的生态系统具有互相亲和的趋势,当条件成熟时,它们可以结合为一个新的、高一级结构的功能体。

"耦合"一词最初来源于物理学,指一个相对于两个或两个以上系统或运动形式之间物理关系而衍生的概念,是指两个或者两个以上的系统要素(或子系统)之间,通过自由能的流动而形成的紧密依存、相互促进、相互演变的关系及其最后正向发展的结果。《辞海》(第5版)对"耦合反应"一词的解释为:"两个化学反应联合后,其中一个亲和势大于零的反应可以带动另外一个亲和势小于零的反应进行反应。在该反应中,一反应的一个产物参与另一反应,可以改变反应的平衡位置,甚至使不能进行的反应得以通过新的途径进行。在生物系统中有许多反应是靠这种反应才得以进行的。"

系统要素之间彼此影响有可能导致它们之间互相促进,也有可能导致它们之间互相破坏。系统耦合与系统相悖是两个或者两个以上系统要素(子系统)组合效应的正反两面。系统耦合在系统要素之间表现为紧密依存、互相促进的正向关系,最终将扩大系统的生产和生态功能。"复合"与"耦合"的概念相比,"复合"有合成、混合的意思,"耦合"则含有联结、配合的意思。因此,组成耦合系统的子系统之间具有密切的联系,而复合系统的子系统之间则不一定具有密切的联系。

三、共生理论

共生是指在一定的共生环境中,各共生单元按照一定的共生模式形成的关系。共生原是生态学中的一个概念,由德国真菌学家德贝里于1879年提出,用于描述不同种属生物共同生长的一种状态,即不同生物种属之间依靠某种物质联系而生活在一起,各自可以获得一定的利益,为了适应复杂多变的环境而逐渐走向联合的一种相互关系。共生理论最初描述的是一种自然现象,后来随着理论研究范围的不断扩大,在许多研究领域中得到了应用。

科学家们首先发现了自然界中一种相互影响、相互促进的共享效应,然后发现人类群体中也有这种共生效应的存在。英国卡迪文实验室研究发现,在科研机构中,如果有不同知识结构、技术专长和思维方式的人在同一个平台或环境下工作,每个人都会相互学习,相互影响,从而使自己的创新能力得到提高,创造的科研成果也会更多。在我国,袁纯清博士于1998年首次将共生学说引申到社会领域,用共生效应对一种社会现象进行描述,并在一般意义上加以推广。

在系统论的基础上,依靠共生理论来研究系统之间的信息传递、物质交流、能量传递以及合作共生的模式和环境关系,具有很好的匹配性,也具有很好的兼容性。体系内部需要形成相互依存、相互促进的统一体,这也正是共生学说中顶级模式的形成和运行过程。因此,运用共生理论对子系统的关系进行进一步的探讨,从内容、目标、机制等方面都具有很强的实用性。

第二节　系统思维与系统理念

系统论、系统耦合理论和共生理论,对于理解"1"与"X"的内涵关系,促进

"1"与"X"的证书有机融合,具有重要的指导作用。从系统论的视角,可以把职业技能等级证书与专业人才培养相融合当作子系统间的耦合共生,形成一个新系统,从而分析系统的结构和功能,研究系统、要素、环境三者的相互关系和变动规律,用系统思维来看待问题、分析问题和解决问题。

一、系统思维的原理和特点

系统论的基本思想方法就是把研究和处理的对象当作一个系统,分析系统的结构和功能,研究系统、要素、环境三者的相互关系和变动规律,并用优化系统的观点看问题。系统论认为系统一般具备八大原理:整体性原理、层次性原理、开放性原理、目的性原理、突变性原理、稳定性原理、自组织原理、相似性原理。

系统思维是以认识对象为系统,从系统与要素、要素与要素、系统与环境的相互联系和相互作用等方面对认识对象进行综合考察的思维方法。系统思维是一般系统论的认识基础,是对系统本质属性(包括整体性、关联性、层次性和统一性等)的根本认识。它的核心问题是如何根据系统的本质属性最大限度地优化系统。作为一种新的思维方法,系统思维相对于传统的思维方法有以下特点:

1. 注重事情的完整性

系统论认为,制度不是几件简单的事情的堆砌,而是具有新性质、新功能的整体。美国哲学家欧文·拉兹洛指出:"科学现在不再像过去那样,在一个时刻观察一件事,观察它在另一件事的作用下所做的事情。而是观察一定数量的不同的、相互影响的事物,看它们在各种影响下的整体行为。"

2. 研究事物的内在结构和联系

系统论认为,系统整体的性质和功能是由系统内部的结构和联系决定的。所谓"系统的结构",是指构成系统的元素的性质、数量、比例、空间排列和时序组合。所谓"系统的联系",是指系统与系统之间所发生的物质、能量、信息等的传递与沟通。结构不同、联系不同导致系统的性质和功能不同,认识系统要弄清系统内部的结构和联系,改造系统是对系统内部的结构和联系进行调整。

3. 强调系统的开放性与动态性

传统的思维往往把事物看成一个封闭的系统。系统论把世界看成是相互联系的整体,每个系统都是某个更大的系统的一部分,因此系统的性质和功能不能不受到环境的影响和制约。系统论认为,封闭系统的活力逐步减小,必须对外开放,与外界交换物质、能量和信息,才能维持系统的活力。系统论认为系统处于不断的运动和变化之中:一方面,系统内部存在"自组织"的活动;另一方面,由于环境的变化,系统也难以维持其原来的状态。

二、职业技能等级证书与专业人才培养融合的系统特征

如前文所述,系统是指由若干相互联系、相互作用的部分组成,在一定环境中具有特定功能的有机整体。组成系统的各个部分被称为要素、单元或子系统。系统的一般特征包括集合性、相关性、层次性、环境制约性、整体性、动态性、目的性等。综合来看,系统具有五大方面的特点。

1. 整体性

虽然系统是由要素或子系统组成的,但系统的整体性能可以大于各要素的性能之和。因此,在处理系统问题时,要注意研究系统的结构与功能的关系,重视提高系统的整体功能。任何要素一旦离开系统整体,就不再具有它在系统中所能发挥的功能。贝塔朗菲强调,任何系统都是一个有机整体,系统中的各要素不是孤立地存在的,各要素之间相互关联,构成了一个不可分割的整体。

2. 关联性

关联性是指系统与其子系统之间、系统内部各子系统之间,以及系统与环境之间的相互作用、相互依存和相互关系。离开关联性就不能揭示复杂系统的本质。

3. 动态性

系统的状态与功能不是一成不变的。系统不仅作为一个功能实体存在,而且作为一种运动存在。系统的内部联系是一种运动,系统与环境的相互作用也是一种运动。系统的功能是时间的函数,因为无论是系统要素的状态和功能,还是环境的状态都不是一成不变的。

4. 层次性

一个系统总是由若干子系统组成的,该系统本身又可看作一个更大的系统的子系统,这就构成了系统的层次性。T. 米尔索姆曾把人类系统划分为 11 个层次。不同层次的系统运动有各自的特殊性,在研究复杂系统时,要从较大的系统出发,考虑到系统上下左右的关系。

5. 目的性

世界上共有两类实体系统:一类是由矿物、植物、动物等自然物天然形成的

系统,如天体系统、海洋系统、沙漠系统等,统称为自然系统;另一类是人们为达到某种目的而人为建立(或改造)的系统,如生产系统、运输系统、军事预警系统、管理系统等,统称为人造系统。人造系统的目的性表现在功能的人为性方面。人们通过系统要素的选择、联系方式及系统的运动设计反映自己的某种意志,服从于自己的某种目的。

三、职业技能等级证书与专业人才培养融合的系统理念

从系统论视角审视 1+X 的关系,1+X 证书体系是一个具有特定功能的整体,是彰显职业教育类型特征的相生相长的标准体系,以社会需求、企业岗位(群)需求和职业技能等级标准为依据。根据耦合理论和共生理论,可以为 1+X 融合发展赋予"催化、合力、共生"的理念。"X"催化"1",使"1"和"X"形成一个整体,产生合力,共生共长,形成新的职业教育生态,共同完成人才培养任务,提升职业教育质量和学生就业能力,畅通学生发展通道,助力职业教育提质培优、增值赋能,促进产教深度融合、校企紧密合作,推动职业教育向多元办学格局转变、向高质量发展转变、向专业特色鲜明的类型教育转变。根据"催化、合力、共生"1+X 融合理念,规划免修、重排、补充、拓展、强化和新增六类 1+X 融合途径,保障"1"与"X"充分融合互促,如图 3-1 所示。

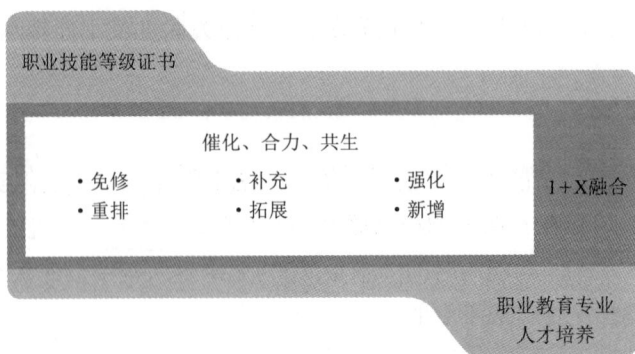

图 3-1　1+X 融合理念和路径示意图

第三节　多维视角的理论综述

系统论的视角是本次研究职业技能等级证书与专业人才培养融合的主视角,运用系统思维,为 1+X 融合发展提出了"催化、合力、共生"的理念。同时,

当我们将1+X证书制度作为一个系统来进行研究时,应该充分理解和重视这一系统的复杂性和综合性,从更多的视角和纬度来进行分析。本节分别从人本视角、经济视角、教育视角、职教视角等简要介绍了八个思想理论。在对职业技能等级证书与专业人才培养融合的深入研究、解析和实践中,这些思想理论对我们产生了积极的指导作用。

一、人本视角:全面发展理论和多元智能理论

(一)人的全面发展理论

"人的全面发展"这一科学概念是马克思在《德意志意识形态》中正式提出的,此后在许多重要著作中都有系统的阐述。马克思主义所要实现的人的全面发展,不仅仅是个人的发展,而是要使每个人、任何一个人,也就是全体社会成员都得到全面发展。马克思认为,人要作为一个完整的人,以一种全面的方式占有自己全面的本质。按照马克思主义关于人的全面发展的论断,人在经历从低级到高级的每一个发展阶段时,都要能完整地、均衡地、非正常地发展。人的全面发展的内涵广泛且深刻,主要有以下几个方面:

1. 人的体力、智力得到充分自由的发展

人的体力是指人的各种"自然力",即人的身体机能;智力是灵性方面的统一体。人的体力和智力是人全面发展的主要内容,是人从事一切活动的身体和精神基础。人的一切活动,不管是低级形式的活动,还是高级形式的活动,都是运用和发挥人的身心潜能的。

2. 人的才能多方面发展

只有在社会实践中外化人的体力和智力,转化为具体的活动能力,才能创造财富。恩格斯指出,人的全面发展是为了"使自己的成员能够充分发挥自己的才能","每个人都有权利发展自己的才能,这一点是无可争辩的"。马克思和恩格斯认为:个人要成为各方面都有能力的人,就必须能够根据自己的本性,把不同的社会功能看作相互交替的活动方式,这样才能给个人的活动带来全面性,这也是全面发展人的能力的深层依据。

3. 高度丰富和全面发展的人的社会关系

人既是自然界长期发展的产物,又是社会劳动的产物。人是社会的人,人的各种能力的发挥受制于他所处的社会关系。"社会关系实际上决定了一个人可以发展到何种程度。"人在社会关系的高度发展中,突破了个人或地域对人的

全面发展的限制条件,个人能力才能得到更大的发挥。社会关系(包括人与自然的关系、人与社会的关系、人与自身的关系等诸多方面)的高度发展,是人的全面发展内涵的又一重要内容。

4. 人的人格自由发展

人的发展要经历三个历史阶段:第一个历史阶段是人的依附关系占统治地位的阶段,人的个性特征不突出;第二个历史阶段是以物的依存为前提的独立自主阶段,人的个性也难以形成;第三个历史阶段是以人的全面发展以及以其共同的社会生产能力从属于其社会财富为基础的自由个性阶段,每个人都可以成为充分自由、各具特色的人。马克思早在《德意志意识形态》中就指出:共产主义社会就是要"建立一个有人格的人"。马克思说:"人格的自由发展,是所有人得以自由发展的条件。"因此,人的全面发展必然要落实到每个人人格的充分自由发展上来,而人格的充分自由发展是人的全面发展的重要内容,也是人的根本标志。

5. 人的主体性的全面发展

人的主体性的全面发展,可以指使人成为自然的主体、社会的主体、发展自己的主体。人的主体性是通过人的能动性、自主性和创造性,在改造社会、改造客观世界和创造自己历史的实践活动中表现出来的。马克思一再强调:"人永远是主体。"在实践中使人的主体性得到全面发展,既是人的全面发展理论的重要组成部分,又是使人的全面发展得以实现的重要条件。实现人的全面发展,是人类千百年来的美好愿望,哲学家、社会学家对当代各种思潮都给予了关注。《马克思主义经典文学家》在批判继承前人思想的基础上,对人的全面发展进行了科学论述,揭示了人的全面发展及其本质内容,指出了人的全面发展的条件和实现途径。人的全面发展是一个连续不断的历史过程,是随着社会经济状况而不断变化的过程。人的发展变化永无止境,人的全面发展受到社会历史条件的制约,而社会历史条件的发展变化又带来人的全面发展的新机遇、新挑战;对人的全面发展的认识,要包括在具体的社会中;人的全面发展的特点,要求政治理论教育与实际紧密结合,不断推陈出新。

(二) 多元智能理论

多元智能理论由美国哈佛大学心理学家霍华德·加德纳教授提出。他认为,智力的本质是"在一定的社会文化背景下,个体用来解决他们所面临的真正困难或生产和创造社会所需的有效产品的能力",即智力必须与实际生活相关联,而不是通过"把一个人放在一个非自然的学习环境中，让他去做他从未做过并且可能在未来不会再做的事情"的方式来判断。智能作为解决实际问题的能力，是具有跨越式突破的智能理论发展的重要突破。智能是每个人在不同方面、不同层面上所具备的解决现实生活中一系列实际问题的能力，特别是难题，重点是指发现新知识或创造新产品的能力。发展人的多元智能，关键在于开发。学校教育的主要任务是帮助学生开发多种智力，并发现他们的特点，最终达到教育的目的，促进他们的全面发展。

加德纳教授重新定义了"智能"：在某种社会和文化环境的价值标准下，个体用来解决他们遇到的真正困难或生产和创造某种产品所需要的能力。在多元智能框架中，人的智能是多方面的，或者说是多元的，有言语（语言智能）、逻辑（数理智能）、视觉（空间智能）、音乐（节奏智能）、身体（运动智能），以及人际交往智能、自我反省智能、自然观察智能、存在智能等。

多元智能理论指导教师必须充分认识到智能的多样性、广泛性、差异性、实践性和发展性，以及9种智能同等重要，要重视培养和发展学生的各种能力。多年的实践证明，音、体、美、社科知识等，对学生各种智能的发展同样具有促进作用。

二、经济视角：人力资本理论和教育筛选理论

（一）人力资本理论

人力资本是指人们在人力、卫生、教育、培训等方面的支出所形成的资本。这种资本就其实体形态而言，是活的人体所拥有的体力、健康、经验、知识和技能等精神存量的统称，是一种具有经济价值的生产增长的主要因素和资本。人力资本大致有以下四大特点：

（1）这种资本在特定的人身上体现、凝结和贮存，与其自然所有者的个体不可分离，不能买卖，不能转让，是一种具有显著个性或私人性的资本。

（2）人力资本是可以通过投资形成的，能够在未来获得预期收益的资本化的人力资产，可以用货币来衡量。

（3）人力资本的形成和效能的发挥，是和个人的生命周期紧密相连的，受个人的体力、寿命和个人喜好等自然条件的限制。

（4）人力资本既是个人的经济资源，又是社会资源，含义更为广泛。

人力资本理论最早起源于经济研究，20世纪60年代，美国经济学家舒尔茨和贝克尔共同创立了人力资本理论。人力资本理论的主要内容可以归纳为四个

方面:① 人力资源是所有资源中最主要的资源,经济学的核心问题是人力资本理论;② 在经济增长中,人力资本的作用大于物质资本,与国民收入成正比的是人力资本的投入;③ 教育是提高人力资本最基本的手段,因此也可以把人力投入问题看成是教育投入的问题,而高技术水平的人力所带来的产出要明显高于低技术水平的人力;④ 教育投入要以市场供求为基础,以人力价格的浮动作为衡量标志。

人力资本的投入主要包括以下几个方面:① 正规教育的各个层次。人力资本理论认为,正规的学校教育是人力资本投资最主要的形式。② 岗位培训。岗位培训是提高劳动者工作能力、技术水平和熟练程度的人力资本投资的一种重要形式。③ 医疗保健方面。它包括影响人的寿命、力量强度、耐久力、精力和生命力的一切费用,目的在于促进人的健康发展。它不仅与人的数量有关,更与人的素质有关。④ 劳动力国内流动成本。⑤ 企业运营能力。提升企业运营能力,才能做出最优决策。⑥ 家庭用于养育子女所花费的时间等。这是投资人力资本的一种。

人力资本理论认为,教育不仅仅是一种消费,还是一种投资,其目的是获得未来增加收入的技能。舒尔茨认为,教育是一种生产活动,使隐藏在人体内的能力增长。教育提高了一个人的认知技能(人力资本),他的劳动生产力就会因此上升,而教育水平与劳动生产力呈正相关,即经济增长与劳动质量有关,而劳动质量提高的关键在于教育。教育的经济价值不仅体现在国民收入的提高上,还使个人收入提高,收入分配也趋向于均等。

(二) 教育筛选理论

以美国经济学家迈克尔·斯克斯和罗伯特·默顿·索洛为代表的学者通过信息不对称理论针对人力资本理论提出了教育筛选理论(又叫作证书理论)。教育筛选理论强调证书的重要性,认为就业市场上的雇主和求职者之间存在的信息是不对称的,而证书可以帮助雇主识别求职者的能力,结合需求进行快速筛选。人力资本理论和教育筛选理论为1+X证书制度提高就业质量提供了理论依据。

"所谓'筛选假设'(信号理论),是指将教育视为帮助雇主识别不同能力的求职者,从而将其安置到不同工作岗位的理论。"筛选理论的前提是不完全信息,即用人单位缺乏对求职者充分了解的信息。因为用人单位不能直接了解员工的生产能力,即使聘用后也不能马上了解员工的生产能力。用人单位虽然缺乏完整的信息,不能直接了解员工的生产能力,但可以从一些看得见、摸得着的个人属性和特征(即信号和标志)入手,了解员工的能力。教育被归类为信号中的一种,也是信号中最重要的影响因素,可以让用人单位对求职者的能力进行预测。他们认为每个人的能力都是与生俱来的,是不一样的,教育不能提高一个人的能力,却可以体现一个人的能力。这意味着,在其他条件相同的情况下,能力较强的人付出较低的教育成本就能获得较高的学历,而能力较低的人只能获得较低的学历。

筛选的实质就是竞争。根据达尔文的自然选择法则,古代的自然竞争是没有策略的,竞争对手可以凭借机会获得其生存所需要的资源组合。这种模式在劳动力市场同样存在。在劳动力市场上,求职者通过对用工单位的了解,结合自身条件,寻找合适的就业岗位;用人单位则主要是通过求职者在校期间的成绩、职业技能等级证书,再加上一系列的笔试、口试等,来获得求职者综合能力的信息。有多个职位可供一人选择,同时也有众多求职者争抢一个职位。教育筛选的原则是将求职者按教育程度安置到不同的工作岗位,这意味着不会考虑其社会资本。那么,所有的求职者都只有能力差异,各自凭借自己的专业优势和综合能力竞争上岗,而没有因为社会资本的优劣而限制一些人到更好的单位就业的情况出现。教育的筛选作用基本与就业市场化相吻合,按能力原则安排就业岗位是市场化就业的初衷。因此,教育筛选在完全市场化的条件下,可以有效地促进平等就业。尽管筛选很残酷,出现"职位排挤"和"人才高消费"现象,但适应"优胜劣汰,适者生存"的自然选择法则。所以,在劳动力市场上就有一个竞争和筛选的过程,谁能在筛选的最后留下来,谁就会成为竞争中的赢家。

三、教育视角:终身教育理论和个性化教育理论

(一) 终身教育理论

中国自古就有"活到老学到老"的谚语,体现了朴素的终身学习、终身教育的思想。现代终身教育理论由法国教育家保尔·朗格朗在其 1970 年的著作《终身教育引论》中系统阐述。终身教育是指人从出生到生命结束的全过程教育,包括教育体系的各个阶段和各种方式,既有学校教育,又有社会教育;既有正规教育,又有非正规教育。终身教育理论强调人的全面、协调、可持续发展,强调学习者的主导作用,强调学校教育与社会培训教育的融合与衔接。

20 世纪 60 年代后半期至 20 世纪 70 年代初,在联合国教科文组织的直接推动下,终身教育思潮迅速扩大,体现出完全不同于传统教育(传统认为的一次性学校教育)的全新教育理念,表现出不同于传统教育的特点。所谓"终身教育",简单地说,就是指能够满足一个人一生中多阶段生存和发展的多方面需要

的教育。终身教育的目标是完善自己,建设学习型社会。综观终身教育的论著,其基本内涵可以归纳为以下几点:

(1) 传统教育往往把人的一生分成三个时期:学习期、工作期、退休期。终身教育则突破了传统教育的束缚,认为教育应该是一个人从生命开始到生命结束的永无止境的活动,也就是人的一生始终贯穿于教育和学习之中。终身教育主张冲出只有在学校学习才是正规化教育的狭隘局限,强调学校教育、家庭教育、社会教育的紧密结合,各种场所都是人终身受教育、终身学习的场所。它非常强调教育资源的整合性和开放性,以实现人、教育和生活的一体化为目标,使人充分发展自己的主体性、独特性和创造性,在时间和空间上获得保障。

(2) 终身教育强调教育应当面向全体人员,不论其性别、年龄、职业等,都是受教育的对象,最终目标是建立人人受教育、人人学习的学习型社会,以期使每个人都有生存能力和不断发展的能力。所以,终身教育也是实现大家平等的一个重要手段。

(3) 终身教育本质上是以促进人的发展为目的的教育,教育目标是培养人格完整的人,其学习动机不同于传统教育下的外在强制性,它完全来自个人的需要和兴趣,因此终身教育强调学习者的主体性和能动性,培养其自我学习的能力,即发现问题的能力、分析问题的能力、解决问题的能力。诚如 1983 年联合国教科文组织专家会议所作的报告指出的:"终身教育是一种解放自我实现的教育,是一种自我完成的教育。"终身教育不仅是为了面对现实生活而获得新的社会技能和技术工具,还与内省的个人发展密切相关。

(二) 个性化教育理论

个性化教育是指通过对被教育对象(包括个人和企业)进行综合调查、研究、分析、测试、考核和诊断,根据社会环境变化或未来社会发展趋势、被教育对象的潜质特征和自我价值倾向、被教育对象的利益人(被教育对象的家长或监护人,企业的投资人或经营者)的目标与要求,量身定制教育目标、教育计划、辅导方案和执行管理系统,并组织相关专业人员通过量身定制的教育培训方法、学习管理和知识管理技术,整合有效的教育资源,从潜能开发、素养教育、学科教育、阅历教育、职业教育和创业教育等多个方面,对被教育对象的心态、观念、信念、思维力、学习力、创新力、知识、技能、经验等展开咨询、策划、教育和培训,从而帮助被教育对象形成完整独立的人格和优化自身独特的个性,释放生命潜能,突破生存限制,实现量身定制的自我成长、自我实现和自我超越的教育和培训系统。

个性化教育明确指出个性化教育的中心和主体是被教育对象。个性化教育是家庭教育、学校教育、社会教育三大教育体系的融合与统一。个性化教育的本质是教育培训体系,而不是简单的教育理念、教育目的、教育形式。

个性化教育应该是教育的"目的个性化""过程个性化""结果个性化"的高度统一,是家庭教育的专业化、学校教育的个性化、社会教育的系统化的集成与统一。传统学校教育最大的缺陷就是个性化缺失,忽视人的个性存在和人与人之间的差异,无论是教师、学生、教学内容,还是课程、教育设备以及学校教育模式下的教学管理,都是标准化的。这样的直接后果就是严重制约了人的创造性和个性化的发展,把所有的人都教育成了刻在一个模子上的东西。家庭教育的广泛性问题是缺乏专业的教育知识、教育手段、教育方法和教育资源,这样造成的直接后果就是,由于家庭教育环境的不同,不同的人会终生受到影响。而个性化的教育将有效弥补家庭教育专业化程度不高的弊端。社会教育很灵活,又无处不在,而社会教育最大的缺陷就是缺乏系统性,而个性化的教育完全可以弥补社会教育缺乏系统性的弊端。

四、职业视角:大职业教育理论和新职业主义教育理论

(一)大职业教育理论

黄炎培的职业教育思想在中国现代教育史上是独树一帜的。在1925年12月发表的《提出大职业教育主义征求同志意见》一文中,黄炎培先生正式提出了"大职业教育主义",突破了就教育论教育、就职业教育论职业教育的局限,这个思想不但在当时的历史条件下为职业教育的发展开辟了新的路子,而且对新世纪新阶段职业教育的改革和发展也具有深远的影响。

黄炎培指出,教育与职业相沟通,学校与社会相沟通。"建教合作,把教育和实业联为一体,一方安插人才,解决生计;一方即是开发地方产业。"职业教育不同于普通教育,以适应需要为主是职业教育的原则,职业教育在教育制度、系统设置上应该是多层次、多形式、多规模的。黄炎培强调,职业教育应贯穿于各类教育之中。以广义的职业教育言之,"凡教育皆含职业之意味",职业教育应贯穿于全教育过程和全部职业生涯。全面的职业教育是:既要培养职业技能,又要培养职业道德与服务精神;既要学习科学知识,又要特别重视学习和实践能力的培养,使手与脑联合训练;须绝对地因地制宜、因材施教,不但注重职业技能,而且要培养他们适应这种生活的习惯,培养的学生不能"贫于能力,而富于欲望",要重视谋职能力和创业精神的培养。

黄炎培提出的大职业教育主义思想是与他提出的职业教育的四个目的相

一致的。黄炎培提出的职业教育的目的是：① 谋个性之发展；② 为个人谋生之准备；③ 为个人服务社会之准备；④ 为国家及世界增进生产力之准备。大职业教育思想强调实施全面职业教育，把职业教育贯穿到个人的全部教育过程和全部职业生涯之中。把职业教育与民生幸福、民族振兴联系起来，是实现职业教育的目的和"使无业者有业，使有业者乐业"的终极目标的重要保障。黄炎培的大职业教育主义思想为职业教育事业的发展指明了前进方向。

（二）新职业主义教育理论

新职业主义教育理论兴起于 20 世纪 70 年代，在英美国家迅速推进了职业教育的改革和发展。以培养核心技能为核心思想的新职业主义教育理论，提出了将职业教育与学历教育相融合，将中学教育与中学后教育相融合，将学校教育与就业后教育相融合，改变了职业教育作为终结性教育的形式，提出了职业教育不仅是培养学生的一技之长，还要帮助学生提高自我教育和不断学习的能力，使其具有能够从事多项工作的职业核心能力。

新职业主义教育理论主要主张三个原则，即全面发展原则、工作导向原则和关联总体原则。重点培养有助于学生可持续发展的核心本领。例如，英国相关部门共同认可了 6 种核心技能，分别为交流、数字应用、信息技术、与他人合作、自我学习和增进绩效。

新职业主义教育理论主张多种教学模式，如情景教学模式、合作教学模式等，重视全过程性评价和参照标准评价，致力于让尽可能多的学生习得更高水平的学术知识，在提高学术水平的同时，收获未来工作中用到的各种知识，以及解决问题的能力，培养更多具有特定职业能力的学生，培养学生在不同的职场中转换的能力。所以，新职业主义教育理论可以作为一种工作和终身学习相融合的机制。通过特别设计的历史、哲学、科技、经济等课程，学生将了解各项工作对社会所做的贡献，并在今后工作时充满动力，获得心灵上的满足。

第四章

职业技能等级证书与专业人才培养融合现状分析

第一节　不同专业大类现状分析

一、职业技能等级证书所属专业类别分布情况

1+X 证书制度试点工作启动以来,教育部先后于 2019 年 4 月、9 月和 2020 年 1 月、12 月公布了四批 447 种职业技能等级证书作为试点。首批职业技能等级证书试点的共 6 种,第二批是 10 种,第三批是 76 种,第四批是 355 种。

按照《职业教育专业目录(2021 年)》,从职业技能等级证书归属专业类别统计情况看,有以下特点:

(一)已实现专业大类全覆盖,大类之间分布不平衡

目前已经公布的 447 种职业技能等级证书覆盖了全部 19 个专业大类(如图 4-1 所示),按数量占比可以分为三个档次。第一档次是 5 个大类的职业技能等级证书,分别是电子与信息大类、装备制造大类、财经商贸大类、交通运输大类、公共管理与服务大类的职业技能等级证书。其中,电子与信息大类的证书有 134 种,约占 30%;装备制造大类的证书有 72 种,约占 16%;财经商贸大类的职业技能等级证书有 56 种,约占 13%;交通运输大类的证书有 32 种,约占 7%;公共管理与服务大类的证书有 30 种,约占 7%。这 5 个专业大类的证书共有 324 种,占到了已发布的职业技能等级证书的大部分,比例高达 72%。第二档次是旅游

大类、能源动力与材料大类、土木建筑大类、资源环境与安全大类、文化艺术大类、新闻传播大类 6 大类的职业技能等级证书,每个大类的证书种类都在 12 种和 16 种之间,共有 82 种证书,约占 18%。第三档次是教育与体育大类、农林牧渔大类、食品药品与粮食大类、公安与司法大类、水利大类、轻工纺织大类、生物与化工大类、医药卫生大类 8 大类的职业技能等级证书,每个大类的职业技能等级证书种类为 2～8 种不等,共有 41 种证书,约占 9%。

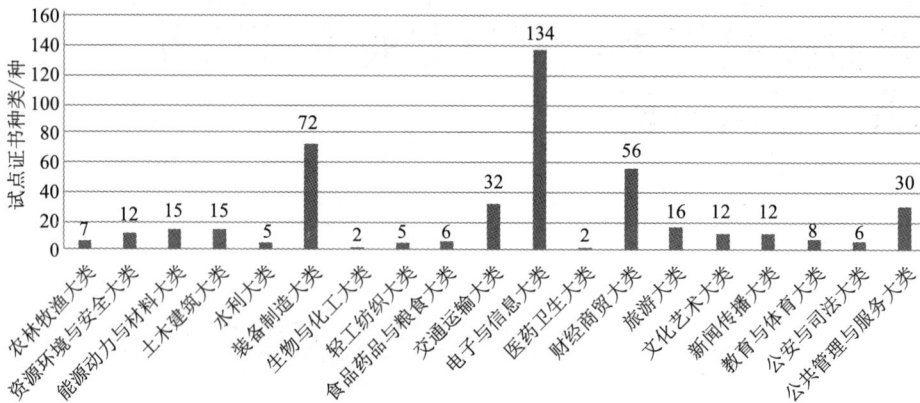

图 4-1 职业技能等级证书专业大类分布统计

(二)高职专业类尚未实现全覆盖,类别之间差别较大

从已发布的职业技能等级证书所归属专业类统计情况(如图 4-2 所示)看,有 62 个专业类有对应的职业技能等级证书,占专业类总数的 64%,发布的职业技能等级证书尚未实现对高职 97 个专业类的全覆盖。按照所属专业类证书种类也可以大致分为三个档次:第一档次专业类证书的种类都在 9 种以上,共有计算机类、自动化类、公共服务类等 14 个专业类,共 283 种证书,约占已发布证书种类的 63%。第二档次专业类的证书种类在 4 到 9 种之间,共有航空装备类、铁道运输类、财务会计类等 17 个专业类,共 111 种证书,约占已发布证书种类的 25%。第三档次专业类证书的种类在 4 种以下,共有金属与非金属矿类、新能源发电工程类、建筑设备类等 31 个专业类,共 53 种证书,约占已发布证书种类的 12%。其中,计算机类的证书种类最多,达到 97 种,占到证书种类的近 22%,有 16 个专业类仅有 1 种证书,还有 35 个专业类尚未有对应的证书。

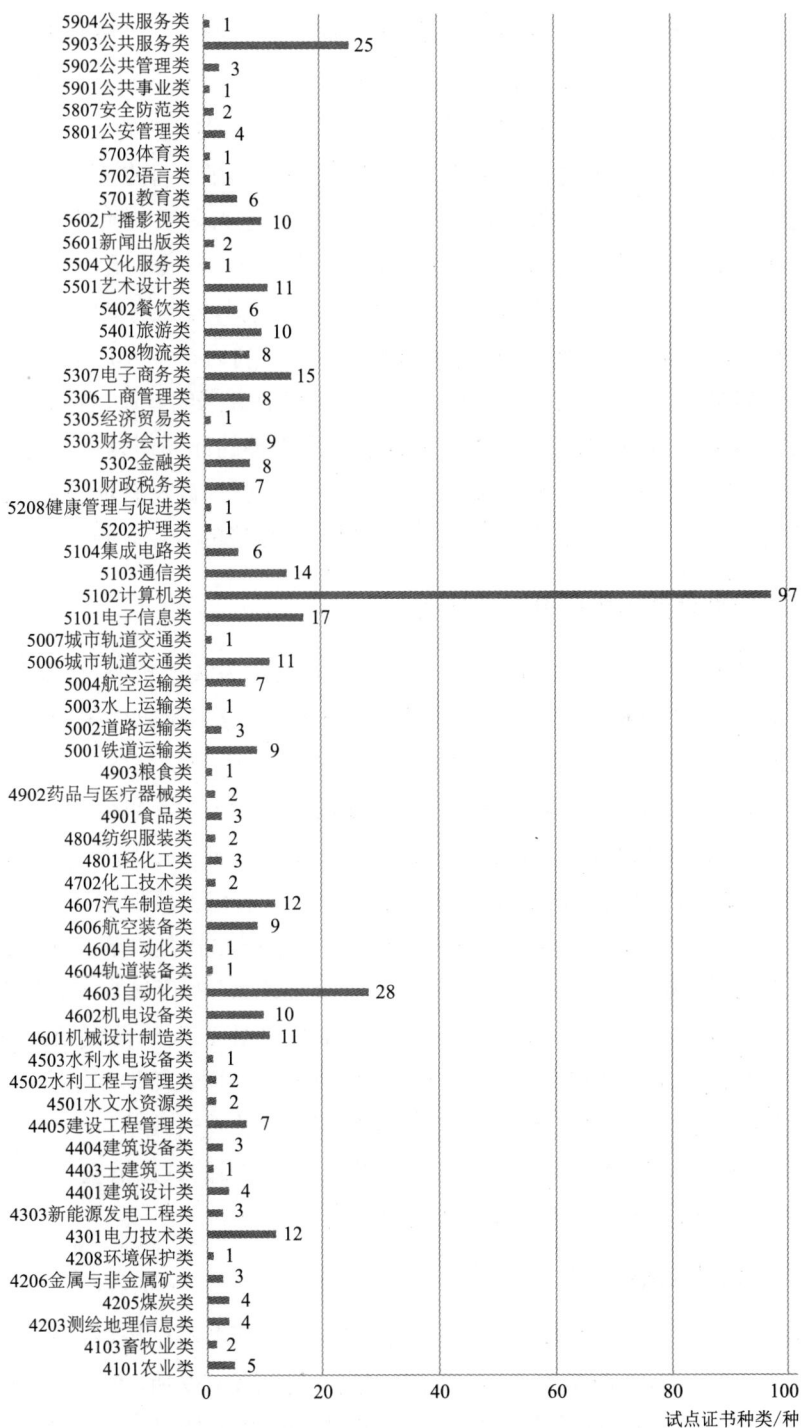

图4-2　职业技能等级证书专业类分布统计

(三) 从证书公布情况看职业技能等级证书与专业人才培养融合情况

从已公布的职业技能等级证书看,目前证书所分布的专业类别种类差别较大,有的专业类别证书种类较多,高达上百种,有的专业类对应的证书种类极少,甚至还有 36% 的专业类没有对应的证书。证书种类多的专业在开展书证融通、课证融通等人才培养融合时,可选证书充足,但同时也为与哪一种证书融合带来选择上的难题,需要充分调研分析并论证,选择符合产业发展主流的证书作为融合证书。证书种类少的专业,从表面上看似乎别无选择,只能选择现有证书进行融合,实际上应该加强调研论证,该证书的标准是否符合产业发展需要,是否与人才培养需求一致,分析是否选择证书融合。尚没有证书的专业,看似无法与专业人才培养融合,但可以考虑选择相近或学生感兴趣的证书作为专业选修嵌入人才培养方案,为学生多样化成才提供一种选择。同时,尚没有证书的专业,也为主管部门提供了参考,下一步新公布证书时应向相应的专业倾斜。

二、职业技能等级证书试点情况

为部署做好试点工作,2019 年 4 月,教育部、国家发展改革委、财政部、市场监管总局联合印发了《关于在院校实施"学历证书 + 若干职业技能等级证书"制度试点方案》,明确了试点工作的指导思想、总体原则、目标任务,对试点内容、试点范围、进度安排、组织实施等进行了总体部署。中央主流媒体、教育部官网等进行了宣传报道和政策解读。4 月 23 日,人力资源和社会保障部、教育部联合印发了《职业技能等级证书监督管理办法(试行)》,进一步明确了部门职责、证书监督管理流程等。各地认真贯彻落实了《国家职业教育改革实施方案》和《关于在院校实施"学历证书 + 若干职业技能等级证书"制度试点方案》的总体部署,精心组织安排了本地区 1+X 证书制度试点的相关工作,落实相关政策措施,组织实施 1+X 证书制度试点工作,推进学历教育与职业培训相结合,促进书证融通,深化复合型技术技能人才培养培训模式和评价模式改革。

根据目前公布的数据,主要对第一批和第二批证书的试点情况进行统计分析,并以山东省 2021 年试点情况为例进行分析。

(一) 证书的试点情况

根据官方网站公布的数据,目前全国约有 4 137 所各类学校进行试点,其中高职院校 1 294 所,中职学校 2 184 所,应用型本科院校 639 所,本科层次职业教育试点学校 6 所,国家开放大学 14 所。根据掌握的数据情况,重点对第一批和第二批试点情况进行统计分析。第一批、第二批公布的证书共有 16 种,参与试点的院校共有 1 855 所,其中高职院校 725 所,中职学校 989 所,应用型本科院校 141 所,近半数的高职院校参与了试点。从证书试点院校情况来看,网店运营推广、智能财税、汽车运用与维修三种证书参与试点的院校最多,分别达到了570 所、468 所和 464 所;智能新能源汽车、失智老年人照护、特殊焊接技术三种证书参与试点的院校较少,最少的仅有 155 所院校参与试点,具体见表 4-1。根据分析,参与试点院校的数量主要与试点证书所对应的专业数量有关。

表 4-1　第一批、第二批证书的试点按专业大类统计

证书名称	专业大类	试点院校数量/所
网店运营推广	财经商贸大类	570
智能财税	财经商贸大类	468
汽车运用与维修	装备制造大类	464
Web 前端开发	电子与信息大类	421
工业机器人操作与运维	装备制造大类	397
电子商务数据分析	财经商贸大类	375
物流管理	财经商贸大类	354
工业机器人应用编程	装备制造大类	325
建筑信息模型(BIM)	土木建筑大类	319
传感网应用开发	电子与信息大类	303
云计算平台运维与开发	电子与信息大类	288
母婴护理	公共管理与服务大类	241
老年照护	公共管理与服务大类	230
智能新能源汽车	装备制造大类	195
失智老年人照护	公共管理与服务大类	156
特殊焊接技术	装备制造大类	155

第一批、第二批试点证书共涉及 5 个专业大类:财经商贸大类、装备制造大类、电子与信息大类、土木建筑大类、公共管理与服务大类。从证书分布来看,财经商贸大类证书参与试点的院校最多,达到了 1 767 所,土木建筑大类的证书参与试点的院校最少,仅有 319 所,约为财经商贸大类证书参与试点院校的 1/5,

如图 4-3 所示,这也进一步验证了参与试点院校数量与开设专业数量成正比。

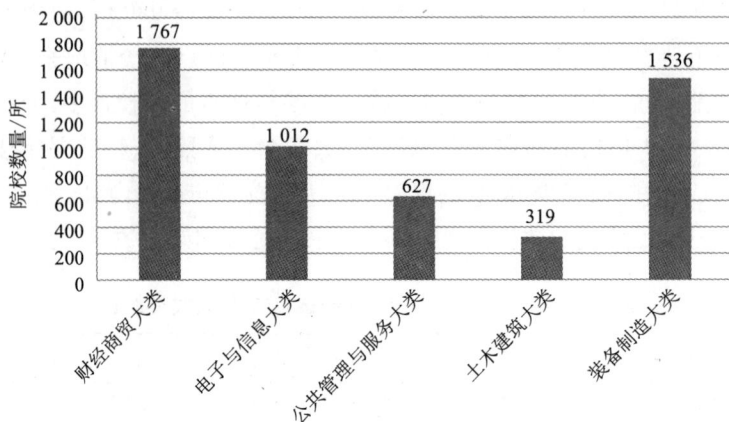

图 4-3　参与试点证书的专业大类分布情况统计

(二)山东省 2021 年度证书试点情况

受限于数据获取情况,下面以山东省 2021 年度证书试点情况进行统计分析。

山东省 2021 年度申请参加证书试点的学校共有 325 所,其中高职院校 81 所,中职院校 205 所,本科院校 39 所,绝大多数高职院校都参与了试点,如图 4-4 所示。

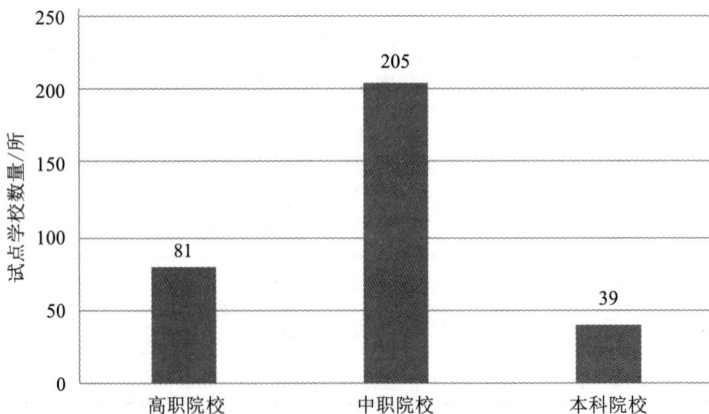

图 4-4　山东省 2021 年度参与试点学校情况统计

参与试点的证书共有 293 种,参与试点的专业共有 5 472 个,申请试点的总人数为 186 283 人次。

从申请参与试点的专业数和申请考证学生数来看,试点专业数和申请考证学生数最多的是财经商贸大类,专业数达到了 1 119 个,考证人数达到了 46 709 人次,试点人次 2 万以上的还有电子与信息大类、装备制造大类以及交通运输大类,对应的试点专业数都在 500 个以上。

从试点证书的等级统计情况来看,主要参与试点的证书集中在初级和中级,分别达到了 1 682 个和 1 492 个,而高级证书仅有 96 个,如图 4-5 所示。

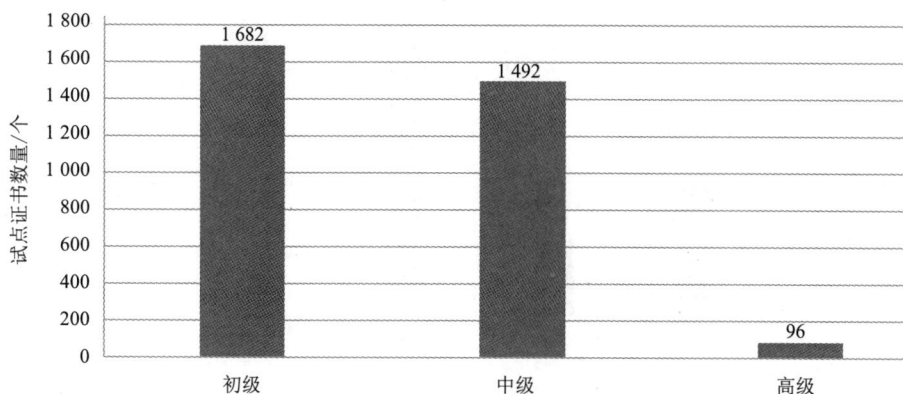

图 4-5　山东省 2021 年度参与试点的证书分等级统计

目前山东省招生专业数量排名前四的是电子与信息大类、装备制造大类、财经商贸大类、交通运输大类。根据上述分类统计数据,开展试点专业的数量所属专业大类排名前四的也是以上四个专业大类。据此可以分析出,试点专业与开设专业大致成正比关系,也说明目前各学校在选择试点证书时尚没有进行筛选,而是按照发布什么证书就参与试点什么证书,具有一定的盲目性。

第二节　不同层次职业院校现状分析

从目前的情况来看,试点院校以高等职业学校、中等职业学校(不含技工学校)为主,应用型本科院校及国家开放大学积极参与。职业院校一般为省级及以上示范(骨干、优质)高等职业学校、国家中等职业教育改革发展示范学校、具有行业特色的有关院校。申请试点的院校与培训评价组织全面对接,对职业技能等级标准、师资培训、教学安排、考核站点建设等事项进行沟通,试点工作全面展开。

一、全国院校证书试点情况

根据官方公布的数据统计,全国目前约有 4 137 所院校参与试点,试点证书数量为 39 257 个次,平均每个院校试点证书数量约为 9.5 个次,不同类别学校的试点情况如图 4-6 所示。

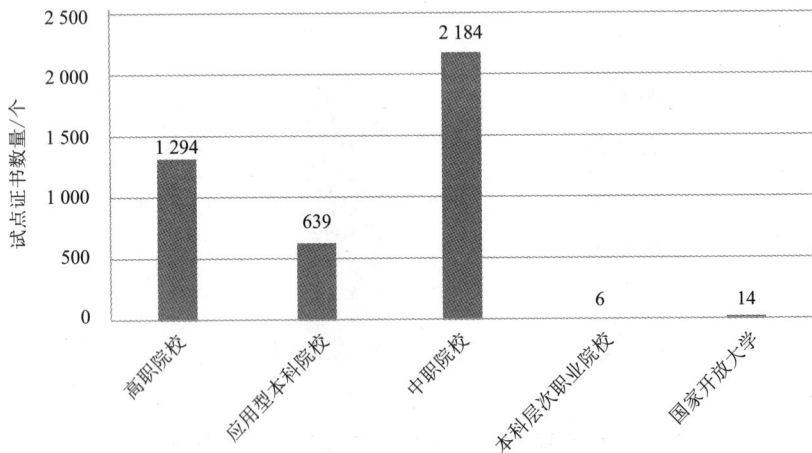

图 4-6　全国不同类型学校试点证书数量统计

二、全国不同层次院校证书试点情况

从不同层次职业院校试点情况来看,中国特色高水平高职学校共 197 所,全部参加了证书试点,试点证书数量 6 324 个次;国家高职优质校共有 200 所,也全部参加了证书试点,试点证书数量 6 668 个次;国家高职示范校和国家高职骨干校各有 100 所,但分别有 2 所和 3 所院校没有参与试点,试点证书数量分别为 3 426 个次和 2 781 个次;国家中等职业教育改革发展示范学校共 1 060 所,参加试点的院校仅 394 所,试点证书 2 930 个次,如图 4-7 和表 4-2 所示。从以上统计可以看出,国家级高职院校参加试点时较为积极,除个别院校外,国家级高职院校绝大多数都参与了证书试点,并且试点证书数量比较多,平均每个学校试点证书数量约为 32.1 个次。而中职学校参与试点的较少,仅有 1/3 多一点的中职学校参与了试点,并且试点证书的数量并不多,平均每个学校试点证书的数量为 7.4 个次。

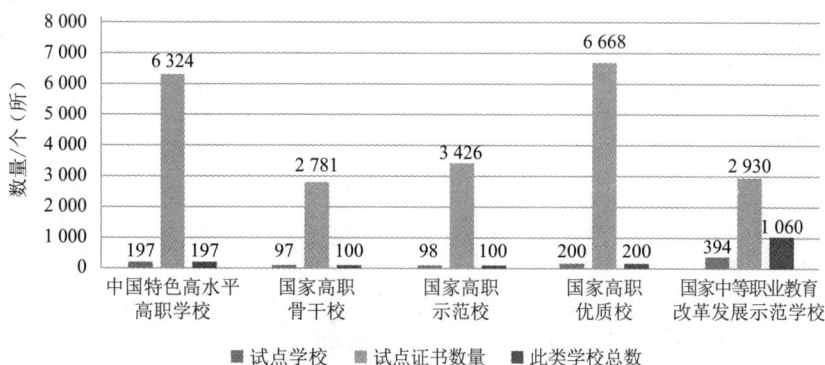

图 4-7 全国不同层次院校证书试点情况

表 4-2 全国不同层次院校证书试点统计

项目	中国特色高水平高职学校	国家高职骨干校	国家高职示范校	国家高职优质校	国家中等职业教育改革发展示范校
试点学校数量/所	197	97	98	200	394
试点证书数量/个	6 324	2 781	3 426	6 668	2 930
此类学校总数/所	197	100	100	200	1 060

三、中国特色高水平高职学校证书试点情况

中国特色高水平高职学校共有 197 所,分为高水平学校建设单位和高水平专业群建设单位两类,每一类各有三档。其中,高水平学校 A 档的 10 所学校试点证书 472 个,平均每所学校试点证书的数量为 47.2 个;高水平学校 B 档有 20 所学校,平均每所学校试点证书的数量为 44.8 个;高水平学校 C 档、高水平专业群 A 档、高水平专业群 B 档这三档平均每个学校试点证书的数量相差不大,都在 31 个和 33 个之间;高水平专业群 C 档有 56 所学校,平均每所学校试点证书的数量为 24.9 个,是中国特色高水平高职学校中试点证书数量最少的一档。具体如图 4-8 和表 4-3 所示。

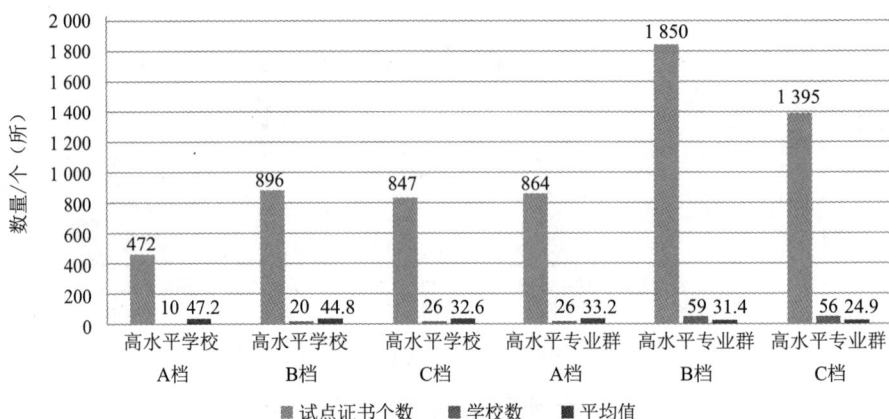

图 4-8　中国特色高水平高职学校证书试点情况

表 4-3　中国特色高水平高职学校证书试点统计

项目	高水平学校A档	高水平学校B档	高水平学校C档	高水平专业群A档	高水平专业群B档	高水平专业群C档
试点证书数量/个	472	896	847	864	1 850	1 395
试点学校数量/所	10	20	26	26	59	56
试点证书数量平均值/个	47.2	44.8	32.6	33.2	31.4	24.9

第三节　不同地域现状分析

因不同地域经济发展水平、产业布局、院校分布和专业设置等不同,职业技能等级证书呈现出地域特点,现从全国和山东省两个角度分别分析职业技能等级证书的现状。

一、全国职业技能等级证书不同地域现状分析

(一)不同省、市、自治区职业技能等级证书分布分析

截至 2022 年 5 月,全国共有 447 种职业技能等级证书,从职业技能等级证书信息管理服务平台(https://vslc.ncb.edu.cn/csr-home)查询到参与试点的共有 31 个省、市、自治区,对此平台提供的不同省、市、自治区不同院校试点的职业技能等级证书个数进行统计分析得出,试点职业技能等级证书个数累计值排名前五名的省、市、自治区分别是河南省(3 611 个)、山东省(3 235 个)、广东省

（2 413 个）、江苏省（2 375 个）和四川省（2 112 个）。试点职业技能等级证书个数累计值排名后五名的省、市、自治区分别是西藏自治区（51 个）、青海省（158 个）、贵州省（285 个）、宁夏回族自治区（363 个）和海南省（385 个）。具体如图 4-9 所示。

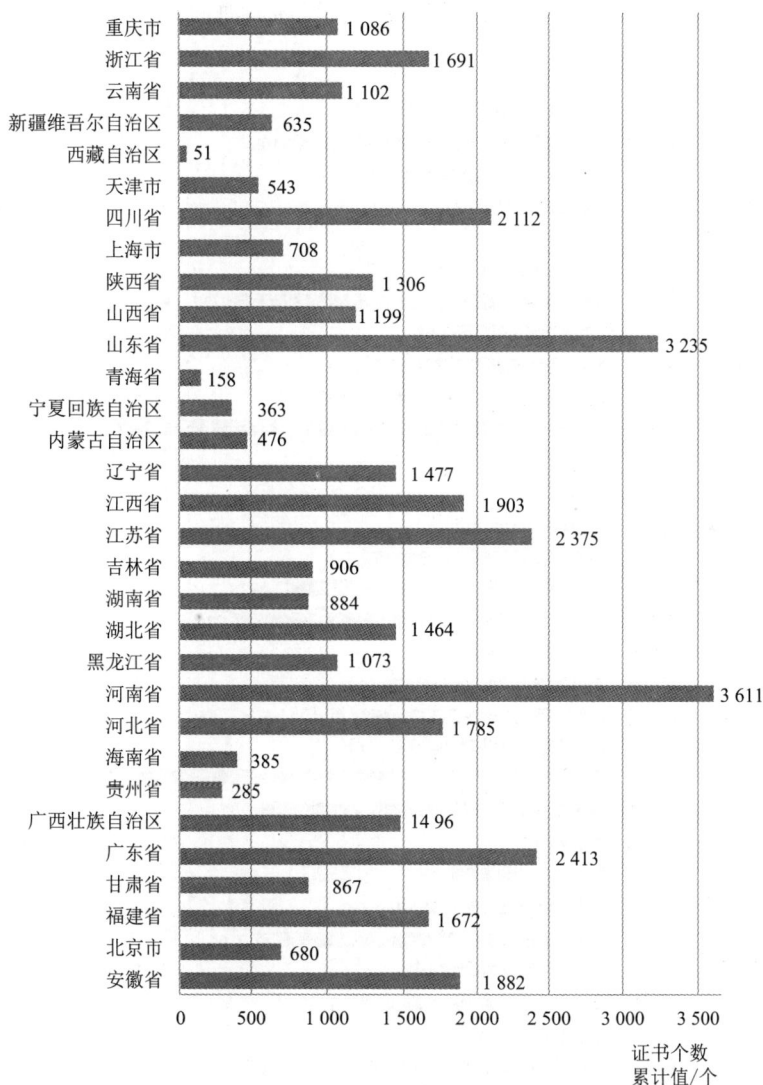

图 4-9　全国不同省、市、自治区各试点院校参与试点的证书个数累计值

（二）不同省、市、自治区参与职业技能等级证书试点学校分布分析

根据职业技能等级证书信息管理服务平台提供的不同省、市、自治区参与

职业技能等级证书试点院校信息分析得出,各省、市、自治区参与职业技能等级证书试点院校个数排名前五名的省、市、自治区分别是山东省(293 所)、河南省(284 所)、四川省(227 所)、江苏省(226 所)和广东省(210 所)。各省、市、自治区参与职业技能等级证书试点院校个数排名后五名的省、市、自治区分别是西藏自治区(6 所)、青海省(21 所)、宁夏回族自治区(37 所)、海南省(37 所)和天津市(54 所)。详见图 4-10 和表 4-4。

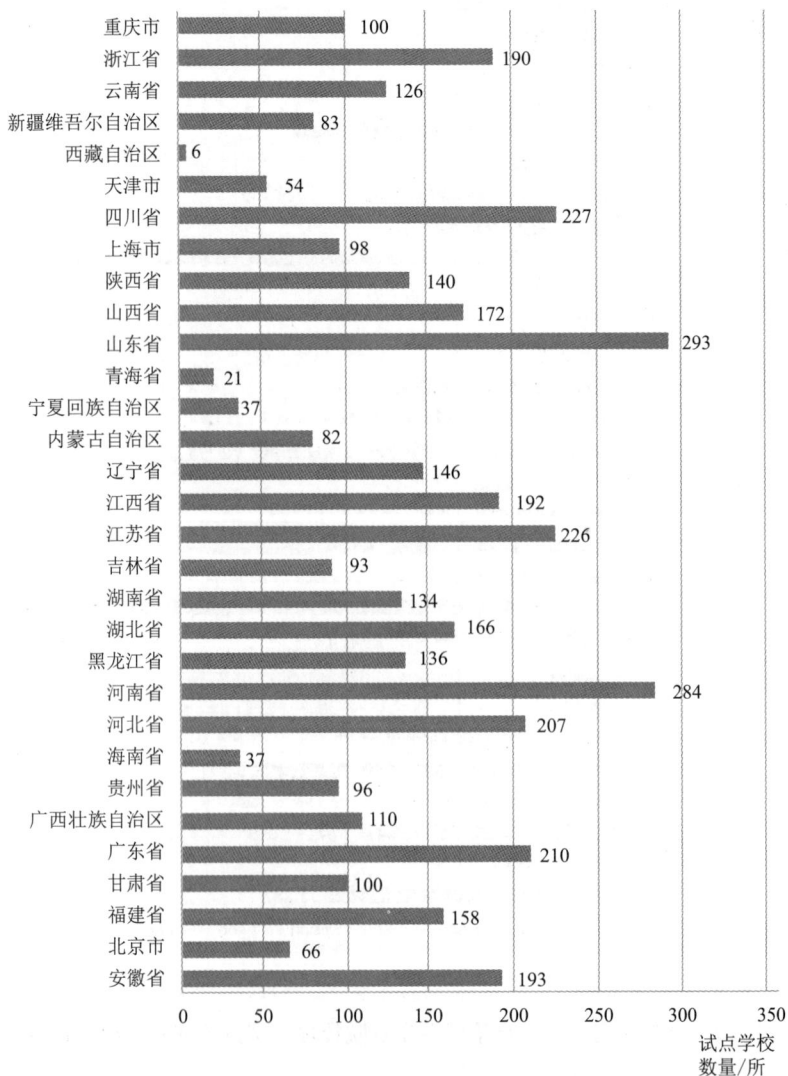

图 4-10　全国不同省、市、自治区参与职业技能等级证书试点学校分布情况

表4-4　全国不同省、市、自治区参与职业技能等级证书试点学校明细

省、市、自治区	中职院校/所	本科层次职业教育试点学校/所	应用型本科院校/所	高职院校/所	国家开放大学/所	总计/所
安徽省	104		24	65		193
北京市	28		12	26		66
福建省	81		29	47	1	158
甘肃省	72		14	14		100
广东省	91	1	27	89	2	210
广西壮族自治区	42		27	40	1	110
贵州省	52		5	39		96
海南省	17		7	12	1	37
河北省	128		33	46		207
河南省	150		45	89		284
黑龙江省	78		20	37	1	136
湖北省	75		36	55		166
湖南省	56		9	69		134
吉林省	43		25	25		93
江苏省	104		32	90		226
江西省	111		27	54		192
辽宁省	68		40	37	1	146
内蒙古自治区	54		1	27		82
宁夏回族自治区	21		6	10		37
青海省	13			8		21
山东省	145		45	100	3	293
山西省	113		7	50	2	172
陕西省	72		35	33		140
上海市	57	1	19	21		98
四川省	122		35	70		227
天津市	22		10	22		54
西藏自治区	3		1	2		6
新疆维吾尔自治区	45	2	4	31	1	83

省、市、自治区	中职院校/所	本科层次职业教育试点学校/所	应用型本科院校/所	高职院校/所	国家开放大学/所	总计/所
云南省	60		21	45		126
浙江省	109	2	32	46	1	190
重庆市	48		11	41		100
总计	2 184	6	639	1 340	14	4 183

综上发现,全国 31 个省、市、自治区职业技能等级证书试点呈现不均衡现象,相比较而言,河南省、山东省、广东省、江苏省和四川省五个省份参与职业技能等级证书试点的院校较多、证书个数累计值较大。西藏自治区、青海省、宁夏回族自治区和海南省四个省份参与职业技能等级证书试点的院校较少、证书个数累计值较小。

二、山东省职业技能等级证书不同地域现状分析

(一) 不同地市职业技能等级证书分布分析

经统计,山东省 16 个地市共有 293 种职业技能等级证书,占国家职业技能等级证书种类的 65.5%。山东省职业技能等级证书种类较多的五个地市分别是济南(183 种)、潍坊(145 种)、青岛(118 种)、日照(108 种)和烟台(100 种),占山东省职业技能等级证书种类的比例分别是 62.5%、49.5%、40.3%、36.9%、34.1%。山东省职业技能等级证书种类较少的五个地市分别是威海(63 种)、滨州(63 种)、德州(64 种)、菏泽(70 种)和聊城(72 种),占山东省职业技能等级证书种类的比例分别是 21.5%、21.5%、21.8%、23.9%、24.6%。具体如图 4-11 所示。

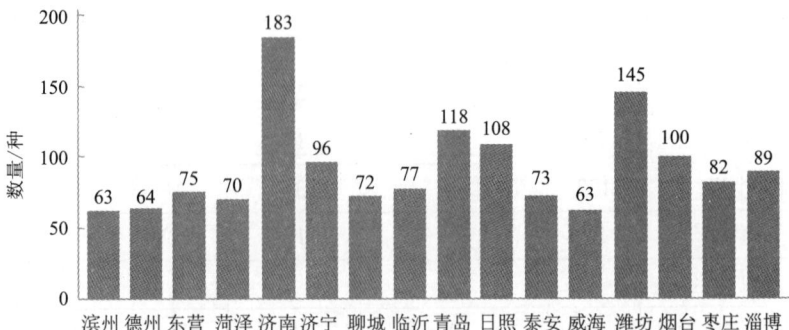

图 4-11 山东省不同地区参与试点的证书种类

(二) 不同地市职业技能等级证书试点学校分析

经统计,山东省 16 个地市参与职业技能等级证书试点的学校共有 325 所(含本科层次职业教育试点学校、应用型本科院校、高职院校和中职院校),平均每个地市 20 所。山东省职业技能等级证书试点院校数量排名前五名的地市分别是青岛(51 所)、济南(49 所)、潍坊(29 所)、烟台(24 所)和济宁(18 所),占山东省职业技能等级证书试点院校的比例分别是 15.7%、15.1%、8.9%、7.4%、5.5%。超过平均数的地市仅有四个,分别是青岛、济南、潍坊和烟台,占比总和达 47.1%,与其余 12 个地市占比总和相差不大。山东省职业技能等级证书试点院校个数排名后五名的城市分别是东营(9 所)、日照(13 所)、威海(13 所)、枣庄(13 所)和聊城(14 所),占山东省职业技能等级证书试点院校的比例分别是 2.8%、4.0%、4.0%、4.0%、4.3%。具体如图 4-12 所示。

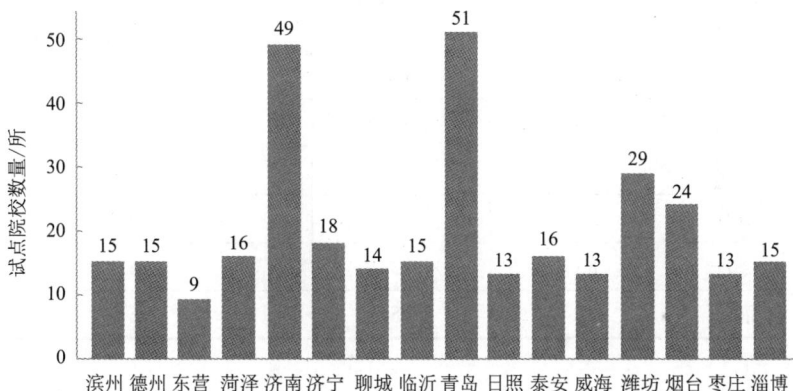

图 4-12 山东省不同地区参与职业技能等级证书试点院校数量

(三) 不同地市不同院校职业技能等级证书试点分析

经统计,山东省 16 个地市平均每所院校职业技能等级证书试点种类是 4.5 种,排名前五名的城市分别是东营(8.3 种)、日照(8.3 种)、枣庄(6.3 种)、淄博(5.9 种)和济宁(5.3 种),排名后五名的城市分别是青岛(2.3 种)、济南(3.7 种)、滨州(4.2 种)、烟台(4.2 种)和德州(4.3 种)。具体见表 4-5 和图 4-13。

表 4-5 山东省 16 个地市平均每所院校试点职业技能等级证书的种类

序号	地区	试点证书种类/种	院校试点个数/所	平均每所院校试点的证书种类/种
1	滨州	63	15	4.2

序号	地区	试点证书种类／种	院校试点个数／所	平均每所院校试点的证书种类／种
2	德州	64	15	4.3
3	东营	75	9	8.3
4	菏泽	70	16	4.4
5	济南	183	49	3.7
6	济宁	96	18	5.3
7	聊城	72	14	5.1
8	临沂	77	15	5.1
9	青岛	118	51	2.3
10	日照	108	13	8.3
11	泰安	73	16	4.6
12	威海	63	13	4.8
13	潍坊	145	29	5.0
14	烟台	100	24	4.2
15	枣庄	82	13	6.3
16	淄博	89	15	5.9

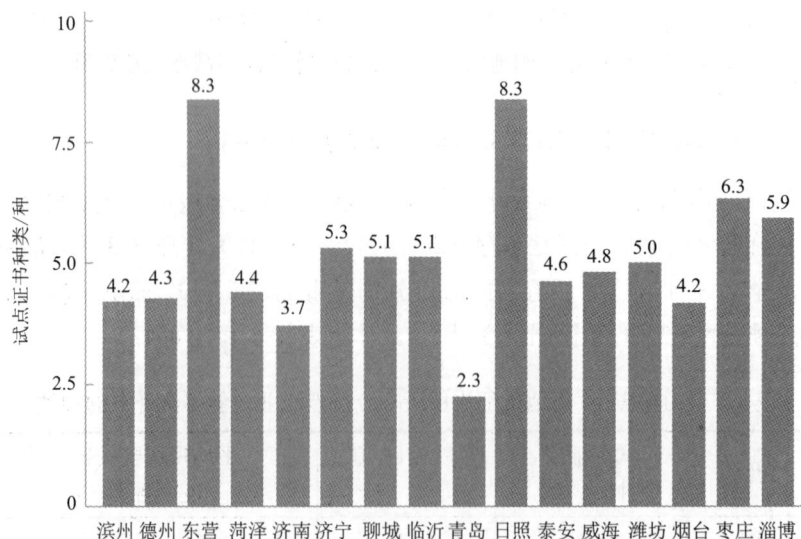

图 4-13　山东省 16 个地市平均每所院校试点职业技能等级证书的种类

综上发现,山东省 16 个地市职业技能等级证书试点同样呈现不均衡现象,济南(183 种)、潍坊(145 种)、青岛(118 种)、日照(108 种)和烟台(100 种)五地市参与职业技能等级证书的绝对种类相对较多,威海(63 种)、滨州(63 种)、德州(64 种)、菏泽(70 种)和聊城(72 种)五地市参与职业技能等级证书的绝对种类相对较少,但若平均到每个地市每所院校,青岛(2.3 种)、济南(3.7 种)和烟台(4.2 种)三地市每所院校的平均种类则相对较少。

第四节　职业技能等级证书与专业人才培养融合现状的启示

随着产业结构优化升级和经济社会的快速发展,尤其是新一代技术革命对教学领域的强力冲击,目前我国职业院校发展存在着专业定位不准确、人才培养模式缺乏张力、人才培养质量难以充分满足行业企业需求等问题。因此,职业院校必须根据新技术、新产业、新岗位、新技能的要求,将职业需求与专业建设无缝对接,实现职业技能等级证书与专业人才培养有机融合。

一、职业技能等级证书与专业人才培养融合存在的问题

(一) 选取的职业技能等级证书的质量难以完全保证

职业技能等级证书能否得到社会认可,取决于以下因素的相互作用:一是获取职业技能等级证书的毕业生能否得到社会用人单位的认可;二是职业院校的专业建设基础是否扎实,能否有效开展书证融通、课证融合,是否满足职业技能等级证书的需求;三是培训评价组织在指导咨询、教师培训以及教学资源提供等方面的服务质量和水平;四是能否构建一个可以满足选取该职业技能等级证书的院校之间的信息化交流平台。由于市场调控和用人单位反馈存在一定的滞后性,因此目前选取的职业技能等级证书的质量难以完全保证。

(二) 职业技能等级证书与专业的适配性需进一步提高

为贯彻《国家职业教育改革实施方案》,对接产业需求和区域经济发展变化,落实职业教育专业动态调整机制,推动专业升级和数字化改造,按照《中华人民共和国国民经济和社会发展第十四个五年规划和 2035 年远景目标纲要》对职业教育的部署和要求,教育部于 2021 年 3 月印发《职业教育专业目录(2021

年）》，该目录通过科学分析产业、职业、岗位和专业的关系，与产业体系进行对接，服务产业基础高级化、产业链现代化，一体化设计中等职业教育、高等职业教育和本科层次职业教育不同层次的专业。但结合目前的实际情况来看，职业技能等级证书的开发与专业目录还未完全合理对接，在一些专业领域需要进行职业技能等级证书的限量和补缺工作。因此，院校部分专业未能恰当选取与之相匹配的职业技能等级证书。

（三）职业技能等级证书存在地区发展不平衡性

根据调研结果看，由于地区差异性，目前职业技能等级证书发展呈现地区发展不均衡性。总体来说，相对于经济欠发达的地区，经济相对发达的地区的职业技能等级证书的种类更多，覆盖面更广。因此，需要政府在政策上进一步统筹，提高职业技能等级证书发展的均衡性。

（四）不同层次职业院校与职业技能等级证书的对应关系过于机械

不同层次职业院校与职业技能等级证书并无一一对应关系，以云计算技术应用专业对应的证书——云计算平台运维与开发证书为例，根据云计算运维岗位工作任务进行分析，依据该岗位所需的知识、能力和素质要求，岗位技术技能要求，学历层次要求，该证书划分为初、中、高三个等级。依据市场调研，中职、高职和本科毕业生分别主要从事云计算技术服务、云计算运维、云应用开发工作。一般情况下，初级职业技能等级证书主要定位于云计算技术服务工作，中级职业技能等级证书主要定位于云计算运维工作，高级职业技能等级证书主要定位于云应用开发工作。因此，多数高职学生会获取中级职业技能等级证书，但部分跨专业的高职学生会获取初级职业技能等级证书，因高级职业技能等级证书需要两年工作经验，故本科生在校期间并不能考取该证书。

二、职业技能等级证书与专业人才培养融合的重要关注点

（一）以产业变化为引领

职业技能等级证书是针对专项技能开发的等级证书，需重点针对产业发展急需和区域经济发展需求旺盛的领域进行开发。但调研发现，目前部分开发的职业技能等级证书存在时间上滞后于产业发展需求，内容上不能涵盖产业需求的所有内容，种类上不能覆盖产业需求的所有领域的问题。因此，职业技能等级证书需加强行业企业指导，组建由政府、行业企业、职业教育专家及一线教师等构成的职业技能等级证书专家团队，及时跟进产业发展变化，将产业发展所需的

新技术、新工艺、新规范、新标准融入职业技能等级证书,并将其传导至职业院校人才培养过程中,以人才培养目标为根本,重构 1+X 融合人才培养方案,从人才培养的素质、能力和知识三方面与职业技能等级标准融合,从而实现专业与产业、职业岗位对接,专业课程内容与职业标准对接,教学过程与生产过程对接,如图 4-14 所示。同时将人才培养目标的变化传导至课程体系、课程内容、教学模式、教学资源和教学评价中。各专业教学团队需认真研习专业对应的职业技能等级标准要求,修订专业人才培养方案,确保人才培养目标与证书培训目标深度融合。

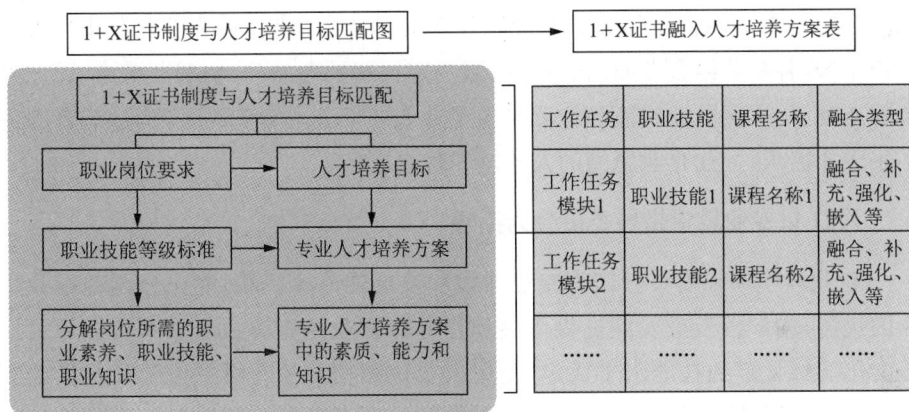

图 4-14 重构人才培养方案示意图

(二) 以职业教育专业为基础

《职业教育专业目录(2021 年)》是国家职业教育标准的重要组成部分,是职业院校人才培养、专业设置、颁发学历证书的重要依据。《国家职业教育改革实施方案》明确提出:鼓励职业院校学习者在获得学历证书的同时,积极取得多类职业技能等级证书,拓展就业创业本领,缓解结构性就业矛盾。职业技能等级证书是拓展、补充、完善,与专业并无一一对应关系,一种职业技能等级证书可以适用于多个专业,一个专业也可以对应多种职业技能等级证书。以《职业教育专业目录(2021 年)》的专业体系为基础,国家从结构上实现了职业技能等级证书的开发对接专业目录,院校应梳理专业对应的职业技能等级证书,建立专业和职业技能等级证书对应关系表,发挥行业指导委员会的指导作用,通过开展市场调研,结合学校特色和专业优势,构建职业技能等级证书遴选模型。职业技能等级证书的职业技能对接需求的强度越大,即该证书对产业发展、专业人才培养的作用越大,越应确定为该专业的职业技能等级证书。

(三) 以标准融通为核心

在"以质量为核心,以标准为抓手"的职业教育发展新阶段,建立科学合理、具有可操作性的职业教育标准体系,能形成社会需求与人才培养之间的良性循环。组建由行业企业一线技术骨干、职业教育专家、学校专业带头人和骨干教师构成的专家团队,分解职业技能等级证书中技能要求所涵盖的全部知识点,并以相近性原则将全部知识点进行分类,在同类别知识中按照知识点的难易程度将其进行排序,从而进一步完善前置铺垫性知识点和后续拓展性知识建构,形成职业技能标准知识框架体系。职业院校在此基础上,通过系统梳理专业建设的知识架构,各专业结合专业培养目标、服务定位和社会面向,在书证融通、课证融合的基础上,探索职业技能等级证书与专业人才培养融合的路径,构建适合服务学生成才需求、行业企业急需的人才培养体系。

(四) 以专业教学指导委员会为指导

专业教学指导委员会作为专业建设和发展的专家机构,能充分调动行业企业的优势,为学校专业发展提供借鉴和指导。职业技能等级证书本质上是实行社会化等级认定的技能水平认定,由用人单位和相关社会组织按照职业标准或评价规范开展,因此职业技能等级证书的开发离不开专业教学指导委员会的指导。例如,江苏省职业教育机械制造类专业教学指导委员会通过充分的行业企业调研和深度分析,与培训评价组织和相关职业院校沟通和交流,在装备制造类数十种证书中精心选用了三大(年培训量约 3 000 人次即为大证书)二小(根据江苏省机械类企业对人才的特殊需要定制的证书)职业技能等级证书。

(五) 以校企合作为纽带

在 1+X 证书制度背景下,校企共同开发教学设计,注重课程教学目标与岗位要求的有效衔接,有机融入 1+X 职业技能等级标准。课前采用自主学习法,通过网络教学平台布置自学任务,以小组为单位进行并通过测评自主检测学习成效;课中通过任务驱动法和项目化教学方法,以小组为单位进行成果展示,教师引导和启发学生共同解决问题,根据展示内容及课前自测结果开展针对性课程内容讲解和剖析,并连线企业人员进行现场评价;课后以企业的真实项目进行实践,巩固课堂所学,提升学生的职业适应能力。具体如图 4-15 所示。

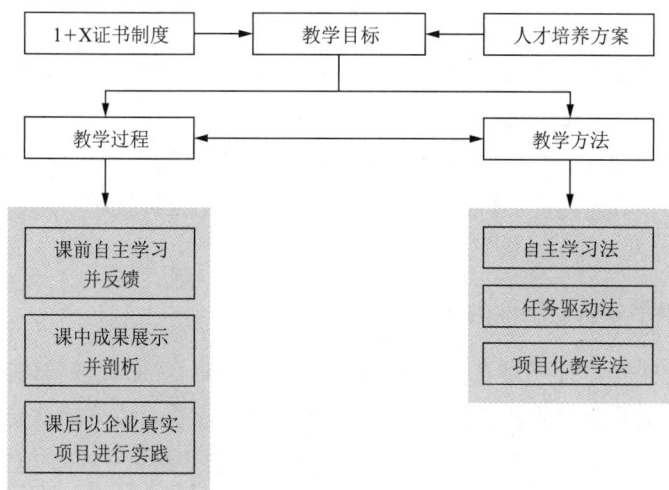

图 4-15 1+X 融合教学模式示意图

（六）以资源共建共享为契机

1. 共建教学和教材资源

将职业技能等级标准融入教学和教材资源建设中，与行业龙头企业和培训评价组织联合开发职业技能等级标准，以及课件、视频等教学资源和培训包，育训并举，服务于校内教学和校外培训，共同开发活页式教材、工作手册式教材、融媒体教材等新型教材。这么做符合职业能力形成顺序，符合职业资格发展顺序，符合职业素质提升顺序，符合教育教学规律和学生成长规律。

2. 共建实训基地

校企共建实训基地，对校内实训基地进行升级、改造，达到职业技能等级证书培训和实训教学两方面的要求，同时根据职业技能标准设备清单购置相关设备，并分类、分等级进行组合和布置；多方共建实训基地，合作企业、科研机构、培训评价组织等以资金、生产设备、知识产权、人员等多种资源形式参与实训基地建设，学校投入场地、教学设备、教师等资源；服务学校人才培养、企业员工入职及晋升培训、科研机构技术研发等需要，各参与方互利共享。学校出台大型仪器设备管理规定，促进学校自有大型仪器设备共享。

3. 共建师资团队

由专业群带头人引领，骨干教师、行业企业专家、科研专家及培训评价组织人员共同组建兼具理论水平、实践操作能力、科学研究水平的"双师型"教师团队。将学生定期去企业实践实习制度化,将教师参与全国职业院校技能大赛、青年教师教学能力比赛等教学能力比赛获奖作为职称评聘的重要条件。聘请大国工匠、技能大师、企业技术骨干作为兼职教师,共同指导1+X证书制度的人才培养,确定人才培养目标,共同开发人才培养方案,共同实施专业课程教学与职业技能等级证书培训,共同开展教学质量评价,共同完成科技项目,共同进行社会服务等工作。

(七) 以学分认定制度为保障

职业技能等级证书是在学历证书基础上的延伸,对原有教学内容进行了扩充和完善。如果仅用职业技能等级证书作为对部分学习成果的认定,则此模式的作用难以充分发挥。学分认定制度使得职业技能等级证书的价值发生了根本变化,它可以打破学制界限,激发学习者的积极性,为创建灵活的人才培养机制提供重要保障。在学分认定制度下,学习者在获得某职业技能等级证书后可置换相应课程的部分或全部学分,中职学生可获得部分高职教育的学分甚至本科教育的学分,有利于搭建人才培养立交桥,激发学习者的内生动力。

(八) 以考核评价为抓手

构建立体化、多元化评价体系,与行业企业合作,引入第三方培训评价组织,将过程性评价与终结性评价、内部评价与外部评价相结合,形成职业技能等级证书与职业教育专业人才培养融合的闭环管理。从行业企业对X证书质量的认可入手,生成应届毕业生培养质量评价报告,了解毕业生的短期就业质量、能力素养达成情况、区域或产业服务贡献,以及对母校教学培养过程等方面的反馈,从结果的角度分析培养目标达成情况及其对社会需求的满足程度,结合就业质量定位培养问题,为职业技能等级证书与职业教育专业人才培养融合的人才培养体系建设提供改进方向。通过毕业生对培养过程的反馈,为教学改革、专业建设和课程建设提供建议。从学生成长情况入手,形成学生成长评价报告,了解在校生年度成长情况,跟踪其学习与教学培养过程。调研从入学到毕业的整个培养过程,关注学生年度成长情况,了解学生能力增值情况,追踪专业认同度;了解影响学生学习效果的学习行为、课程教学等各项因素,综合反映教学培养效果,了解教学成效,提供职业技能等级证书与职业教育专业人才培养融合相关工作的改进建议,动态监测在校生成长路径,反馈人才培养效果,通过在校生对实践实习的评价,反馈定位培养过程问题,为教学改革、课程建设、实践教学、教师培养等方面提供改进建议。

　　对职业技能等级标准涉及的公共素养、职业素养、知识内容、职业岗位工作技能等多元化内容进行考核评价。课程期末测试成绩占比不超过 30%，增加学习过程表现、生产场地技术技能实操考核所占的比例。加强第三方培训评价组织评价，以职业技能等级证书考核情况置换课程期末成绩，以此提升学生参与1+X 证书融合学习的积极性。

第五章
职业技能等级证书评价遴选模型构建

目前,四批次职业技能等级证书共 447 种,基本涵盖全部专业大类,对于大部分专业来说,每个专业都对应了两种及两种以上可考取的职业技能等级证书。然而,由于专业资源条件、培训考试经费、学生学习精力等原因,各专业并不适合开展过多的证书培训考核,而应在现有的职业技能等级证书库中优中选优、分清主次,遴选符合国家产业发展需求、区域经济转型升级需要,与学校和专业建设定位相契合,服务学生个性化成长成才需要的职业技能等级证书,为 1+X 证书制度下的课程体系构建、人才培养模式改革等后续工作奠定价值基础。

本章通过确定证书评价遴选原则、构建证书评价遴选模型、实施证书评价遴选实践三部分内容,为各专业(群)遴选最佳职业技能等级证书提供参考和借鉴。

第一节　职业技能等级证书评价遴选原则

1+X 证书制度试点工作开展两年以来,在已经发布的四批次职业技能等级标准中,面向同一专业(群)的就有多项,不同培训评价组织开发的证书在不同区域企业的认可度和接受度有差异,不同培训评价组织开发的证书对应的职业领域、工作任务和职业能力要求存在部分重合的内容,但证书的考核设备和训练平台各不相同,因而院校具有遴选 X 证书的必要性和可选性。

职业技能等级证书体现职业技能的实用性、适用性、前沿性和引领性,可以促进以技术技能应用为贯穿主线的经济社会、区域产业、对口企业、人才培养的全面发展。因此,基于需求导向,须从国家需求、产业需求、就业需求、学生需求四个维度确定职业技能等级证书遴选原则。

一、国家需求

服务国家经济社会发展,对接市场变化与新技术新技能需求,是职业教育专业建设和人才培养的逻辑起点,也是遴选职业技能等级证书最基本的依据。国家层面对专业技术技能的需求主要体现在社会生活需要的强度、经济发展需要的程度、政策支持保障的力度、国家战略布局的深度等指标上,需建立国家需求维度的证书遴选指标体系,并与证书适用范围进行比对分析,构建专业(群)证书库。

二、产业需求

产业需求是技术技能人才培养的风向标。从区域产业布局、产业转型升级、产业扶持政策等指标出发,明确技术技能更新换代的方向,是遴选职业技能等级证书的关键依据,可以确保专业(群)人才培养与产业发展同步对接。

三、就业需求

促进学生充分就业,是专业(群)人才培养的主要目的,也是遴选职业技能等级证书的核心依据。要面向就业岗位,以岗位工作、技术升级、企业发展规划等为指标,分析人才培养规格与证书知识、技能要求的匹配度,遴选对接行业龙头企业需求的职业技能等级证书,促进学生横向上掌握多种职业岗位的技能,纵向上具备职业岗位的精深技术技能,拓宽学生就业创业通道,实现学生"好就业,就好业"。

四、学生需求

为满足学生多元化成长成才需求,要以学生为行为主体,从学生职业发展规划、兴趣爱好、自身能力等指标出发,个性化遴选职业技能等级证书,促进学生人人皆可成才、人人尽展其才。

第二节 职业技能等级证书评价遴选模型构建

一、从证书评价指标出发,构建证书评价遴选模型

通过分析影响证书选取的各项指标,构建证书评价遴选模型,得出证书综合评价结果。证书评价遴选模型构建方法包括层次分析法和模糊综合评价法等。

(一)层次分析法

1. 方法简述

层次分析法是由美国匹兹堡大学教授萨蒂(T. L. Saaty)在20世纪70年代中期提出的,是一种解决多目标复杂问题的决策分析方法。

层次分析法将定量分析与定性分析结合起来,把一个复杂的问题分解为多个层次和多个因素,建立对比矩阵,对各个因素进行两两比较,最终确定不同的解决问题的方案的权重,为选择最佳方案提供理论依据。此方法具有简单实用的特点,适合多目标、多准则、多时期的系统评价。

2. 基本步骤

(1)定问题:确定研究的问题,找出影响问题解决的因素和解决问题的主要方案。

(2)建模型:将问题解决的目标、影响问题的因素、解决问题的方案分别作为最高层、中间层、最低层,建立有序的递阶层次结构模型。

(3)建矩阵:将同一层次的每个因素对上一层的准则的相对重要性进行两两比较,建立判断矩阵。

(4)层次单排序:依据判断矩阵计算被比较因素对上一层准则的相对权重,即进行因素重要性排序。

(5)一致性检验:对判断矩阵进行一致性检验计算,确保判断思维的逻辑一致。

(6)层次总排序:计算各层次因素对所研究问题相对重要性的排序权值,得出研究问题的计算模型。

3. 方法特点

(1)系统性:层次分析法是将研究问题作为一个系统,按照分解、比较、判

断、综合的思维方式进行决策。

（2）实用性：层次分析法将定性分析和定量分析结合起来，能够处理传统的优化方法不能解决的问题。

（3）简洁性：计算简便，结果明确。

（二）模糊综合评价法

1. 方法简述

现实生活中，很多现象往往是很难用明确的界限来把它们区分开来的，比如想要明确地区分"适合"与"不适合"可以说相当困难，甚至不可能。类似这样的现象还有很多，所有这些现象都是模糊性现象。由于职业技能等级证书遴选界限具有模糊性，无法实现遴选指标的定量描述，因此需借助模糊数学法建立证书遴选模型。

模糊综合评价法是一种基于模糊数学的综合评价方法。该综合评价方法根据模糊数学的隶属度理论把定性评价转化为定量评价，即用模糊数学对受到多种因素制约的事物或对象做出一个总体的评价。它具有结果清晰、系统性强的特点，能较好地解决模糊的、难以量化的问题，适合于解决各种非确定性问题。

2. 基本步骤

（1）确定评价对象的因素论域。有多个评价指标，表明可以从哪些方面来对被评价对象进行评判描述。

（2）确定评语等级论域。评语集是由评价者对被评价对象可能做出的各种评价结果组成的集合，用 V 表示，$V-\{v_1, v_2, \cdots, v_n\}$，实际上就是对被评价对象变化区间的一个划分。具体等级可以依据评价内容用适当的语言进行描述，比如评价产品的竞争力可用 $V=\{强, 中, 弱\}$，评价地区的社会经济发展水平可用 $V=\{高, 较高, 一般, 较低, 低\}$，评价经济效益可用 $V=\{好, 较好, 一般, 较差, 差\}$，等等。

（3）进行单因素评价，建立模糊关系矩阵。单独从一个因素出发进行评价，以确定评价对象对评价集合 V 的隶属程度，称为单因素模糊评价。在构造了等级模糊子集后，逐个对被评价对象从每个因素 u_i 进行量化，也就是确定从单因素来看被评价对象对各等级模糊子集的隶属度，进而得到模糊关系矩阵。其中 $r_{ij}(i=1, 2, \cdots, m; j=1, 2, \cdots, n)$ 表示某个被评价对象从因素 u_i 来看对 v_j 等级模糊子集的隶属度。一个被评价对象在某个因素 u_i 方面的表现是通过模糊向量 $r_i=(r_1, r_2, \cdots, r_m)$ 来刻画的，r_i 称为单因素评价矩阵，可以看作因素集 U 和评价

集 V 之间的一种模糊关系,即影响因素与评价对象之间的"合理关系"。

在确定隶属关系时,通常是由专家或与评价问题相关的专业人员依据评价等级对评价对象进行打分,然后统计打分结果,并根据绝对值减数法求得 r_{ij}。

(4)确定评价因素的模糊权向量。为了反映各因素的重要程度,应对各因素 U 分配一个相应的权数 $a_i(i=1,2,\cdots,m)$,通常要求 a_i 满足 $a_i\geqslant0$;$\sum a_i=1$ 表示第 i 个因素的权重,由各权重组成的一个模糊集合 A 就是权重集。

3. 方法特点

(1)模糊综合评价法的优点。

模糊综合评价法通过运用精确的数字手段处理模糊的评价对象,能对蕴藏信息呈现模糊性的资料做出比较科学、合理、贴近实际的量化评价。

评价结果是一个向量,而不是一个点值,包含的信息比较丰富,既可以比较准确地刻画被评价对象,又可以进一步加工,得到参考信息。

(2)模糊综合评价法的缺点。

计算复杂,对指标权重向量的确定主观性较强。

当指标集 U 较大,即指标集个数较多时,在权向量和为 1 的条件约束下,相对隶属度权系数往往偏小,权向量与模糊矩阵 $\mathbf{R}$ 不匹配,结果会出现超模糊现象,分辨率很差,无法区分谁的隶属度更高,甚至造成评判失败。此种情况下,可用分层模糊评估法加以改进。

二、从证书本身出发,构建证书评价遴选模型

通过对专业对应的各种证书进行综合评价,构建证书评价遴选模型,得到最佳评价结果,相关方法包括德尔菲法、决策树法等。

(一)德尔菲法

1. 方法简述

德尔菲法也称专家调查法,是一种采用通信方式分别将所需解决的问题单独发送到各个专家手中,征询意见,然后回收、汇总全部专家的意见,并整理出综合意见。随后将该综合意见和预测问题再分别反馈给专家,再次征询意见,让各专家依据综合意见修改自己原有的意见,再汇总全部专家的意见,这样多次反复,逐步取得比较一致的预测结果的决策方法。

2. 基本步骤

(1)确定调查预测目标。调查组织者明确调查主题,设计调查问卷或列举

调查提纲,收集和整理有关调查主题的背景材料,做好调查前的准备工作。

（2）组建专家组。按照课题所需要的知识范围,确定专家。专家人数的多少,可根据预测课题的大小和涉及面的宽窄而定,一般不超过 20 人。

（3）专家预测答复。向所有专家提出所要预测的问题及有关要求,并附上相关背景材料。专家根据材料提出自己的预测意见,并说明自己是怎样利用这些材料提出预测值的。

（4）第一轮征询意见。将专家第一次的判断意见汇总,列成图表,进行对比,再分发给各位专家,让专家比较自己同他人意见的差异,修改自己的意见和判断。也可以把各位专家的意见加以整理,或请身份更高的其他专家加以评论,然后把这些意见分送给各位专家,以便他们参考后修改自己的意见。

（5）反复征询意见。将所有专家的修改意见收集起来,汇总整理,再次分发给各位专家,以便做第二次修改。逐轮收集意见并向专家反馈信息是德尔菲法的主要环节。收集意见和信息反馈一般要经过三或四轮。在向专家进行信息反馈的时候,只给出各种意见,并不说明发表各种意见的专家的具体姓名。这一过程重复进行,直到每一个专家不再改变自己的意见。

（6）对专家的意见进行统计处理,得出调查预测结果。

3. 方法特点

（1）匿名性。从事预测的专家彼此互不知道有哪些人参加预测,他们是在完全匿名的情况下交流思想的。匿名性克服了专家会议调查法易受权威影响,易受会议潮流、气氛和其他心理影响的缺点。专家们可以不受任何干扰地、独立地对调查表所提的问题发表自己的意见,而且有充分的时间思考、查阅资料和进行调查研究。匿名性保证了专家意见的充分性和可靠性。

（2）反馈性。由于德尔菲法采用匿名形式,专家之间互不接触,仅靠一轮调查,专家意见往往比较分散,不易得出结论,为了使受邀的专家能够了解每一轮咨询的汇总情况和其他专家的意见,组织者要对每一轮咨询的结果进行整理、分析、综合,并在下一轮咨询中反馈给每一位受邀专家,以便专家根据新的调查表进一步发表意见。

（3）统计性。在应用德尔菲法进行信息分析与预测研究时,对研究课题的评价或预测既不是由信息分析研究人员做出的,也不是由个别专家给出的,而是由一批有关的专家给出的,并对诸多专家的回答进行了统计学处理。所以,应用德尔菲法所得的结果带有统计学的特征,往往以概率的形式出现,它既反映了专家意见的集中程度,又可以反映专家意见的离散程度。

（二）决策树法

1. 方法简述

决策树法是用树状图来描述各种方案在不同情况下的收益,据此计算每种方案的期望收益,从而做出决策的方法。决策树一般由方块节点、圆形节点、方案枝、概率枝等组成。方块节点称为决策节点,由决策节点引出若干条细枝,每条细枝代表一个方案,称为方案枝。圆形节点称为状态节点,由状态节点引出若干条细枝,表示不同的自然状态,称为概率枝,每条概率枝代表一种自然状态。在每条细枝上标明客观状态的内容和其出现的概率。在概率枝的最末梢标明该方案在该自然状态下所达到的结果(收益值或损失值)。这样树形图由左向右、由简到繁展开,组成一个树状网络图。

2. 基本步骤

（1）绘制决策树。根据备选方案的数目和对未来状况的预测,绘制决策树。

（2）计算损益期望值。计算各个方案的损益期望值并将其标于该方案对应的状态节点上。

（3）比较各方案的损益期望值,进行剪枝。比较各个方案的损益期望值,并标于方案枝上,将损益期望值小的方案枝(即劣等方案)剪掉,最后所剩的方案为最佳方案。

3. 方法特点

（1）决策树列出了决策问题的全部可行方案和可能出现的各种自然状态,以及各可行方案在各种不同状态下的损益期望值。

（2）能直观地显示整个决策问题在时间和决策顺序上不同阶段的决策过程。

（3）应用于复杂的多阶段决策时,阶段明显,层次清楚,便于决策机构集体研究,可以周密地思考各种因素,有利于做出正确的决策。

三、证书评价遴选模型构建

根据构建模型的不同方法的功能优势,基于国家需求、产业需求、就业需求、学生需求的证书评价遴选原则,构建职业技能等级证书评价遴选模型,在用德尔菲法甄选评价指标的基础上,利用层次分析法确定每个指标的权重。

德尔菲法是由专家确定各因素在评价指标体系中的重要程度(极重要、很重要、一般重要、不重要、不必考虑)。在本书的研究中,专家在彼此独立的环境中对每个评价指标进行打分和排序。通过对各位专家的意见进行统计,形成最终结果,得到最终评价指标。

(一) 证书评价遴选体系构建

1. 确定打分专家

本书共确定 5 个领域的 38 位专家,包括 1+X 证书研究专家 6 人、行业企业专家 15 人、第三方培训评价组织人员 2 人、任课教师 10 人、通过职业技能等级证书考核的优秀毕业生 5 人。

2. 设计证书评价遴选指标体系

根据高职教育育人目标,融入职业技能等级证书对知识、能力的要求,从培养就业能力和促进全面发展两个维度设计指标。培养就业能力包含专业技能和职业素养两个指标,促进全面发展包含关键能力和核心素养两个指标。

专业技能指学生将来就业所需的技术和能力。不同岗位对专业技能有不同的要求,因此专业技能可以从岗位能力和工作质量两个方面进行评价。职业素养是指职业内在的规范和要求,是在工作过程中表现出来的综合品质。职业素养可以从质量意识、安全意识两个方面进行评价。

关键能力也称为职业核心能力,为具体的专业知识和专业技能以外的能力。关键能力可以从学习能力、创新能力两个方面进行评价。核心素养是学生在接受相应学段教育的过程中,逐步形成的适应个人终身发展和社会发展需要的必备品格和关键能力。核心素养是所有学生最关键、最必要的基础素养。核心素养可以从认知性素养和非认知性素养两个方面进行评价。

通过对 1+X 证书研究专家、行业企业专家、第三方培训评价组织人员、任课教师、通过职业技能等级证书考核的优秀毕业生的调研,对以上指标进行进一步分解,将岗位能力分为专业基础知识等 4 个观测点,将工作质量分为工作质量达标等 2 个观测点,将质量意识分为质量控制等 3 个观测点,将安全意识分为生产操作安全等 3 个观测点,将学习能力分为知识、技能学习能力等 4 个观测点,将创新能力分为创新实践能力等 2 个观测点,将认知性素养分为职业道德等 3 个观测点,将非认知性素养分为自我管理等 3 个观测点。据此,职业技能等级证书遴选评价体系可由 36 个指标构成。其中,一级指标 4 个,二级指标 8 个,三级指标 24 个,并以问卷的形式发送给专家。

3. 专家赋分

用 0～9 范围内的数字代表该指标在评价体系中的重要程度,专家根据给定的赋分标准,对问卷给出的每一个评价指标进行赋分。根据专家的赋分结果,计算每个指标因素的均值 μ_i 和方差 σ_i^2。均值即一组数据的平均值。方差用来描述一组数据的波动大小,方差越大,数据波动越大,表明专家的意见越不集中;方差越小,数据波动越小,表明专家的意见越集中。

4. 指标筛选

根据计算得到的每个指标的均值和方差,选取合适的阈值 T_1 和 T_2,确定构建证书评价遴选体系的有效指标。要求每个指标的平均值大于或等于 T_1,确保该指标的重要性;每个指标的方差小于或等于 T_2,确保专家意见的一致性。

将所有指标中均值 $\mu_i \geqslant T_1$ 且方差 $\sigma_i^2 \leqslant T_2$ 的指标筛选出来作为有效指标,确定出用于构建证书评价体系的 36 个指标。

(二) 基于层次分析法的证书评价遴选体系构建

层次分析法通过将层次元素的重要性两两比较进行定量描述,计算判断矩阵相对重要性的权值,并进行排序和一致性检验,增强证书评价遴选的科学性和有效性。

1. 建立指标体系结构层次

构建职业技能等级证书评价遴选指标体系,从培养就业能力和促进全面发展两个维度,将专业技能、职业素养、关键能力、核心素养 4 个指标定义为一级指标,将岗位能力、工作质量、质量意识、安全意识、学习能力、创新能力、认知性素养、非认知性素养 8 个指标确定为二级指标,将与二级指标分别对应的 24 个指标作为三级指标,构建指标体系的结构层次。

2. 建立判断矩阵

根据萨蒂的 9 级计分法对不同评价指标进行两两比较,建立判断矩阵。其中,判断矩阵标度的含义见表 5-1。

表 5-1 判断矩阵标度的含义

标度值	具体含义
$d_{ij}=1$	元素 i 与元素 j 对上一层具有相同的重要性
$d_{ij}=3$	元素 i 与元素 j 相比略为重要
$d_{ij}=5$	元素 i 与元素 j 相比明显重要
$d_{ij}=7$	元素 i 与元素 j 相比强烈重要
$d_{ij}=9$	元素 i 与元素 j 相比极其重要

标度值	具体含义
$d_{ij}=2,4,6,8$	元素 i 与元素 j 相比，重要性介于上述相邻判断的中间值
$d_{ij}=1,\frac{1}{2},\dots,\frac{1}{9}$	若元素 i 与元素 j 的重要性之比为 d_{ij}，则元素 j 与元素 i 的重要性之比为 $\frac{1}{d_{ij}}$

建立的一级指标矩阵 A 为：

$$A=\begin{bmatrix} 1 & 1.8 & 3.2 & 4.3 \\ 0.5 & 1 & 2.2 & 3.6 \\ 0.3 & 0.4 & 1 & 1.3 \\ 0.25 & 0.26 & 0.77 & 1 \end{bmatrix}。$$

建立的 4 个二级指标矩阵 $B_1\sim B_4$ 分别为：

$$B_1=\begin{bmatrix} 1 & 2.4 \\ 0.3 & 1 \end{bmatrix},$$

$$B_2=\begin{bmatrix} 1 & 1.4 \\ 0.64 & 1 \end{bmatrix},$$

$$B_3=\begin{bmatrix} 1 & 3 \\ 0.27 & 1 \end{bmatrix},$$

$$B_4=\begin{bmatrix} 1 & 2.7 \\ 0.34 & 1 \end{bmatrix}。$$

建立的 8 个三级指标矩阵 $C_1\sim C_8$ 分别为：

$$C_1=\begin{bmatrix} 1 & 2 & 2.8 \\ 0.4 & 1 & 2 \\ 0.31 & 0.5 & 1 \end{bmatrix},$$

$$C_2=\begin{bmatrix} 1 & 1.1 & 2.6 \\ 0.87 & 1 & 2.4 \\ 0.4 & 0.33 & 1 \end{bmatrix},$$

$$C_3=\begin{bmatrix} 1 & 1.1 & 1.3 \\ 0.91 & 1 & 1.1 \\ 0.67 & 0.89 & 1 \end{bmatrix},$$

$$C_4 = \begin{bmatrix} 1 & 1.3 & 1.6 \\ 0.67 & 1 & 1.3 \\ 0.54 & 0.67 & 1 \end{bmatrix},$$

$$C_5 = \begin{bmatrix} 1 & 1.3 & 1.4 \\ 0.71 & 1 & 1.2 \\ 0.65 & 0.91 & 1 \end{bmatrix},$$

$$C_6 = \begin{bmatrix} 1 & 1.72 & 2.2 \\ 0.61 & 1 & 1.4 \\ 0.43 & 0.54 & 1 \end{bmatrix},$$

$$C_7 = \begin{bmatrix} 1 & 1.69 & 2.3 \\ 0.51 & 1 & 1.3 \\ 0.43 & 0.46 & 1 \end{bmatrix},$$

$$C_8 = \begin{bmatrix} 1 & 1.72 & 2.4 \\ 0.62 & 1 & 1.5 \\ 0.55 & 0.46 & 1 \end{bmatrix}。$$

3.计算各级指标的权重系数

首先将判断矩阵的每一个元素按列进行归一化处理,得到归一化矩阵,如公式(5-1)所示:

$$a'_{ij} = \frac{a_{ij}}{\sum\limits_{j=1}^{n} a_{ij}} (i, j = 1, 2, \cdots, n) \tag{5-1}$$

然后将归一化处理后的判断矩阵按行相加得到向量 W,如公式(5-2)所示:

$$W_i = \sum\limits_{i=1}^{n} a'_{ij} (i = 1, 2, \cdots, n) \tag{5-2}$$

再将向量 W 做归一化处理,如公式(5-3)所示:

$$W'_i = \frac{W_i}{\sum\limits_{i=1}^{n} W_i} (i = 1, 2, \cdots, n) \tag{5-3}$$

归一化处理后的向量 W' 即为所求的各指标的权重系数。

根据上述计算步骤,首先求出 4 个一级指标的权重系数,其次求出隶属于一级指标的 8 个二级指标的权重系数,最后求出隶属于二级指标的 24 个三级指标的权重系数。对各级权重系数进行三连乘,得到各观测点的总权重系数,其和为 1。

4. 一致性检验

为确认判断矩阵的权重分配是否合理,还需要进行一致性检验。矩阵的一致性检验需根据一致性指标比率 CR 进行判断。

(1)计算矩阵的最大特征根:

$$\lambda_{\max} = \sum_{i=1}^{n} \frac{AW'}{nW'} (i=1, 2, \cdots, n) \tag{5-4}$$

其中,A 为判断矩阵,为归一化处理后的向量,n 为矩阵的阶数。

(2)计算一致性指标:

$$CI = \frac{\lambda_{\max} - n}{n-1} \tag{5-5}$$

一致性指标的值越小,判断矩阵偏离一致性的程度越小。

(3)计算一致性指标比率:

$$CR = \frac{CI}{RI} \tag{5-6}$$

其中,RI 为平均随机一致性指标,不同阶数矩阵的平均随机一致指标可由表 5-2 给出。

表 5-2 不同阶数矩阵的平均随机一致性指标

n	1	2	3	4	5	6	7	8	9	10	11
RI	0	0	0.58	0.9	1.12	1.24	1.32	1.41	1.45	1.49	1.51

由表 5-2 可以看出,当矩阵阶数 $n<3$ 时,判断矩阵具备完全一致性;当 $n \geqslant 3$ 时,需要根据一致性指标比率 CR 进行校验。当 $CR<0.10$ 时,满足一致性校验,当 $CR>0.10$ 时,需要重新调整判断矩阵,直至满足一致性条件。

根据上述计算步骤对判断矩阵进行一致性检验,得到的一致性指标比率 CR 分别为:$CR_1=0.01$,$CR_2=0$,$CR_3=0.004\,2$,$CR_4=0.000\,84$,$CR_5=0$,$CR_6=0.000\,36$,$CR_7=0.031$,$CR_8=0.019$,$CR_9=0.000\,74$,$CR_{10}=0.000\,35$,$CR_{11}=0.000\,33$,$CR_{12}=0$,$CR_{13}=0$,$CR_{14}=0.001\,9$,$CR_{15}=0.011$。均满足 $CR<0.10$,即判断矩阵具有满意的一致性。

5.指标体系分析

构建职业技能等级证书评价遴选指标体系,指标的选取和指标权重的确定是关键。德尔菲调查法根据特定领域专家的直接经验,对研究问题进行判断,能将专家的经验进行量化,是一种定性分析和定量分析相结合的分析方法,确定的指标具有客观性和代表性。为各评价指标赋予权重是评价指标体系构建的重要组成部分。每个指标的权重系数代表了该指标在评价体系中的相对重要程度,运用层次分析法确定指标权重系数,可以使指标体系更加科学化。同时,量化的指标还能够增强评价体系的可操作性。尽管高职院校各专业具有多样性,但其基本属性是相同的,因此该指标体系具有普适性。

(1)指标体系评价主体多元,形成多方参与的格局。参与调研的38位专家包括来自不同地域的1+X证书研究专家、行业企业专家、第三方培训评价组织人员、任课教师、通过职业技能等级证书考核的优秀毕业生,数据具有广泛性和代表性,从指标体系构建的源头体现了评价主体的多元化,凸显了企业的育人主体地位。

(2)指标体系评价内容全面,体现高职育人目标。指标体系从培养就业能力和促进全面发展两个维度,专业技能、职业素养、关键能力、核心素养四大方面体现高职育人目标,重视对职业核心能力的评价,评价内容全面。

(3)指标体系关注个体差异,促进学生全面发展。评价体系的三级指标中,专业拓展能力等指标较好地体现了高职学生个体差异化特征,关注学生成长过程中的增量变化,有利于促进学生个性发展和全面发展。

(4)指标体系注重职业能力的培养,引导开展多样化评价。构建的评价指标体系中的能力指标主要包括设备操作能力、操作安全规范等观测点,充分体现了高职教育培养学生职业技能的目标,有助于采用多样化的评价方法。

四、证书遴选的策略

(一)结合学校专业办学特色

职业教育的目的是培养有一技之长的应用型人才。1+X证书制度的目的就是让学生在毕业时不仅拿到学历证书,还尽可能通过努力取得多类职业技能等级证书,以提高专业能力和竞争力。1+X书证融通与专业人才培养方案优化涉及相关的职业教育质量标准、原有的专业人才培养方案更新。在试点过程中,最核心的问题就是X如何选择。如何平衡职业技能等级证书与学历教育的关系,将职业技能等级证书培训与学历教育相互衔接和相互融通,还需要进一步将具体的 X 证书的考核标准与本专业的人才培养方案、课程标准相互对接融合,保证教学目标和考核目标相一致。

(二) 做好用人单位需求调研

职业技能等级证书制度是否能达到设定目标,学生能否通过取得职业技能等级证书而掌握某一工作领域或岗位的专业技能,最终由用人单位和社会来评判。职业技能等级证书由评价组织(多数为企业)考核认定,目前仍处在试点推广阶段。在遴选试点哪个职业技能等级证书时,将相应职业技能等级证书的考核标准、评价组织情况提供给用人单位,并进行相应的调研,包括调研不同的职业技能等级证书适应的岗位,从而评选出用人单位认可的职业技能等级证书,为考取相应证书的学生的未来的求职道路做规划,让持有 X 证书的学生在职场上有更大的竞争力。

(三) 结合学校办学条件

在 1+X 证书制度试点过程中,试点经费问题是试点院校普遍关注的问题。山东省教财厅函〔2020〕12 号《关于进一步做好在院校实施 1+X 证书制度试点有关经费使用管理工作的通知》指出,"试点期间,院校组织开展的职业技能等级证书培训、考核工作,相关费用应作为正常的教育教学支出列入学校预算。院校可统筹财政拨款、学费及其他事业收入等,保证 X 证书培训、考核颁证、教师培训、承担考核培训任务的教师绩效工资等正常的教育教学支出"。在遴选职业技能等级证书时,要和评价组织积极沟通,将试点过程中可能发生的场地、设备、耗材、人员、考点建设、考务等费用做好预算,确定哪些资源是学校现在可直接使用的,哪些资源需要另外采购、另外付费等。对试点经费做好统筹和预算,编制经费使用制度规范,试点专项经费的使用,才能在后期顺利开展试点工作。

第三节　职业技能等级证书评价遴选实践

目前,前三批已开展试点的职业技能等级证书共 92 种,第四批批准 355 种,现有的 447 种职业技能等级证书基本涵盖全部专业大类,其中与食品检验检测技术专业具有关联性的证书共有 4 种(表 5-3)。为促进职业技能等级证书与专业人才培养全要素融合,提升技术技能人才培养质量,畅通学生就业创业途径,首先要从现有职业技能等级证书中遴选合适的证书,做到优中选优、分清主次。

表 5-3　与食品检验检测技术专业相关联的职业技能等级证书

序号	试点批次	职业技能等级证书名称	高职学生可考等级	是否试点
1	第三批	粮农食品安全评价	初级、中级、高级	是
2	第四批	食品合规管理	初级、中级、高级	否
3	第四批	食品检验管理	初级、中级、高级	否
4	第四批	可食食品快速检验	初级、中级、高级	否

根据国家产业布局需求、区域产业发展需求、就业需求及学生发展意愿四维原则,将证书要求的职业技能与四维指标体系逐项匹配,根据匹配程度的高低,确定主要融合、次要融合、部分融合和不融合四个融合层次的 X 证书,建立"四维四层"证书遴选矩阵(图 5-1),为 1+X 融合路径的实施奠定基础。

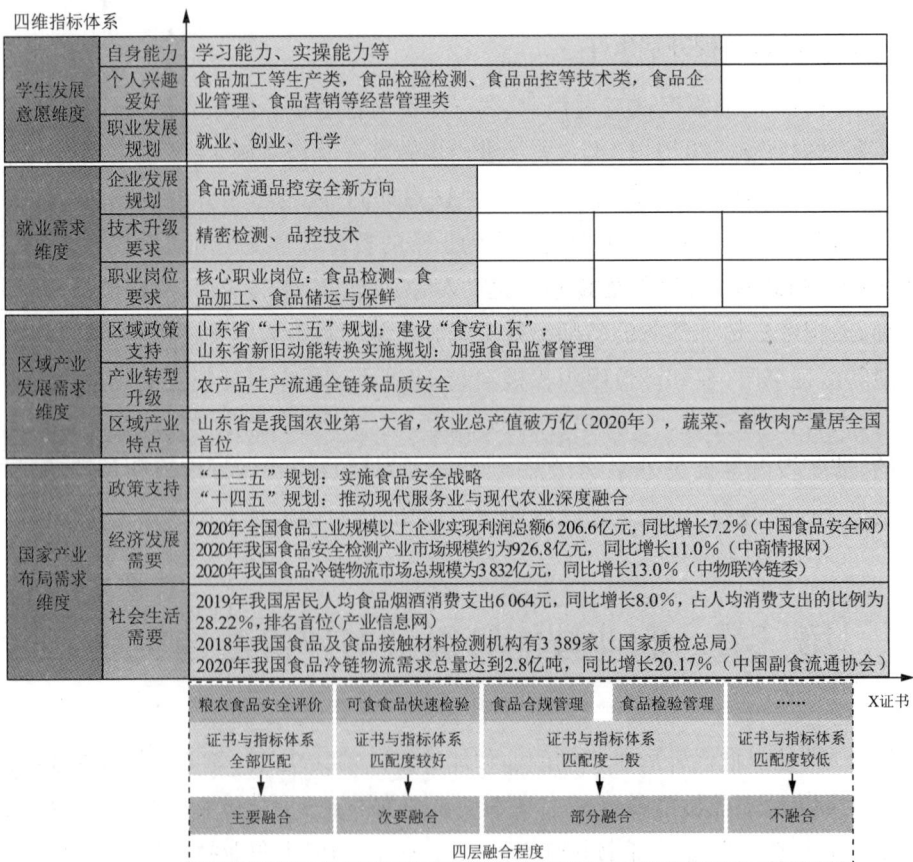

图 5-1　职业技能等级证书"四维四层"遴选矩阵

　　食品检验检测技术专业立足于服务国家食品安全战略，贯彻实施《中华人民共和国国民经济和社会发展第十四个五年规划和 2035 年远景目标纲要》中强调的"推动现代服务业同现代农业深度融合"的意见，围绕促进山东省农产品流通产业发展，聚焦金锣集团、山东省产品质量检验研究院等行业头部企业职工岗位设置、岗位工作要求和技术革新需要，整合"政行企校"优势资源，培养以高端检验检测技术保障食品（农产品）流通全链条品质安全的技术技能人才，因此选择侧重于培养大型精密检验检测仪器操作和农产品流通品控技术的粮农食品安全评价职业技能等级证书作为主要融合证书，选择可食食品快速检验职业技能等级证书作为次要融合证书，同时考虑学生个性化发展需求，不断扩充专业 X证书库。

第六章
职业技能等级证书与专业人才培养融合路径

2019年1月,国务院印发了《国家职业教育改革实施方案》,明确指出启动1+X证书制度试点工作,鼓励职业院校学生在校取得学历证书的同时,考取多类职业技能等级证书,深化复合型、创新型技术技能人才培养培训模式改革。随后教育部等四部门印发了《关于在院校实施"学历证书+若干职业技能等级证书"制度试点方案》,方案提出将X证书培训内容有机融入专业人才培养方案,优化课程设置和教学内容。这是1+X证书制度在职业院校落地生根的关键,也是职业院校推进试点工作中要重点研究和实践的内容。

第一节　职业技能等级证书与专业人才培养融合路径设计

目前教育部已先后发布四批职业技能等级证书,共计447种,全国4 000多所院校参与试点工作,在院校中形成了广泛的影响。职业院校是1+X证书制度实施的主体,通过将职业技能等级标准融入人才培养方案,实现学历教育与行业需求的准确对接,使得职业教育更加符合社会经济发展的需要,可以形成职业教育"提质赋能"的良好生态。因此,切准X证书内容融入人才培养方案存在的关键问题,探索科学有效的实施路径,对职业院校落实1+X证书制度试点工作意义重大。

一、职业技能等级证书与专业人才培养融合的价值意蕴

职业教育是以就业为导向的教育。职业教育要凸显这一特征，必须牢牢把握内在的技术性、职业性特征，并将其贯穿于人才培养过程的始终。这就要求职业技能等级证书要与专业人才培养进行充分融合。

(一) 对学生:提升职业技能水平,服务终身发展

在职业院校的人才培养过程中引入职业技能等级证书，有利于落实职业院校学历教育与职业培训并举的法定职责，切实将职业技能培训融入职业院校工作的多个环节，从而推动职业院校"三教"改革走实走深，进而提升学生的职业技能。

在职业院校的人才培养过程中引入职业技能等级证书，促进职业院校投入更多的资源建设"双师型"教师队伍，提高教师群体的实践教学水平，督促专业教师更加重视实践教学，促进教师实践能力的提升，进而提高学生的职业技能水平。职业技能等级证书充分体现了行业企业的新技术、新工艺、新规范，这也意味着需要对教材进行修订与改进。以职业院校为主，以行业企业、职业教育培训机构为辅的多元主体共同参与成立教材建设选用委员会，建立教材内容持续更新机制，打造工作手册式教材、活页式教材、融媒体教材等新型教材，满足职业院校学生的需要，为学生良好职业技能的培养奠定基础。深化教法改革，根据教师技术专长组建教师团队，实施以模块为单元的协作式教学，全面推行项目式、案例式行动导向教学模式，以促进学生更好地提升职业技能，进而提高职业院校的人才培养质量。将职业技能等级证书的内容融入人才培养方案，既可以为学生未来的就业提供行业企业需要的职业技能，又深刻体现了服务学生终身发展的理念。

(二) 对学校:深化产教融合,形成多元办学格局

深化产教融合，形成多元办学格局是当前职业院校办学的趋势。1+X 证书制度的实施，意味着职业院校办学格局将迎来重大转变。职业技能等级证书制度将职业技能培训与鉴定引入职业院校，促进了产教融合的深化以及办学格局的多元化。

1+X 证书制度的落实，需要将最新的职业技能等级标准纳入专业教学标准和课程标准，即将职业技能等级证书培训的内容纳入人才培养方案。职业院校需要把职业岗位上的新技术、新工艺、新规范、新要求等融入人才培养过程，联合企业共同打造职业培训资源，依托企业开展实践教学活动和职业培训活动，这就

强化了职业院校与行业企业联合育人、互相依存、融合发展的耦合关系,有利于实现校企协同育人,打造校企命运共同体。

不仅行业企业会参与职业院校人才培养全过程,职业教育评价组织也将成为职业院校办学的重要一员。1+X 证书制度在实施过程中,职业技能等级标准确定、职业技能等级鉴定与证书颁发均由第三方机构完成,实质上促进了技术技能人才评价的客观化、科学化,同时有助于完善技术技能人才评价体系,为提升技术技能人才培养质量提供了方向和依据。职业技能等级证书制度促使职业院校的办学从传统的单主体实施向职业院校、行业企业、评价组织等多元主体协同实施演进。

(三) 对社会:服务经济社会发展,助力学习型社会构建

服务经济社会发展是举办职业教育的根本目的。职业技能等级证书与专业人才培养融合的落实,将有效强化职业教育的社会服务职能。

职业技能等级证书与专业人才培养融合的落实,能够提升技术技能人才培养的适用性。随着新一轮产业革命的到来,经济社会的发展方式正在经历深刻的变革,新理念、新技术、新工艺不断涌现,职业岗位的内容与形态正经历着快速变化。在这种背景下,职业教育必须更加注重与市场、产业的结合,保持对产业、市场、职业等变化的高度敏感性并能够快速反应,确保学生知识结构更新速度与经济社会发展同步。职业技能等级证书与专业人才培养融合落实,使得职业技能等级标准与企业生产中的新规范、新技术等融入职业院校的教学体系,加强了职业教育与社会经济的联系,有助于提高技术技能人才培养的适用性,从而强化职业教育支撑经济社会发展的能力。

基于1+X 证书制度,通过开展高质量职业培训、建立国家"学分银行"等措施,可以助力于学习型社会的构建。1+X 证书制度鼓励和支持职业院校为本校学生开展培训的同时,积极为社会成员提供培训服务;允许社会劳动者自主选择职业技能等级证书的类别、等级,并在试点院校内、外进行培训。通过建立国家"学分银行",对各类学习成果进行认证、积累和转换,打破了普通教育与职业教育的壁垒,可以激发劳动者的学习热情,提高职业教育的社会认可度。1+X 证书制度的贯彻落实,会拓展劳动者接受职业培训的空间,让更多的劳动者接受职业再教育,有利于我国学习型社会的建设和终身学习体系的构建。

二、职业技能等级证书与专业人才培养融合的方法

1+X 证书制度中的"1"与"X"不是两个并行的证书体系,而是两种证书

的相互衔接与融通,主要是指 X 证书培训的内容要有机融入专业人才培养方案,而不是独立于专业人才培养方案。专业人才培养方案能涵盖 X 证书培训的内容,就无须另设 X 证书培训;专业人才培养方案未能涵盖 X 证书培训的内容,则需要新增课程对 X 证书培训的内容加以强化或补充,确保"1"能够有效支撑"X"。

将职业技能等级标准中的职业技能要求与专业人才培养规格要求进行逐项比对分析,根据"催化、合力、共生"1+X 融合理念,规划免修、重排、补充、强化、拓展和新增六类 1+X 融合途径,保障"1"与"X"充分融合互促。通过系统分析"1"与"X"的内涵本质来完善"1"与"X"中的融通内容和要求,在融通过程中遵循"赋能不增负"的原则,其目的在于确保"1"和"X"证书含金量的同时,尽量不增加学生的课业负担,使"1"有效支撑"X"。

（1）免修。是指现有专业人才培养方案中的知识指标能够完全覆盖职业技能等级证书的职业技能要求,不需要对现有专业人才培养方案进行修订。

（2）重排。是指现有专业人才培养方案中的知识指标能够完全覆盖职业技能等级证书的职业技能要求,但由于职业教育的特殊性,要根据职业岗位工作过程,将现有人才培养中的知识和能力重新排列组合。

（3）强化。是指现有专业人才培养方案中的知识指标能够完全覆盖职业技能等级证书的职业技能要求,但由于职业的差异性,要针对熟练度要求较高、难度较大的技术技能进行强化训练,设置短期实训。

（4）补充。是指现有专业人才培养方案中的知识点不能完全覆盖职业技能等级证书的职业技能要求,需要对"1"进行补充和完善,将目前引领行业发展和企业急需的新技术、新工艺、新规范、新要求纳入人才培养方案,补充相关新内容,以达到 X 证书需要的职业技能要求。

（5）拓展。是指在现有专业人才培养方案的教学内容之外,针对专业群或相近职业领域以及学生的兴趣增设相关职业技能的内容,拓宽学生就业创业渠道,增强学生就业本领。

（6）新增。是指现有人才培养方案中的知识和能力不能支撑职业技能学习目标与要求,需要新增职业技能等级证书培训的相关课程内容。

三、职业技能等级证书与专业人才培养融合的步骤

(一)确定职业技能等级证书的范畴

职业技能等级证书的设置是为了帮助学生更好地与岗位需求相匹配,提高

学生的职业技能以及提升学生的岗位胜任能力。因此,要确定职业技能等级证书,需要对行业企业所需求的人才以及相应岗位、工作过程进行分析,明确专业所对应的核心岗位能力,根据核心岗位能力规划、设置不同专业的岗位核心能力模块,围绕岗位核心能力模块分别形成相对应的 X 证书,即确定 X 证书的范畴。

(二) 确定职业技能等级证书等级

在确定了职业技能等级证书的范畴后,就需要确立职业技能等级证书的等级。需要严格按照行业企业对专业技术能力的要求以及技能的复杂程度等对职业技能等级证书的等级进行划分,一般分为初级、中级、高级三个级别。在 X 证书的等级中,初级、中级、高级从技能要求和工作岗位任务上是依次递进的,能够保证学生获得知识与技能,达到不同层次工作岗位的要求。学生毕业后不仅拥有学历证书,同时还拥有多种不同级别的职业技能等级证书。

(三) 实现课证融通

当前大部分高职院校对于专业课程的考核方式比较单一,一般是考试或者考查。学生学完一门专业课程后,通过简单的课程考试就可以获得学分,没有实现课程和职业技能等级证书相融合,在课程学习和考核过程中可以采取与职业技能等级证书相挂钩的模式。通过将 X 证书中的职业素养、基础知识等要求与现有课程体系、课程内容、课程学习目标进行逐项对比分析,采取专业课程的免修、重排、强化、补充、拓展和新增六种基于课程体系的融通方法,将职业技能等级证书融入专业人才培养方案,并确保课程体系、课程内容和学习目标完全满足X 证书的要求。1+X 证书制度下,课程考核方式主要是在对现有专业课程进行分析的基础上,将专业课程与职业技能等级证书相关联,将职业技能考试融入相应的几门专业课程中,通过课程的理论考试和实践考试,让学生能够申请并获得职业技能等级证书。

(四) 实行"三教"改革

职业技能等级证书与专业人才培养的深度融合需要"三教"改革同步进行。在教师方面,投入更多的资源建设"双师型"教师队伍,定期开展职业培训,督促专业教师更加重视实践教学,促进教师实践能力的提升。在教材方面,以职业技能等级标准为根本,以职业院校为主,以行业企业、职业教育培训机构为辅的多元主体共同参与,成立教材建设选用委员会,打造适于不同的专业课程体系的新型活页式、工作手册式教材,充分体现行业企业的新技术、新工艺、新规范,满足职业院校学生的需要,为学生职业技能的培养奠定基础。在教法方面,基于教师技术专长,实行教师分工协作的模块化教学。同时,注重工作任务多场景的训练,关注能力阶梯维度的迁移引导以及解决复杂问题的能力,完善弹性学制下的工学交替教学体系。

第二节　职业技能等级证书与专业人才培养融合育人模式创新

《国家职业教育改革实施方案》在启动1+X证书制度试点工作中指出:"要深化复合型技术技能人才培养模式改革。"换言之,将1+X证书制度落到实处的关键就是要在职业教育的人才培养模式上下功夫。

一、职业技能等级证书与专业人才培养模式融合育人创新方向

(一)培养目标的创新

1+X证书制度实施前,职业院校实行双证书制度,两者均属于学业证书制度。1+X证书制度不仅仅是双证书制度的延续,也是职业技能等级证书对于职业资格证书的突破,更是对双证书制度的"迭代更新"。双证书制度为1+X证书制度的实施积累了丰富的实践经验,实行1+X证书制度主要是通过借鉴国际职业教育培训的普遍做法,以解决月前职业院校人才培养过程中培养的学生与社会需求脱节、校企合作办学融合度不够等深层次的现实问题。

"大智移云"的时代背景下,社会对职业教育人才的需求提出新的要求,生产方式和生活方式的个性化和定制化特点突出,经济社会发展急需复合型技术技能人才,这就给职业院校人才培养目标的制定工作带来了挑战。职业教育的人才培养目标要实现由过去的阶段教育向终身教育转变,由单一专业技能向多技能转变,由应试型向实操型转变,由通用性向独特性转变。

(二)培养内容的创新

1+X证书制度从内容来看,是学历证书和若干职业技能等级证书的融合。学历证书是学习者在规定的学制时间内完成学习目标,由学历教育的学校或者其他教育机构颁发的证书;而职业技能等级证书表明学习者具备了该证书所对应的岗位技能要求和实践能力,是衡量证书获得者职业能力的标准。

实际上,职业院校的部分课程设置虽然注重遵循学科逻辑,却忽视了工作岗位的要求以及课程内容与社会需求的契合性。职业院校需要结合"三教"改革落实1+X证书制度,逐渐将人才培养内容由单一化向多元化转变,由标准化向个性化转变,实现专业教学标准和职业技能等级证书标准的融合。

(三) 培养方式的创新

职业教育区别于普通高等教育的特性之一就是职业性,注重学生职业技能的培养。职业教育的人才培养模式更多地采用校企合作、产教融合等模式,但现实中企业受经济利益驱使,对长效育人机制兴趣不高,校企合作浅尝辄止。此外,受实践实训场所不足的影响,在整个人才培养过程中,传统的、封闭式的知识传授在人才培养方式上占据主导地位。1+X证书制度的落地,需要将学习者的学习场所由封闭向开放转变,需要将学习者的学习时间由固定向灵活转变,需要将学习者的学习方法由单一性向多样态转变。

二、1+X证书制度与专业人才培养模式融合育人创新途径

(一) 面向市场定位1+X证书制度的人才培养目标

在1+X证书制度下,作为"X"的职业技能资格证书更加强调实用性和针对性,要求对接新技术、新工艺、新规范、新要求。职业教育的终极目标是实现人的全面发展,围绕人的全面发展,突出学习者的主体地位。职业院校可根据区域经济特色确定学校的办学定位,面向岗位(群)需求充分进行行业企业调研,校企共同制定人才培养目标,校企双主体联合育人,培养符合企业需求的人才,为区域经济发展输送一批高素质技术技能人才。

(二) 深度融合"1"与"X",重构课程体系

人才培养目标的实现离不开课程体系的构建,复合型技术技能人才的培养需要深刻把握基础课程内涵,强化专业课程技能结构,优化和拓展选修课程。首先,基础课程要凸显体验性,作为实践课程的延伸,课程模式以学习者为中心,引导学习者主动参与课程,深化课程标准、课程内容、课程评价体系改革。其次,实现专业课与职业技能资格证书的深度融合,依据职业技能资格证书的级别由校企双方制定课程标准,专业基础课程对应初级证书,专业核心课程对应中级证书,专业拓展课程对应高级证书,按照专业岗位任务设置课程模块,整合理论与实践的需求。最后,选修课程的设置要体现出广度和深度。广度是指课程范围、种类,尤其指跨专业领域的课程和多样态的通用能力课程。深度是指课程的层

次多样,以满足学习者自我提升的需求。

(三) 升级教学团队,实现优势互补

充分发挥校企合作的优势,混编师资队伍,实行一课双师制度,切实推进理实一体化。在专业群带头人引领下,骨干教师、行业企业专家、科研专家及培训评价组织人员组建兼具理论水平、实践操作能力、科学研究水平的"双师型"教师团队。聘请大国工匠、技能大师、企业技术骨干作为兼职教师,共同指导人才培养,确定人才培养目标,共同制订人才培养方案,共同实施专业课程教学与职业技能等级证书培训,共同开展教学质量评价,共同完成科技项目,共同进行社会服务等工作。高校教师理论基础扎实,企业行业教师实践经验丰富且掌握当前专业技术领域最前沿的技术,同时也是优秀企业文化的传播者,这样的师资队伍可以有效解决理论与实践相脱节的矛盾,为复合型技术技能人才的培养保驾护航。

(四) 改善 1+X 证书制度下的实训条件

职业技能等级证书强调完成真实任务,在教学中营造真实的企业氛围,通过将企业实际项目与岗位技能相结合,实现教学做一体化,培养学习者的应用与创新能力。

在 1+X 证书制度下,人才培养模式的实现离不开实训条件的支持,要通过深化校企合作协同育人机制,改善实训条件,加大实训建设投资力度,搭建教师技能指导平台,改善个性化、跨界人才培养的条件。具体包括:对校内原有实训基地进行升级、改造,达到职业技能等级证书培训和实训教学两方面的要求;根据职业技能标准设备清单购置相关设备,并分类、分等级进行组合和布置;多方共建实训基地,合作企业、科研机构、培训评价组织等以资金、生产设备、知识产权、人员等多种资源形式参与实训基地建设,学校投入场地、教学设备、教师等资源;学校出台大型仪器设备管理规定,促进学校自有大型仪器设备共享。

(五) 在 1+X 证书制度下采取多样化的培养方式

1+X 证书制度下的人才培养不再囿于固定的教学场所,院校内培训可以面向社会群体,院校外的培训机构也可以面向在校生;学习者的学习时间灵活多样,推动建立育训结合、长短结合、内外结合等多种培训机制;1+X 证书制度下的人才培养模式支持和鼓励学习者跨专业、跨专业群甚至跨学科领域学习,同时也支持学习者跨层次学习;在评价机制的构建上,不仅要体现知识性,还要体现

能力性,实现"1"与"X"同等效力,即实现毕业证书与职业技能等级证书具有同等效力,持有证书的人员可以享受同等待遇。

(六) 积极推进"学分银行"建设,加快实现学分转换

加快建立国家资历框架或职业教育资历框架,依据资历框架对知识、技能不同层次的要求细分资历评审标准,鼓励学习者终身学习,填补工作场所学习、生活场所学习的学习成果无法认可的空缺。

在 1+X 证书制度评价体系下,职业技能等级证书成为衡量学习者的参考标准,不同层次的职业技能等级证书说明学习者对证书所对应的岗位领域知识与技能的不同掌握程度。"学分银行"制度的引入可以有效鼓励学习者考取更多的职业技能等级证书,掌握更多的专业技能,胜任更多的岗位需求。将学习者的学习成果转化为相对应的学分,可以促进职业教育采取更加多样的学习模式,为职业教育的开放入校打下基础,实现学历教育与非学历教育的融合。

在 1+X 证书制度背景下,育人过程中更加突出不同主体协同参与育人的重要性。若要把职业技能等级证书与专业人才培养落到实处,需要对现有的育人模式进行改革,让 1+X 证书制度在人才培养过程中发挥重要作用,将 1+X 证书制度融入课程体系优化、实训条件改善、评价和考核体系创新等各项工作中,培养符合社会经济发展和行业企业需要的复合型、创新型高素质技术技能人才。

第三节　职业技能等级证书与专业人才培养融合课程体系优化

课程体系建设是落实人才培养目标的重要环节之一,而加快构建能够助力 1+X 证书制度推广与落实的课程体系,既是《国家职业教育改革实施方案》的重要改革部署,也是推动课程体系更好地发挥其教育教学重要载体作用的最优路径。本节将结合职业教育课程体系设置的现状及存在的具体问题,分析职业技能等级证书制度对职业教育课程体系设置的具体要求,探索职业技能等级证书与专业人才培养融合课程体系构建及优化的具体路径,以期形成具有一定推广和参考价值的职业技能等级证书与专业人才培养融合的课程体系。

一、职业教育课程体系设置现状及存在的问题

(一)课程目标缺乏连贯性

新时代的职业教育面临着新的产业格局和新的市场需求,为了更好地满足技术变革和产业转型对技术技能人才提出的新要求,职业教育应以培养"具备新技能、掌握新技术"的复合型应用人才为目标,这与1+X证书制度的理念不谋而合。这就要求职业教育的课程内容及时补充前沿知识和新技能,以保证学生通过X证书中实操的考核。而目前大部分职业院校的课程体系均存在一定程度的课程目标不明确、课程目标设置与人才培养目标不匹配、课程目标设置与新知识和新技能脱节、课程目标设置无法支持学生专业技能可持续发展的需求等问题。实际上,在X证书的等级中,初级、中级、高级在技能要求和工作岗位任务上是依次递进的,因此在课程安排上要按照职业岗位的需求确定课程目标并且保证它们相互贯通。

(二)专业技能等级和岗位要求不相符

目前,职业院校的课程体系设置仍延续传统的模块化模式。以高职院校为例,其大部分专业课程体系主要由通识教育课程、专业核心课程和个性化学习课程构成,大一时主要学习基础课程,大二时学习专业核心课程和专业进阶课程,大三时则以实训为主,主要包括专业综合实训、专业实习和顶岗实习等。相关专业核心课程基本在大二时完成,但课程体系并没有递进式提高学生工作适应能力,未能体现相关行业核心岗位的课程体系设置。高职院校主要培养技能型人才,虽然在专业人才培养方案中也设置了一些实践类课程,但仍然以培养行业内的传统业务技能为主。随着新产业格局的形成与发展,这就导致学生能力与实际的岗位需求仍存在一定的差距,部分学生毕业后难以迅速适应岗位需求的困境仍然存在。

(三)课程体系设置无法与技能等级匹配

提高学生专业技能是职业院校构建课程体系的主要目标,但各校的硬件、软件、师资存在较大差异,因此即使是同类的职业院校、相近的专业,对专业技能的要求也不尽相同。这就要求职业院校注重课程体系的顶层设计,充分结合教育部提出的1+X证书制度来弥补相关缺陷,结合统一的省级、国家级专业技能标准,考虑相关行业企业岗位需求,在分析典型工作任务的基础上,将证书所包含的知识点融入相关课程,优化现有的课程体系,促使学生逐步提高专业技能,

提升就业能力。

二、职业技能等级证书制度对职业教育课程体系设置的要求

(一) 课程教学内容要有机结合证书培训内容

目前职业类院校的教材大部分仍然沿用传统的经典教材,即使是在信息化课程改革的驱动下,也只是借助信息化教学手段对原来的教材和教学内容进行重新设计,教材形式、教法和教学内容很少更新,比较僵化。尤其是教材内容多倾向于学历教育,并没有同职业技能等级证书的相关标准进行融合与更新,学历教育与职业技能等级证书培训在教学内容上也未能及时融合。

为使职业院校课程教学内容能够充分支撑人才培养目标,需全面结合专业定位并充分考虑行业企业的实际需求,提前研判对口就业岗位的发展需求及考取职业技能等级证书所需的专业知识,及时调整和优化专业课程教学内容。以电子类专业为例,现行的嵌入式系统设计师、电工、电子计算机维修工、家用电子产品维修工、家用电器产品维修工等证书的考证模块必然与未来的职业技能等级证书有共同的内容,这些内容可以提前融入电子类专业的教学中。

(二) 课程教学目标要完整映射专业技能等级目标

设计课程体系时要多与企业沟通,优化选修课,将课程之间重叠的内容进行整合。同时,充分结合专业技能的等级目标和相关行业企业的实际需求,梳理专业课程的教学目录、教学内容,制定有针对性的教学目标,使得课程教学目标能够完全覆盖并完整映射专业技能的等级目标,确保学生在课堂内所学的知识既能够满足专业技能等级目标的要求,也能够满足实际工作中的专业需求,做到学有所用,有效缩短职业院校毕业生毕业后的岗位适应期。

(三) 专业教学标准要充分融通职业技能等级证书标准

在 1+X 证书制度的支撑下,职业技能等级证书的地位逐步得到提升,在不同层次的职业教育中均已达到了和学历证书同等重要的高度,改变了以往职业院校中职业资格证书通过率低的局面。也正因如此,那些原本只针对考证学生的、一味追求通过率的培训形式面临淘汰,取而代之的是能够将职业技能等级证书考试要求融入专业课程教学,夯实学生专业基础知识与技能,为学生后续专业技能的提高打下坚实基础的课程教学。这要求专业教学能够在内容、形式等方面形成统一的标准,来充分融通职业技能等级证书的获取标准。

三、职业技能等级证书与专业人才培养融合课程体系优化具体路径

课程体系建设是实现职业技能等级证书与专业人才培养融合的关键所在。新的课程体系应以 1+X 证书制度为导向,基于现行的职业资格证书方案,主动与职业技能等级证书考证接轨,实现课程改革、教材改革和教师队伍建设等,进而实现全角度、多层次的课程体系建设与优化。职业院校传统课程体系具有注重"目标—结果"导向、忽视行业发展趋势和企业发展需求的明显劣势,为避免这些问题,可建立基于职业技能等级标准,整合职业技能等级标准的知识、技能和素养要求的课程体系。

本章提出一套基于"确定人才培养目标—梳理专业技能目标—确定课程及知识内容—建立能力与课程对应框架—重构专业课程体系"的思路与步骤的职业技能等级证书与专业人才培养融合的课程体系优化路径。

(一)借助校企合作,确定人才培养目标

1+X 证书制度旨在通过借鉴和内化"双元制",通过创新产教融合、校企合作的模式来达成双向目标:一是促进校企协同育人;二是提高毕业生岗位匹配度和适应能力。因此,确定人才培养目标成为整个课程体系设计的前提。为保证培养目标的科学性,可通过开展行业企业调研、毕业生跟踪调研和在校生学情调研,了解行业企业的人才需求情况,获取关于学校人才培养的优化建议及意见反馈;成立由行业企业专家、教科研人员、一线教师和学生(毕业生)代表组成的专业建设委员会,召开人才培养方案论证会,共同确定专业人才培养目标,依据专业培养目标编制可评价、可操作的专业核心能力和能力指标。

(二)对接证书标准,梳理专业技能目标

确定专业技能目标是课程体系设计的基础,也是职业院校人才培养改革的薄弱环节。在 1+X 证书制度下,职业技能等级标准的推出为专业课程体系改革提供了指引。可以将 1+X 证书要求的知识、技能目标同学生参加系列教学活动后表现出的某种技能水平的提升相对应,形成可测量的学习成果目标,并开展学生评价,借助这种方法梳理职业技能等级标准和专业技能目标的对应关系,有针对性地开设课程及确定相应的教学目标。

(三)分解技能目标,确定课程及知识内容

根据技能目标选择课程及其内容是课程体系设计的核心,也是实施专业课程教学的依据。首先,针对不同的专业方向,充分结合培养目标,参照前期梳理

出的专业技能目标,将职业技能等级标准中的技能要求和相关知识要求进行分解和重组,确定构成课程体系的内容。其次,将各个知识点和技能点具体分解在对应的专业课程中,将技能考核要求纳入各门课程的教学目标(涵盖知识目标、技能目标和素质目标),确定相关课程的教学内容。最后,优化课程体系设计,确保在不同课程内容生成过程中最大限度地减少课程间的冗余和知识缺口问题,注重课程间的纵向衔接和横向关联,保证人才培养规格的深度和广度。

(四)分析课程内容,建立"能力指标—课程内容"对应框架

在确定了专业课程和知识内容后,应对专业能力指标进行梳理和分解,确保将每个能力指标落实到相对应的一门或多门专业课程中,建立"能力指标—课程内容"对应框架。依据分解到课程中的能力指标和需要达到的层次确定出课程的教学目标,同时考虑企业用人需求,结合新技术、新工艺、新规范,以融合X证书生成的课程内容编制专业课程标准。课程标准应明确规定通过该课程学习的学生应该获得的学习成果。

(五)探索课证融通,重构专业课程体系

本节探索构建了一种基于"平台共享 + 方向分立 + 拓展融通"模式的课程体系架构。该课程体系根据专业实际情况,从单一专业和专业群两个思路出发,分别构建单一专业和专业群的1+X融合课程体系,具体架构如图6-1所示。

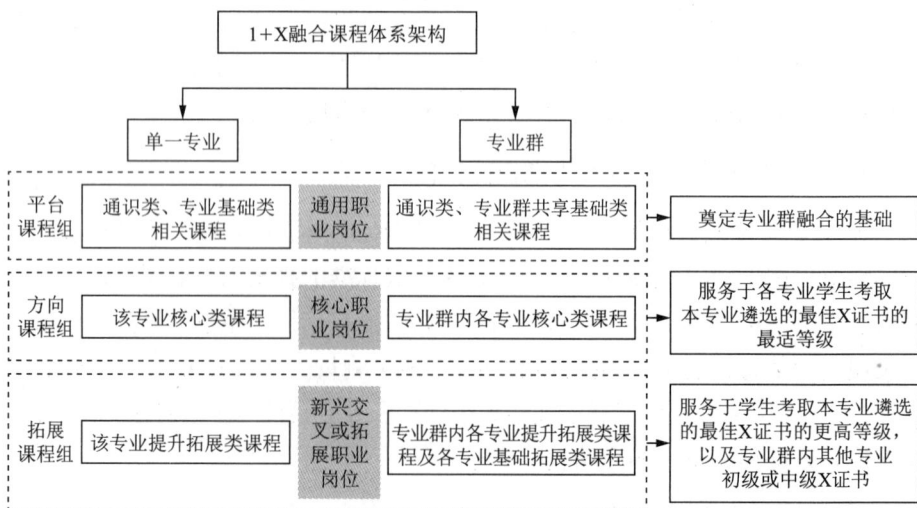

图 6-1   1+X 融合课程体系架构图

1. 单一专业平台课程设置情况

平台课程组包括通识类、专业基础类相关课程,奠定专业学习的基础;方向课程组为专业核心类课程,服务于本专业学生考取本专业遴选的最佳 X 证书的最适等级;拓展课程组包括专业提升拓展类课程,服务于学生考取本专业遴选的最佳 X 证书的更高等级专业,促进学生本专业复合型技术技能的发展。

2. 专业群平台课程设置情况

对于专业群来说,平台课程组包括通识类、专业群共享基础类相关课程,奠定专业群融合的基础;方向课程组为专业群内各专业核心类课程,服务于各专业学生考取本专业遴选的最佳 X 证书的最适等级;拓展课程组包括专业群内各专业提升拓展类课程及各专业基础拓展类课程,服务于学生考取本专业遴选的最佳 X 证书的更高等级,以及专业群内其他专业初级或中级 X 证书,促进学生专业群复合型技术技能的发展,实现职业能力迁移。

单一专业或专业群内的平台课程组、方向课程组、拓展课程组分别匹配专业群通用职业岗位、核心职业岗位、新兴交叉或拓展职业岗位,拓宽学生就业创业渠道。

1+X 证书制度是国家针对职业教育从顶层设计的宏观策略,其实施与落地涉及多方面的问题,而课程体系是该制度推行的重要载体,因此改善职业教育课程体系设置现状,对于探索职业技能等级证书制度的长效发展机制至关重要。

第四节 职业技能等级证书与专业人才培养融合教学资源建设

书证融通工作是一项系统工程,涉及专业(群)建设、课程建设、教材建设等多项工作。倘若在书证融通中没有新型教材建设,就难以实现职业技能等级证书与专业人才培养的有机融合和人才培养质量提高的预期目标。因此,将书证融通真正落实在职业教育新型教材的开发设计和编写工作中,是非常重要的一环。

一、1+X 书证融通教材的开发现状

自 2019 年《国家职业教育改革实施方案》实施以来,职业院校、应用型本科高校启动实施"学历证书 + 若干职业技能等级证书"制度试点工作,国家发

布了 447 种职业技能等级证书。与此同时,X 证书的配套教材相应出版发行。2021 年 3 月,学者戴勇从教材市场查阅到的图书资料获悉,真正属于 X 证书培训的教材共计 68 种,其中电子与信息大类 21 种,占 30.88%;财经商贸大类 20 种,占 29.41%;土木建筑大类 10 种,占 14.71%;装备制造大类 9 种,占 13.24%;医药卫生大类 3 种,占 4.41%;能源动力与材料大类、交通运输大类各 2 种,各占 2.94%;水利大类、新闻传播大类、农林牧渔大类、轻工纺织大类、资源环境与安全大类、食品药品与粮食大类、旅游大类、教育与体育大类、公共管理与服务大类均无相关教材。具体如图 6-2 所示。

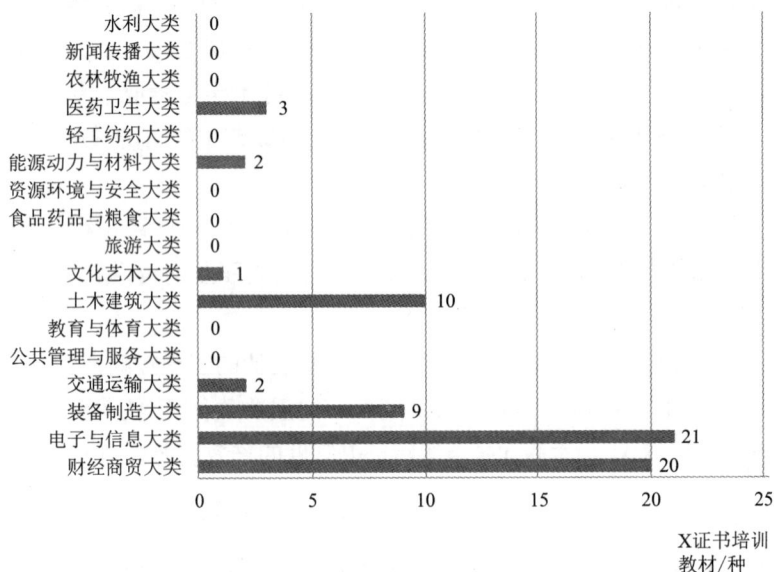

图 6-2 X 证书培训教材与专业大类对应图

数据来源:戴勇. 基于 1+X 证书制度的书证融通教材开发研究 [J]. 中国职业技术教育,2021(14):35-42.

二、1+X 书证融通教材存在的主要问题

(一) 教材内容立德树人成效不显著

教材内容对新时代中国特色社会主义思想和社会主义核心价值观"进教材、进课堂、进头脑"要求落实不够充分,劳动精神、劳模精神、中华优秀传统文化等课程思政内容未能在教材中充分体现。

(二) 教材数量少且专业大类分布不均衡

根据数据分析结果可以看出,国家发布了 447 种职业技能等级证书,但据

2021 年 3 月学者戴勇从教材市场查阅到的图书资料获悉,真正属于 X 证书培训的教材共计 68 种。相比于职业技能等级证书的数量,X 证书培训教材的数量少,且在专业大类中分布不均衡,电子与信息大类多达 21 种,但水利大类等 9 个大类却为 0,从一定程度上制约了 X 证书培训教材的可选性。

(三)教材内容职业教育类型特征体现不明显

教材编写过程中,未能开展深度的访谈或调研,与行业企业联系不密切或未吸纳经验丰富的行业企业人员参与编写,按照原有的知识体系设计,未基于工作岗位或工作过程进行系统设计,且新技术、新知识、新工艺、新规范、新技能未能及时融入教材,教材内容陈述性理论知识过多,程序性知识、策略性知识较少,忽视了职业教育类型教育的重要特性。

(四)教材应用未充分体现 1+X 书证融通

教育部印发的《职业院校教材管理办法》第三十条第四款明确规定,教材选用过程须公开、公平、公正,"不得以岗位培训教材取代专业教材"。但在实际应用中,部分教师未能将 X 证书培训教材与专业课程教材进行有机融通,直接用 X 证书培训教材替代专业课程教材用于日常教学和培训。

三、1+X 书证融通教材的开发原则

(一)有机融合原则

根据 X 证书的工作岗位、工作任务要求,1+X 书证融通教材应与原有专业课程教材进行对接,有机融入教材的相关内容中,完善相应的知识点、能力点、素质点。其中,知识点应涵盖陈述性知识、程序性知识和策略性知识。

(二)职业能力为本原则

教材内容应以国家专业教学标准为依据,以典型工作任务为载体,以应用为主线,遵循工作过程逻辑,符合职业教育教学规律、学生认知和成长规律。此外,还要融入社会主义核心价值观等相关的课程思政要素,彰显职业教育的类型特征。

(三)融媒体原则

为增加教材的可阅读性,要充分利用数字媒体,通过二维码链接的方式,综合利用动画、视频、虚拟现实等不同方式呈现教材内容,提供沉浸式的工作情景

模拟、职业岗位和工作任务活动体验,充分展示教材内容,满足教学信息化和个性化的需求。

四、1+X 书证融通教材的开发要素

(一) 教材开发的根本原则

1+X 书证融通教材必须符合职业教育类型教育的特征和要求,服务于国家重大战略和职业教育发展改革大局,落实立德树人根本任务,弘扬社会主义核心价值观,确保教材开发的政治立场与政治方向。根据职业教育教学规律、学生成长成才规律和认知规律,选择教材素材,组织教材内容,设计教材结构。以职业教育标准为指导,确保教材建设的规范性。组建由职业院校、行业企业、科研机构的人员,以及职业教育专家等多元参与的教材开发团队。开展深度访谈和调研,将工作岗位、任务要求、新技术、新规范、新要求转化为教材内容。

(二) 教材内容的选取与组织

在 1+X 书证融通背景下,依托典型工作任务分析,基于学生胜任该项工作岗位所需要的素质、知识和能力要求,根据专业教学标准和课程标准,选取教材内容。基于教材开发模式视角,根据课程界定的岗位工作任务与职业能力清单组织编写,采用项目或案例成果形式组织结构,呈现教学内容,使其成为专业课程教学的重要载体。

(三) 教材呈现形式

随着教材事业的发展与变革,基于目前的国家政策和教材市场现状,活页式教材、工作手册式教材、融媒体教材、数字教材等新型教材成为职业教育倡导的主要教材形式,这些教材既能彰显职业教育类型特征,又便于学生掌握职业教育知识和技能。该类教材在内容、结构与呈现方式上呈现出不同的特点,可以满足不同的职业教育专业的教学需要。

(四) 教材开发主体

为确保 1+X 书证融通教材的适应性,教材的开发者应该多元化,原则上应囊括职业院校、行业领先企业、教科研机构、出版机构的人员,以及职业教育专家等。教材开发过程中,需要教材开发团队对照 X 证书标准的要求、已有的专业课程体系和教材内容,充分论证后再组织编写。

职业技能等级证书与专业人才培养融合教学资源建设是一项复杂和艰巨

的系统性工程,既要考虑新型教材的特点,又要充分保证书证融通,充分研读教育部相关政策文件,将1+X书证融通教材编写工作作为1+X证书制度建设中的重点工作,开发高水准的1+X书证融通教材,使其涵盖职业技能等级证书的专业大类,满足1+X职业技能等级证书建设的需要。

第五节　职业技能等级证书与专业人才培养融合教师团队建设

自2019年国家开始启动1+X证书制度试点工作以来,我国职业教育面临着改革与创新。高水平的师资是1+X等级证书制度高质量、高效率实施的重要保障,职业院校必须提高自身能力,建设"双师型"师资队伍,建设适应1+X证书制度的师资队伍,既使专业课程体系与企业岗位的用人标准结合得更加紧密,也助推课程体系改革,带动新型教材的编写、教学方式的改进。

一、1+X证书制度对师资队伍的内在要求

职业院校作为1+X职业技能等级证书试点的实施主体,如何推进专业理论知识教学与证书培训有机融合与衔接,避免出现专业教学和证书培训相脱节,将1+X证书制度试点工作的推进与"三教"改革相结合,是1+X证书制度试点工作推进的重点,也是关键。专业教师是职业技能等级证书获取过程中教学和培训的直接执行者,每位教师的职业技能水平都会对职业技能等级证书获取过程中的教学和培训质量产生直接影响。1+X证书制度下,职业院校需要建设一支能准确把握1+X职业技能证书内涵和理念,精准掌握X证书职业技能等级标准和专业教学标准并有机融合,满足新的专业知识、新职业技能培训需求,适应职业技能等级证书发展需求的"双师型"教师队伍。

二、当前职业教育教师队伍存在的问题

(一)综合职业能力不强

当前高职院校高度重视教师职业水平的提升,引进了大量的专业型教师,虽能够在数量上解决教师不足的问题,但与教学实际需要存在一定的差距。一部分教师往往厚此薄彼,过于重视理论知识的学习,忽视实践教育教学水平的提升,理论和实践相互结合的素质不高。很多教师都是从学校毕业之后直接到学

校任教,虽然具备丰富的理论知识,但是缺乏到实际企业岗位训练的能力。一部分专业教师长期没有深入企业进行实践和锻炼,对行业和企业目前的发展状况不熟悉,授课的内容不能适应当前行业和企业发展的需要。有一些教师是从企业引进的高职称技能人才,具备较为丰富的实践经验,但是由于缺乏系统化的教育教学方面的培训,很难让学生领会到实践教学深层次的内涵,也不知该如何将实践技能传授给学生,理论和实践结合得不够理想。可以发现,不管是理论比较丰富的教师,还是实践技能比较强的教师,由于不能将理论和实践相结合,最终导致开展的教育教学只停留在某一层面,不能深入地提升学生的综合素质,也难以达到理想的教学效果。

(二)"双师型"水平不高

具备什么素质的教师才能称为"双师型"教师,这是"双师型"教师队伍建设的关键问题。由于在国家层面缺乏详细、具有可操作性的认定标准,政策在执行过程中,不同省市、不同学校对"双师型"教师的认定标准不同。有的院校规定有 6 个月企业实践经历的教师就可以认定为"双师型"教师,而有的院校则要求有 2 年企业实践经历的教师才能称为"双师型"教师,甚至有的院校规定教师参加或指导学生参加相关比赛获得省部级三等奖及以上才可以认定为"双师型"教师。而且"双师型"教师只是经过简单地具备某种条件而认定,而不是经过考核从而再评价认定。因此,认定的"双师型"教师存在专业理论素养和专业实践能力不高等问题。

(三)师资结构不合理

目前高职院校多以中青年教师为教学科研主导力量,教学队伍的结构中,大部分教师都是刚从高校毕业就到高职院校任教,缺乏实际工作经验,对高职教育的理念、方法没有深入的了解,在教学过程中不能有效地将知识传授给学生。同时,在教学过程中,高职教师大部分处于"单打独斗"的状态,只管自己的一亩三分田,团队意识较弱,融不进教学团队,横向教学和科研经验交流较少,导致个人和整个团队的作用发挥不明显,个人和整个团队的教学能力和科研能力不能得到有效提升。

三、1+X 证书制度下教师队伍建设举措

(一)借助 1+X 证书制度打造"双能力"教师团队

"双能力"是指专业教师有较强的教育教学能力和较强的实践技能培训能

力,是"双师型"教师能力的重要体现。学历证书通过常规的教育教学,完成人才培养任务就可获得,但要取得若干技能等级证书,就需要一批有"双能力"的教师对学生进行相关的技能培训,指导学生针对专门的 X 证书进行相应的技能训练。这就需要打造一支能准确把握 1+X 证书制度相关内涵和理念,熟悉X 证书职业技能等级标准和相应的技能要求,能将专业课程和证书培训内容有机融合的教师队伍,就需要打造一支具有较强教育教学能力和技能培训能力的"双能力"的新型教师团队。

(二)聚焦 1+X 证书制度,优化教师队伍结构

职业院校师资队伍结构合理,有助于提升专业理论教学和实践教学水平,有助于学校的教师队伍健康发展,有助于提升学校的科研能力,有助于提升学校办学的综合效率。职业院校引进的教师,大部分都是刚从高校毕业就到职业院校任教,对职业教育缺乏深入的理解,欠缺实践操作技能,特别是对现代学徒制、1+X 证书制度等新的人才培养模式不熟悉,对如何指导学生获取技能等级证书还不清楚。因此,高职院校需要根据新时代要求,加强教师队伍结构优化。一是要引进具有高技能、高学历的教师,提升教师理论水平;二是要聚焦 1+X 证书制度内涵要求,对教师进行多元化培养,提高教师的实践创新能力,丰富教师的经历,培养一批能进行职业技能等级证书培训的教师;三是针对 X 证书职业技能的要求,制定培训制度,完善相关培训体系,丰富教师的专业知识,提升其实践技能等综合能力,使其深层次地发展。

(三)利用 1+X 证书制度,建立校企专兼职教师双向交流协作共同体

校企专兼职教师双向交流协作共同体不是学校专职教师和从企业聘请的兼职教师的简单组合,它是一种主要由校企双方专兼职教师成员组成的、共同完成人才培养任务的双向交流协作组织,是基于校企双方自主、平等和互惠的,具有共同任务和目标的合作共同体。教育部、财政部在《关于实施职业院校教师素质提高计划(2017—2020 年)的意见》中提出,校企人员要双向交流合作。一方面,学校选派教师到企业实践,学习和掌握产业结构转型升级及发展趋势、前沿技术研发、关键技术应用等内容,以及企业的生产组织方式、工艺流程、文化、应用技术需求等内容,通过将企业的生产实践经验和成果与学校的教学资源融合,使企业实践成果可以直接拿来用作教学资源,并结合企业生产实际和前沿技术要求改进教学方法与途径,发掘学校资源、科研成果和技术服务企业发展的方式和途径。另一方面,职业院校可以设置一批兼职教师特聘岗位,聘请企业高级

工程师、高级技术管理人员、高级技师等能工巧匠到学校任教。职业院校可以和当地产教融合新兴企业等建立校企人员双向交流协作共同体,基于 1+X 证书制度要求建立校企双向互兼互聘的常态运行机制。

(四) 对接 1+X 证书制度,开展教师常态化职业技能培训

要全面落实教育部关于"双师型"教师队伍建设的要求,开展 5 年一周期的教师全员轮训制度;根据 1+X 证书制度试点和职业教育教学改革的需求,探索适应职业技能培训要求的教师分级培训模式,培育一批具备职业技能等级证书培训能力的教师。高职院校要做好顶层设计,根据 1+X 证书制度试点和职业教育教学改革需求,针对 1+X 证书制度对"双师型"教师队伍的需求,开展专业教师全员轮训,建立一套完善的教师轮训制度,健全轮训体系,使教师培训全员化、常态化。将教师整体培训和个体培训相结合,将短期培训和长期培训相结合,将轮流培训和周期性培训相结合;改革培训内容和培训方式,使培训内容紧紧围绕当前的教学需要,不断提升教师的理论水平和实践水平。

高职院校教师队伍是影响我国高职教育改革与发展以及高职教育人才培养质量的关键性因素,教师队伍建设得好,是学校教育水平提高和学校事业持续健康发展的重要保障。在 1+X 证书制度下,能否顺利获取若干 X 证书的关键在于教师,高职院校应聚焦 1+X 证书制度、现代学徒制等要求,改革创新教师队伍建设机制,不断加大对教师的建设和培养力度,建设一支具有丰富专业理论知识和较强实践能力的"双师型"专业教师队伍,使传统意义上的教师向专家型、证书型教师转变。

第六节　职业技能等级证书与专业人才培养融合教学评价改革

一、职业技能等级证书与专业人才培养融合对教学评价的要求

要将 1+X 证书制度引入职业技能等级证书,密切职业教育与产业发展需求的关系,把新技术、新工艺、新规范及时纳入教学,把企业的典型案例及时引入教学,把职业技能等级证书培训的内容及时融入教学,充实相应的课程和专业,形成灵活多样的育人模式,进一步提高人才培养的针对性和适应性。1+X 证书制度有效促进了职业院校的专业人才培养模式、评价模式、教学模式改革,职业

教育学习者通过学历教育并获得多种职业技能等级证书,能较好地满足产业转型升级对技术技能人才能力结构和素质结构的要求,提高适应大数据、云计算、区块链、人工智能等新技术发展和新业态、新模式、新职业需求的能力,实现复合型能力的培养和个性化成长成才。

中共中央、国务院印发的《深化新时代教育评价改革总体方案》要求坚持积极、稳慎、务实的作风,改进结果评价,强化过程评价,探索增值评价,健全综合评价,既大力破除不科学、不合理的教育评价做法和导向,又着力建立科学的、符合时代要求的教育评价制度和机制。职业技能等级证书与专业人才培养的融合,使评价主体、评价内容和评价方式等方面呈现新的特征,需按照自身人才培养目标重构评价体系。职业技能等级证书更强调复合型能力的培养,需构建多元化、立体式的1+X融合教学评价体系,使基于1+X证书与课程学分的双向互动成为必然。

二、职业技能等级证书与专业人才培养融合教学评价体系构建

职业技能等级证书与专业人才培养融合有效提升了人才培养的灵活性、适应性和针对性,提高了学生的职业技能和就业竞争力,激发了学生的学习潜能,倒逼着高职院校将引领行业发展的新技术和新工艺植入教学过程,将新规范和新标准引入评价过程,从而构建多元化、立体式的教学评价体系。

(一)教学评价主体多元化

首先是教学评价主体多元化。在课程考核过程中,将教师、学生、企业导师、第三方评价组织均作为评价主体,采用学生自评、学生互评、教师评价、企业导师评价、第三方培训评价组织评价等方式,重点加强第三方培训评价组织评价,实现教考分离,以及人才培养客观评价。其次是评价内容多元化。在专业课程内容外,增加对职业技能等级证书培训内容、职业素养、行业发展认知等的考核,同时增加技术技能实操考核比例。再次是评价方式多元化。除课程考核成绩外,增加在生产场地进行技术技能考核的评价及对职业技能鉴定结果的评价,出台《学习成果认定与转换办法》,探索职业技能等级证书与各类课程的融合路径,坚持实质等效原则,确定"以证换课"的学分置换方法,通过获得职业技能等级证书置换相应课程的学分。

(二)教学评价层次立体化

依托高职院校内部质量保证体系诊断与改进工作,打造专业人才培养目标

链和标准链,构建人才培养质量指标体系。

(1)将过程性评价与终结性评价相结合,制定课程考试考核标准,综合运用考试、综合评价、技能等级认定等多种方式,对学生的学习成果进行考核评价。将平时学习、参加讨论、听报告讲座、作业完成情况、阶段性学习成果等纳入考核体系,增加技能考核权重。

(2)将内部评价与外部评价相结合,从行业企业对 X 证书质量的认可入手,形成应届毕业生培养质量评价报告,了解毕业生的短期就业质量、能力素养达成情况、区域或产业服务贡献以及对母校教学培养过程等的反馈,从结果的角度分析培养目标达成情况及其对社会需求的满足程度,结合就业质量定位培养问题,为教学改革、课程建设提供建议,为职业技能等级证书与职业教育专业人才培养融合的人才培养体系建设提供改进方向,促进人才培养质量螺旋式上升。从学生成长情况入手,跟踪了解学生的学习情况,形成学生成长评价报告,了解人才培养过程中影响学生成长成才的各项因素,反映专业课程设置与教师教学效果,反馈职业技能等级证书与职业教育专业人才培养融合过程中的问题,为教学改革、课程建设、考核评价等提供改进建议。

(3)多维度开展教师评价。职业技能等级证书与专业人才培养融合,最终的执行者是职业院校的教师,这对教师的知识水平、实操技能、课程资源开发能力、教学设计能力等均提出新的要求。试点 1+X 证书制度的高职院校,首先要在师德师风、教学能力、实操技能、教科研水平等方面对教师开展评价。师德师风重点评价教师的职业态度、职业素养、职业道德,教学能力重点评价教师的理论教学能力和实践教学能力,实操技能重点评价职业技能等级证书体现的教师的职业技能、实操水平和实践经验,教科研水平重点评价教师的纵横向课题、论文、专著、专利等成果。评价结果直接反映教师在职业技能等级证书与职业教育专业人才培养融合过程中的教育教学效果,可以有效促进教育教学改革。根据教育部"根据专业特点每 5 年必须累计不少于 6 个月到企业或生产服务一线实践"的要求,高职院校要安排教师到企业挂职锻炼。实践企业根据教师实践情况对教师的职业技能、实践经验、技术服务等方面进行评价。第三方培训评价组织根据职业技能等级证书考核情况,结合学生学习效果,对教师开展客观评价。

职业技能等级证书与专业人才培养的融合,重点强调学生复合型能力的培养,对学生学习方式、教师教学方法提出新的要求。要构建多元化、立体式评价体系,与行业企业合作,引入第三方培训评价组织,将过程性评价与终结性评价、内部评价与外部评价相结合,开展多维度的教师评价,形成职业技能等级证书与职业教育专业人才培养融合的闭环管理。

第七章

职业技能等级证书与专业人才培养融合成效评价

在全国职业教育大会召开之际,习近平总书记对职业教育做出重要指示,要优化职业教育类型定位,深化产教融合、校企合作,深入推进育人方式、办学模式、管理体制、保障机制改革。《中华人民共和国国民经济和社会发展第十四个五年规划和 2035 年远景目标纲要》提出,构建高质量的教育体系,提升人力资本水平和人的全面发展能力。在职业院校实施 1+X 证书制度试点,是彰显职业教育类型特征的重要制度设计,自 2019 年实施试点工作 3 年来,对推进技术技能人才培养培训模式创新和评价模式改革产生了积极的影响。

第一节　职业技能等级证书与专业人才培养融合对人才培养的影响

对 1+X 证书制度试点来说,政府在政策、资金和项目等方面加大投入力度,其产出是获得职业技能等级证书的学生数量,而效果则是带来的学生能力和素质的变化,如提高了就业创业质量,提升了职业技能和职业素养,激发了学生的学习兴趣,提高了学生的就业竞争力和发展潜力,等等,从而缓解了结构性就业矛盾,这些都是 1+X 证书制度对高职院校育人效果的积极影响。1+X 证书制度通过若干职业技能等级证书对学历教育体系进行补充和拓展,为职业院校的学生赋能。1+X 证书制度对高职院校人才培养的意义主要表现在以下几个方面:

一、增强学生的岗位适应性

《中华人民共和国国民经济和社会发展第十四个五年规划和 2035 年远景目标纲要》对"十四五"时期职业教育的发展提出了"增强职业技术教育适应性"的要求。职业教育作为与经济社会发展结合最紧密的教育类型,聚焦优化职业教育类型定位,坚持深化产教融合、校企合作,深入推进育人方式、办学模式、管理体制、保障机制改革,推动职普融通,增强职业教育适应性,加快构建现代职业教育体系,培养更多的高素质技术技能人才、能工巧匠、大国工匠。因此,增强职业教育适应性,表现在适应以国内大循环为主体、国内国际双循环相互促进的新发展格局上;表现在优化同新发展格局相适应的专业结构和人才培养结构的能力上;表现在适应产业转型升级和经济社会高质量发展,推行中国特色学徒制,培养高素质技术技能人才上;表现在满足学习者多层次、多样化职业教育需求,使全社会人人拥有技能,为学习者就业与发展创造良好条件上。

1+X 证书制度是以职业技能等级证书为载体,将企业的职业标准与学校的专业教学标准、课程标准、实训条件建设标准等对接,把企业的新技术、新工艺、新规范、新要求纳入教学,把典型案例引入教学,把职业技能等级证书的培训内容融入教学,有效解决学校教育与市场需求脱节的问题,从而解决技术技能人才培养供给侧与产业发展需求侧的结构性矛盾。从学习者的视角来看,1+X 证书制度通过深化教学内容和教学方式方法改革,以及完善学习成果的认定、积累和转化,有效提高了人才培养的灵活性、适应性和针对性,使学生能较好地应对产业转型升级对技术技能人才能力结构和素质结构要求的变化,提高学生适应大数据、云计算、区块链、人工智能等新技术发展和新业态、新模式、新职业需求的能力。

二、提高学生的职业技能

职业技能是指在职业分类基础上,根据职业的活动内容,对从业人员工作能力和水平的规范性要求,也是人们对职业劳动的认识、评价、情感和态度等心理过程的行为反映,是职业目的达成的基础。职业教育是培养大国工匠、能工巧匠的重要教育类型,因此要培养学生具备熟练的职业技能,以及扎实、系统的专业知识,尤其要注重培养严谨专注、敬业专业、精益求精、追求卓越等职业素养。

X 证书的内容聚焦在企业典型岗位(群)需要的职业素养、专业知识和职业技能上,它反映了企业的职业活动和学生个人职业生涯发展所需要的综合能力,是对学生具备某种专项职业技能或水平的证明。学生根据专业特征和个人发展需要,可以选择获取一种或者多种 X 证书。因此,从学习者的视角来看,1+X 证书制度使学生在获得学历证书的同时,掌握多种新的职业技能,增强了就业创业本领,提高了就业竞争力。

三、扩展学生的就业渠道

职业教育经历了"重知识、轻技能"到"重技能、轻知识"的演变,并最终回归到职业教育的本质,即"服务人的全面发展和促进就业能力提升"。世界上许多经济强国,如德国、澳大利亚等,尽管国民收入居世界前列,但因产业结构主要是中高端制造业,仍需要一大批技术精湛的技能从业者。我国经济正处在转型期,随着新型工业化的推进和科学技术的发展,在未来相当长的时期内,制造业仍将是国民经济的主体,因此适应技术进步和生产方式变革以及社会公共服务的需要,培养数以亿计的高素质劳动者和技术技能人才是职业教育的主要责任。要促使学生成为一个社会所需要的职业人,但又不仅仅是一个纯粹的职业人,而是一个既要生存又要发展的社会人,为建设现代化经济体系、加快实体经济发展、推动产业转型升级、促进就业创业、增进民生福祉提供有力支撑。

1+X 证书制度试点面向的是现代农业、先进制造业、现代服务业、战略性新兴产业等技术技能人才紧缺领域,遴选的 X 证书培训评价组织均具有良好的校企合作基础,能联合行业头部企业,围绕新技术、新工艺、新规范和新要求开发企业岗位(群)所需的证书和标准。因此,从学习者的视角来看,通过参加 X 职业技能等级证书的培训和考核,可以熟悉高端产业和高端复合型人才标准,为进入有影响力的国有企业和龙头企业提供更多的机会,从而提高社会地位和薪酬待遇。

四、激发学生的学习潜力

唯物辩证法的对立统一规律、量变质变规律、否定之否定规律这三条核心规律清楚地指出,世界上一切事物都在发展变化之中,都在随时空变化而发展变化。教育教学也一样,教育者和教育对象都是具有发展潜力的人,关键是如何激发发展潜力,使每个人认知、发现、开发其潜能,更好、更快地发展,取得长远的进步。

考试招生制度改革使高职院校生源结构呈现多样性和多元化特征,不同类型的学生具有不同的特质和学习习惯,势必造成同一专业内学生个性化差异较大。高职院校学生普遍存在缺乏学习动机、学习积极性不高、发展自信心不足等问题。1+X 证书制度根据专业人才培养规格和 X 证书标准,通过免修、重排、补充、拓展、强化、新增等方法,将X证书培训内容融入专业人才培养全过程,将引领行业发展的新技术和新工艺植入教学过程,将新规范和新标准引入评价过程,从而有效激发了学生的学习兴趣。调研数据显示,有95.57%的学生认为1+X证书制度调动了学习积极性,有93.39%的学生认为1+X证书制度显著提升了学习成效,夯实了可持续发展的基础。

第二节　职业技能等级证书与专业人才培养融合育人成效调研分析

学生是1+X证书制度的直接利益群体,但是由于制度实施时间短,对育人效果的研究较少,尚未形成较为成熟的评价体系。为科学高效地构建育人成效评价体系,本研究首先从教师、学生两个维度开展了广泛、深入的调研。

一、调研背景

2019年,国务院颁布的《国家职业教育改革实施方案》明确提出了启动"学历证书+若干职业技能等级证书"人才培养制度试点工作。总体来看,1+X证书制度自下而上的推进过程,对职业院校专业人才培养的教学标准、设施水平、评价体系、校企合作等方面都起到了积极的推进作用,但是如何将职业技能等级证书与职业教育专业人才培养体系进行双向融合被广泛关注,也就是说,深入了解职业技能等级证书与专业人才培养融合的现状、育人成效,合理提出解决问题的有益路径,直接影响着后续1+X证书制度的推进实效和改革深度。

二、调研方法

本研究采用定性分析和定量分析相结合的研究方法,主要采用的研究方法有问卷调查法、访谈法等。

(一)问卷调查法

编制职业技能等级证书与职业教育专业人才培养融合育人成效调查问卷(教师版、学生版两个版本),对1+X证书制度育人成效进行问卷调查,分析我国高职院校职业技能等级证书与职业教育专业人才培养融合的基本情况、育人效果等。

(二) 访谈法

在基本清楚当前我国高职院校 1+X 证书制度试点现状和问题的基础上，结合问卷调查结果，进一步与教师、学生座谈，挖掘职业技能等级证书与专业人才培养融合取得的育人成效和存在的问题。

三、调查对象

为掌握现状、识别问题并寻求可行的解决对策，研究团队对全国范围内的高职院校和中职院校进行了问卷调查及个别访谈，收集到 419 份调查问卷（涉及院校 50 所），回收率为 99.3%。

四、调查分析

(一) 职业院校教师调查结果分析

职业院校参与 1+X 证书制度试点工作的基础和模式不尽相同，办学条件较好的学校已先后参与了前两批试点工作，还有一些院校目前没有参与试点工作。参与 1+X 证书制度试点的院校，按照国家 1+X 证书制度试点工作要求，对教师、教材、教法进行了改革，以适应 1+X 证书制度人才培养工作的需要。还未参与试点的院校，由于没有参与 1+X 证书制度试点工作，要么还未开启相关改革工作，要么正在按照 1+X 证书制度要求，对专业教学标准进行修订以适应未来 1+X 证书制度人才培养模式改革的需要。但相比试点院校的政策保障、师资培训机会等，未参与试点的院校的积极性可能会受到一定的影响，从而造成专业教学标准和职业技能等级标准融合的低层次化。下面将对试点院校的教师和学生面临的问题和提出的疑问等进行数据化的呈现与分析，尤其关注职业院校专业教学标准与职业技能等级证书标准的对接、课证内容融合、教学资源共享、师资团队合作、教学设施一体化、考评机制（学分互认）贯通、校企合作机制共建等方面的融合情况与存在的问题。

1. 被调查教师的基本信息

在调查的试点院校中，教师学科类别为理工科 51.43%，文科 40%，其他科 8.57%；94.29% 的被调查教师为专业课教师，30～39 岁的中青年骨干教师占 68.67%，40～49 岁的中年骨干教师占 20%；任课教师中，高级职称的教师占 22.86%，中级职称的教师占 45.71%。

2. 被调查教师关于 1+X 证书制度的认识程度

对于 1+X 证书制度,62.86%的教师认为比较熟悉,25.71%的教师非常熟悉,8.57%的教师一般熟悉,2.86%的教师不熟悉,如图 7-1 所示。91.43%的教师参与了 X 证书制度试点的相关工作。34.29%的教师认为对相关培训指标非常熟悉,51.43%的教师认为对相关培训指标比较熟悉,14.28%的教师认为对相关培训指标一般熟悉。有 54.29%的教师认为 X 证书的培训需要企业一线工作者参与,另有 37.14%的教师认为 X 证书的培训非常需要。

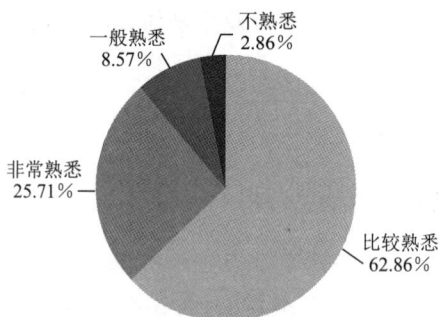

图 7-1 被调查教师对 1+X 证书制度的认识程度

3. 被调查教师关于 1+X 证书的认可情况

有 94.29%的教师认为所在专业需要引入 X 证书。有 57.14%的教师认为 X 证书的含金量还可以,基本反映了岗位所需的知识、技能和素养;有 28.57%的教师认为 X 证书的含金量很高,证书对应的专业和职业岗位(群)清晰明确、内容丰富、技能要求高,具有一定的挑战性;还有 14.29%的教师认为 X 证书的含金量一般,资源不够丰富、岗位针对性不是很明显。另外,有 5.17%的教师认为所在专业不需要引入 X 证书,原因排在前三位的分别是:已有行业认证证书,占 22.86%;所在专业已有职业资格认证,占 17.14%;无与专业完全匹配的 X 证书,占 14.29%。

4. 被调研教师对于所在专业 1+X 证书制度试点工作的积极性情况

82.86%的教师认为 1+X 证书培训工作量太大,缺乏与之配套的劳务兑现规定和制度;45.71%的教师认为证书考验综合能力,专业学习强度大;37.14%的教师认为培训证书的有效期短,教师考取考评员证书的成本高;28.57%的教师认为培训内容单一,满足不了教师专业成长的需求。可见,教师对于 1+X 证书制度试点工作的积极性比较高,但是对于考取证书的难度、工作强度、证书的市场认可度还存在诸多争议。

5.被调查教师对于专业人才培养与职业技能等级证书融合程度的认知情况

(1)X证书与人才培养方案的对接。57.14%的教师认为所在专业对应岗位与所选X证书基本契合,37.14%的教师认为所在专业对应岗位与所选X证书非常契合;88.57%的教师认为所在专业已将X证书纳入人才培养方案,11.43%的教师认为所在专业还没有将X证书纳入人才培养方案;82.86%的教师认为所选X证书是与人才培养方案中专业核心课程相对接的,65.17%的教师认为所选X证书是与专业基础课程相对接的,37.14%的教师认为所选X证书是与专业拓展课程相对接的。

(2)职业院校与培训评价组织师资的合作。X证书融入人才培养的过程,62.86%的教师认为培训评价组织都能参与学校人才培养过程,37.14%的教师认为培训评价组织没有参与学校人才培养过程。培训评价组织参与人才培养的方式主要包括:企业提供或校企共建课程、教材、教学资源(占57.14%);企业参与X证书的考核、评价(占54.29%);定期开培训会、考务会等(占51.43%);培训评价组织安排教师来校授课(占45.71%)。从这些数据可知,试点院校与培训评价组织的合作共建方式还是比较多样的。

(3)关于教学资源的共建共享情况。除上述数据外,另一组数据很值得关注,有65.71%的教师从未参与过培训评价组织X证书相关教学资源的开发,只有8.57%的教师认为培训评价组织提供的学习资源(教材、案例库、习题库等)完全满足学生的学习需要。

(4)关于设施水平的匹配度。有17.14%的教师认为目前学校、企业提供的实训设备能够完全满足X证书培训的需要,虽然有48.57%的教师认为目前学校、企业提供的实训设备能够基本满足X证书培训的需要,但是程度上的差异还是需要引起我们对于X证书培训质量与效果的高度重视。对排序题"请您给所在专业试点X证书制度遇到的问题或困难按重要性排序"的答案分析发现,"部分X证书考核点建设标准高,一次性投入太大"是最突出的问题或困难。

(5)关于课证内容的融合情况。调查对象中X证书的等级以中级为主,占77.14%,初级占20%。X证书与人才培养方案执行过程相融合的形式主要按院校层次和类型确定职业技能等级,占48.57%;28.57%是按照不同年级融合不同等级X证书的内容。X证书融入课程教学的方式由高到低的顺序排列为:实施人才培养方案外的考证强化培训(占62.86%),增设X证书选修课(占

51.43%），拆解 X 证书学习模块至课程中（占 51.43%），无须增设课程。仅有 28.57% 的教师认为所在专业原人才培养方案已囊括 X 证书的考核内容，具体如图 7-2 所示。

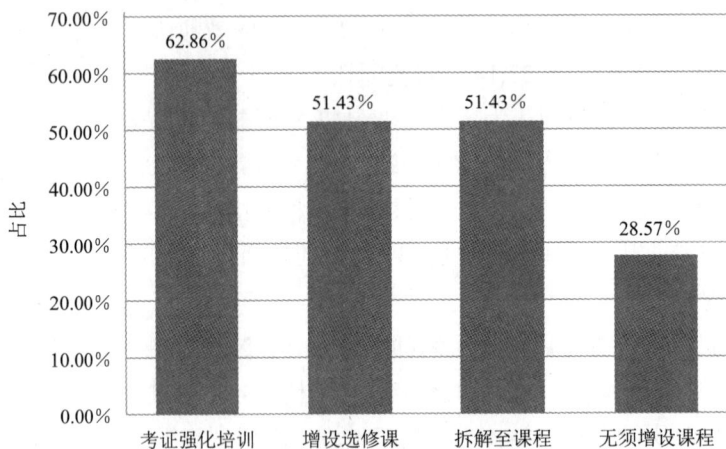

图 7-2　X 证书融入课程教学的方式

（6）关于考评机制的贯通情况。虽然大部分试点院校已经启动 X 证书与人才培养方案中相应课程的学分互认，但存在诸多问题，如在促进 X 证书与人才培养过程的融合方面，有 60% 的教师认为缺乏对证书课程测评结果的有效评价，51.43% 的教师认为难以构建与职业技能相匹配的学习空间和学习实施过程，48.57% 的教师认为人才培养方案的变更审批流程复杂，存在滞后性。在具体实施考核评估过程方面，有 71.43% 的教师认为试点 X 证书不但涉及考评机制的改革，而且涉及多方面的系统改革，存在操作难点；57.14% 的教师认为不设置专门的培训课程或强化培训，无法取得较高的通过率；45.71% 的教师认为职业院校在试点中的责任不明确。在排序题"请您给所在专业试点 X 证书制度遇到的问题或困难按重要性排序"中，排在第二位的问题或困难是"评价、监测等配套制度不健全，缺乏退出机制"。

6. 存在的问题分析

（1）X 证书培训内容融入人才培养方案的方式流于形式。X 证书的培训内容模块较多，如果将模块分散到人才培养方案的课程中进行教学，则很难在考证时取得较高的通过率；如果开设专门的 X 证书培训课程，则会导致为考证而设置课程；如果专门进行考证强化训练，则又会存在培训内容游离于人才培养方案之外的问题。目前，大部分院校的做法是进行专门的培训或开设专门的课程。

（2）部分专业对是否实施1+X证书制度尚存争议。X证书的作用之一是给企业提供人才技能水平评价的依据，而有的院校部分专业已取得较好的产教融合办学成效，毕业生广受企业认可、市场欢迎。在实施校企合作、现代学徒制的过程中，有的院校已经引入了企业甚至是知名企业的认证（如华为的网络工程师认证），已经达到了较高的产教融合水平和较好的人才培养评价效果。有的专业已经有较好的行业认证及标准，如会计专业的会计师认证、计算机专业的计算机技术与软件专业技术资格（水平）考试认证等。有的专业目前还没有相应的X证书。因此，不少院校基于前述原因认为没有必要再实施X证书培训和认证。

（3）1+X证书制度的实施过程不够系统。1+X证书制度在院校内与许多改革项目有关联，包括但不限于认证课程的改革、学分制改革、"学分银行"等，而各个院校改革的实际情况不同，进度不一。学分制改革一直是痛点和难点，如果没有将X证书培训的内容融入人才培养方案的课程体系，就需要出台专门的X证书认证置换学分的规定。"学分银行"在院校中还是新生事物，大多还在制订方案或还没有开始。

（4）1+X证书制度缺乏配套的劳务兑现规定和制度。要在院校中开展X证书的培训与认证工作，必然会增加额外的工作量，这些工作量均需要有制度给予承认并兑现劳务费，否则难以调动院校教职工参与的积极性。

（二）职业院校学生调查结果分析

1. 被调查学生的基本情况

在所调查的试点院校中，学生学科类别为理工科51.56%，文科20.31%，其他科28.13%。

2. 被调查学生对1+X证书的认识情况

95.57%的学生参加过1+X证书相关的培训，其中有79.17%的学生通过了X证书考试并获得了相应的职业技能等级证书。60.42%的学生对X证书非常了解，能清楚地认识到X证书的内涵和必要性；30.21%的学生对X证书较为了解，认为X证书对自身就业创业比较重要；9.37%的学生对X证书了解一点，但不清楚X证书到底有什么用。整体来说，53.91%的学生认为X证书的用途很大，39.58%的学生认为X证书对就业创业有一定的帮助，4.69%的学生认为X证书的作用不是很明显，仅有1.82%的学生认为X证书没有作用，如图7-3所示。

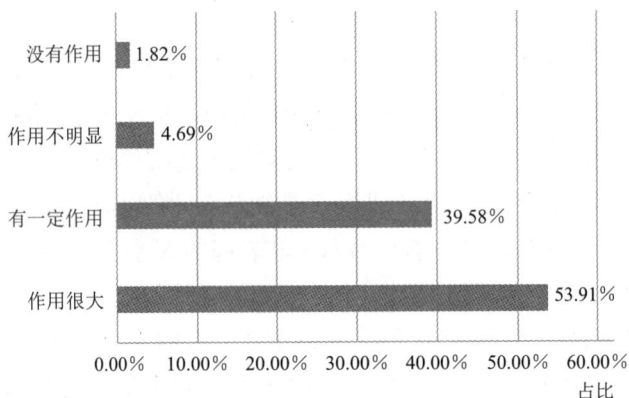

图 7-3　学生对 X 证书的认可度

3. 被调查学生对 1+X 证书的认可度

关于证书含金量的问题,有 71.09％的学生认为 X 证书的含金量较高,有 27.34％的学生认为 X 证书的含金量一般,仅有 1.57％的学生不知道或不重视 X 证书的含金量。关于 X 证书的考评难度问题,有 72.66％的学生认为难度适中,分别有 14.06％和 13.28％的学生认为偏难和简单。关于 X 证书与本专业相关度的问题,有 79.95％的学生认为高度相关,19.53％的学生认为一般相关,仅有 0.52％的学生认为不相关。可见,学生对于 X 证书普遍认同,值得关注的是,在调查中有 91.67％的学生有获取多种 X 证书的意愿,且有 91.97％的学生是以增强技能为目标考取 X 证书的。

4. 关于参加 X 证书的培训形式和满意度情况

专项集中强化培训占 75.26％,增设选修课程占 14.06％,与原有课程一致占 10.68％;学生普遍对 X 证书培训教师授课的满意度较高,非常满意达 69.53％,满意达 27.86％;对 X 证书培训内容的整体满意度也较高,非常满意占 64.58％,满意占 31.77％。

5. 主要问题

学生是 1+X 证书制度试点的对象,职业教育是为培养高素质技术技能学生而存在的。职业院校专业教学标准要以学生成才为原则,结合学生的知识基础,科学合理地设置专业课程,要对接有助于反映学生未来岗位需求的职业技能等级标准,要尊重学生的首创精神,以激发学生学习兴趣为目标,确定两者相融合的科学路径。1+X 证书制度虽然强调培养学生的职业技能,但是也没有忽略学生人文精神的重要作用,因此职业院校有必要探寻两者融合在人文素养方面的"亮点",从而有助于培养学生全面的知识结构,促进学生全面成才。

第三节　职业技能等级证书与专业人才培养融合育人成效评价指标体系构建

近年来,育人效果成为职业教育质量评价的重要标准。效果是产出带来的结果和变化,也就是组织生产产品或提供服务带来的结果,如效率、效益、有效性、影响等。本研究从效果导向出发,全面筛选 X 证书对技术技能人才培养的影响因素,从定性和定量两个维度构建基于雷达图视域的育人效果评价体系,科学合理地评价 X 证书对夯实学生可持续发展基础、拓展就业创业本领的效果,并以食品类专业为例进行实践,推进 1+X 证书制度在院校全面实施,促进人力资本增值,提升技能输出质量。

一、指标体系构建的原则

职业技能等级证书与专业人才培养融合育人成效评价指标体系的构建为顺利开展评价提供了坚实的理论依据和保障。为了使指标体系科学化、规范化、可操作性强,更好地为促进学生发展和就业服务,在构建指标体系时,应遵循以下五个原则。

(一) 系统性原则

各指标之间要有一定的逻辑关系,各指标相互独立,又彼此联系,共同构成一个有机整体。指标体系的构建具有层次性特征,自上而下、从宏观到微观,层层深入,形成一个不可分割的评价体系。

(二) 动态性原则

发展性教学评价用发展的眼光评价每个学生,动态监测学生学习过程中取得的进步、成就,因此指标的选择要坚持动态性原则,能准确反映学生发展过程中的特征。

(三) 科学性原则

指标体系的构建要坚持科学性原则,能客观、真实地反映学生发展的特点,评价学生学习的全过程,充分体现学生的进步。同时,评价指标在总体范围内要保持一致性,且应该具有代表性。

(四) 共性和个性相统一的原则

共性和个性是辩证统一的关系。共性指一切事物或某类事物共有的性质,它决定该类事物发展的基本趋势。个性指某一事物所特有的性质,是一事物区别于另一事物的根据。由于高职学生生源结构呈现多元化特征,根据多元智能理论,发展性教学评价指标体系的构建要坚持共性和个性相统一的原则,在促进学生全面发展的同时,助力学生多样成才。

(五) 可操作性强的原则

指标体系构建的目的是实时、动态地提供学生发展进步的数据,更好地服务于学生成长成才,因此指标选取要坚持可操作性强的原则,各指标尽量简单明了、便于收集,不宜过多过细,以免搜集过于烦琐,增加工作量。同时,选择指标时也要考虑能否进行定量处理,以便于进行数学计算和分析。

二、指标体系的构成

随着对评价理论研究和实践的不断深入,育人效果已经成为教育质量评价的重要标准。对高职院校1+X证书制度育人效果进行评价的指标有很多,本节在经济合作与发展组织(OECD)提出的质量标准的基础上,分析职业教育的类型特征和1+X证书制度对高职院校人才培养的影响,从而构建指标体系。

运用德尔菲法将初拟的评价指标设计成问卷,发放给职业教育专家、专业负责人、骨干教师、企业专家、学生,由他们根据自己的经验判断各指标的重要程度(极重要、很重要、一般重要、不重要、不必考虑)。随后再让他们对回收的数据进行统计分析,确定最终的评价指标。在本书的研究中,选出的50名专家在彼此独立的环境中对每个评价指标进行打分和排序,从而确定最终的评价指标。

(一) 初拟评价指标

根据质量标准,从相关性、有效性、效率、影响、适应性、可持续性六个维度构建指标体系,分别对应职业能力、学习成效、就业竞争力、核心能力、学习能力和发展潜力。通过对职业教育专家、专业负责人、骨干教师、企业专家、学生的调研,对以上指标进行进一步分解。将职业能力分为专业知识等5个观测点,将学习成效分为学业成绩等4个观测点,将就业竞争力分为创新能力等4个观测点,将核心能力分为与人合作等5个观测点,将学习能力分为学习动机等4个观测点,将发展潜力分为发展自信心等3个观测点。

据此,职业技能等级证书与专业人才培养融合育人成效评价指标体系可由31 个指标构成。其中,一级指标 6 个,二级指标 25 个。将这些指标以问卷的形成发放给专家,初步构建起育人效果评价指标体系,如图 7-4 所示。

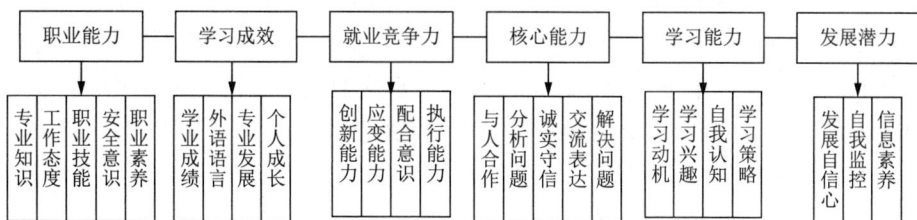

职业能力				学习成效			就业竞争力			核心能力			学习能力			发展潜力	
专业知识	工作态度	职业技能	安全意识	职业素养	学业成绩	外语语言	专业发展	个人成长	创新能力	应变能力	配合意识	执行能力	与人合作	分析问题	诚实守信	交流表达	解决问题	学习动机	学习兴趣	自我认知	学习策略	发展自信心	自我监控	信息素养

图 7-4　初拟的育人效果评价指标体系

(二) 专家赋分

用 0~9 范围内的数字代表该指标在评价体系中的重要程度,专家根据给定的赋分标准,对问卷给出的每一个评价指标进行赋分。根据专家的赋分结果,计算每个指标的均值和方差。均值即一组数据的平均值。方差用来描述一组数据的波动大小,方差越大,数据波动越大,表明专家的意见越不集中;方差越小,数据波动越小,表明专家的意见越集中。

(三) 指标筛选

根据计算得到的每个指标的均值和方差,选取合适的阈值 1 和阈值 2,确定构建职业技能等级证书与专业人才培养融合育人成效评价体系的有效指标。要求:每个指标的平均值大于阈值 1,确保该指标的重要性;每个指标的方差小于阈值 2,确保专家意见的一致性。将所有指标中满足条件的指标筛选出来作为有效指标,确定出用于构建职业技能等级证书与专业人才培养融合育人成效评价体系的 18 个指标,如图 7-5 所示。

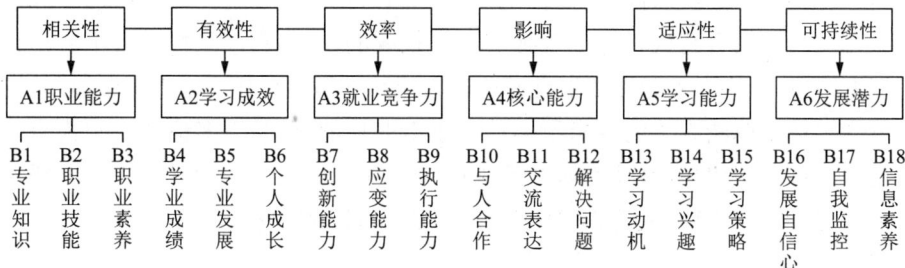

相关性		有效性		效率		影响		适应性		可持续性	
A1职业能力		A2学习成效		A3就业竞争力		A4核心能力		A5学习能力		A6发展潜力	
B1专业知识	B2职业技能	B3职业素养	B4学业成绩	B5专业发展	B6个人成长	B7创新能力	B8应变能力	B9执行能力	B10与人合作	B11交流表达	B12解决问题	B13学习动机	B14学习兴趣	B15学习策略	B16发展自信心	B17自我监控	B18信息素养

图 7-5　筛选后的育人效果评价指标体系

123

三、指标体系的内涵

（一）职业能力

职业教育是面向市场的就业教育，重视职业能力培养是职业教育区别于其他类型教育的显著特征。职业能力是指个体将所学的知识、技能和态度在特定的职业活动或情境中进行类化迁移与整合而形成的能够胜任毕业后所从事专业岗位工作应具备的能力，是由素养、知识、技能等多个能力单元组成的复杂结构。本书设计了3个二级评价指标，分别为B1专业知识、B2职业技能、B3职业素养。

（二）学习成效

艾斯纳认为，学习成效本质上是学生经过某种形式的努力最终获得的预期或者非预期效果，是衡量学生学习成果的重要指标。学习成效有两方面的内涵，一方面是客观上的学习成果，另一方面是主观上的情感状态。通过学习成效评价，能了解学生在完成专业学习后学会和掌握了什么，运用所学能完成什么，能解决什么问题，会取得哪些进步，等等。本书设计了3个二级评价指标，分别为B4学业成绩、B5专业发展、B6个人成长。

（三）就业竞争力

黄炎培先生说过，职业教育的目的就是"使无业者有业，使有业者乐业"。以市场需求为导向，提升学生就业竞争力，促进高质量就业，是职业教育的重要使命，也是影响职业教育认可度和满意度的关键因素。就业竞争力可以理解为学生具备的恰好符合市场需求、对企业具有吸引力、优于其他就业对象的能力。本书设计了3个二级评价指标，分别为B7创新能力、B8应变能力、B9执行能力。

（四）核心能力

核心能力也称为关键能力、基本技能，是职业生涯中除岗位专业能力之外，适用于各种职业的综合能力，是伴随人终身的可持续发展能力。核心能力和职业能力在高职教育育人目标中发挥着同等重要的作用，高职院校只有不断地提高学生的核心能力，才能使学生迅速适应岗位和环境的变化。调查结果显示，用人单位对技术技能人才的要求不再局限于专业技能，而是更多地关注与人合作的能力、与人交流的能力以及解决问题的能力等。因此，本书设计了3个二级评价指标，分别为B10与人合作、B11交流表达、B12解决问题。

（五）学习能力

学习能力是高职学生所有能力的基础。美国预言家阿尔文·托夫勒指出：

"未来的文盲不再是目不识丁的人,而是没有学习能力的人。"学习能力是人们在正式学习或非正式学习环境下,自我求知、做事、发展的能力。学习知识后就形成专业知识,学习如何执行的方法与技巧后就形成执行能力。本书设计了 3 个二级评价指标,分别为 B13 学习动机、B14 学习兴趣、B15 学习策略。

(六) 发展潜力

发展潜力是人的生理、心理可能具有而尚未实现的能力。美国心理学家马斯洛认为,人类具有大量尚未利用的潜力,人的本质中有一种发展的趋势,同时也有倒退、害怕发展、不能自我实现的反趋势。由于高职院校的学生对自身价值体现较为迷茫,没有养成良好的学习习惯,因此要使他们在良好的环境和教育条件下激发自我实现的强烈需求,使他们的潜能发展到前所未有的高度。本书设计了 3 个二级评价指标,分别为 B16 发展自信心、B17 自我监控、B18 信息素养。

第四节　雷达图视域下的育人效果评价

雷达图分析法是综合评价中常用的一种方法,尤其适用于对多属性体系结构描述的对象做出全局性、整体性评价。这种方法考虑了被评价对象的不确定性和多元化,将定量的数据分析以定性的结果显示出来,把不同类别的指标在同一平面中进行横向直观的对比评价。本书在雷达图视域下,通过对获取 X 证书和未获得 X 证书的学生的比较,从定性和定量的维度分析 X 证书对学生发展的影响。本书以山东商业职业技术学院食品营养与检测专业的粮农食品安全评价职业技能等级证书(中级)为例(该证书主要针对粮农食品安全评价相关科研机构和企事业单位,面向快速消费品检测、认证等行业食品质量安全检测相关中级工作岗位,制定相关标准,培养并考核学生的相关职业技能),将获得 X 证书的学生和未参加 X 证书培训的学生的各项评价指标进行对比,分析学生能力增值和能力均衡情况。

一、学生调研

本次调研的学生有二年级学生和三年级学生,共下发调查问卷 125 份,有效问卷 121 份。用 0～100 范围内的数字代表学生对某项技能的掌握情况,学生根据给定的赋分标准,对问卷给出的每一个评价指标进行赋分。根据学生的赋分结果,评价每个学生能力的进步趋势;通过计算每个指标因素的均值,监测学生能力的发展均衡情况。一级指标和二级指标的得分情况见表 7-1。

表 7-1　X 证书育人效果各项指标得分表

一级指标	获得证书	未获得证书	二级指标	获得证书	未获得证书
A1 职业能力	91.08	80.46	B1 专业知识	88.31	81.96
			B2 职业技能	91.86	82.71
			B3 职业素养	91.21	83.76
A2 学习成效	88.53	82.58	B4 学业成绩	88.51	84.81
			B5 专业发展	88.96	84.56
			B6 个人成长	92.76	84.51
A3 就业竞争力	93.12	78.96	B7 创新能力	89.51	84.26
			B8 应变能力	91.01	85.56
			B9 执行能力	89.86	82.61
A4 核心能力	85.76	81.55	B10 与人合作	91.36	83.91
			B11 交流表达	90.36	86.41
			B12 解决问题	90.61	84.52
A5 学习能力	84.83	80.87	B13 学习动机	89.86	85.56
			B14 学习兴趣	88.66	88.16
			B15 学习策略	89.66	85.66
A6 发展潜力	80.92	76.69	B16 发展自信心	90.71	85.31
			B17 自我监控	88.21	86.01
			B18 信息素养	89.21	84.66

二、定性评价

以一级评价指标的个数为基数画两个同心六边形,分别代表获得 X 证书学生的自我评价和未获得 X 证书学生的自我评价,如图 7-6 所示。其中,实线和虚线分别代表获得 X 证书学生和未获得 X 证书学生的能力发展情况和学习成效。

从图 7-6 中的雷达图来看,1+X 证书制度对技术技能人才的培养质量起到了较好的促进作用,尤其是学生的就业竞争力和职业能力提高明显,提升幅度分别达到 17.9% 和 13.2%,说明学生通过获取 X 证书及时掌握了企业的最新技术和标准,X 证书在服务学生高质量就业方面发挥了显著作用。同时,将 X 证书标准和课程标准融合,提高了学生的学习兴趣和学习积极性,使学生取得了良好的

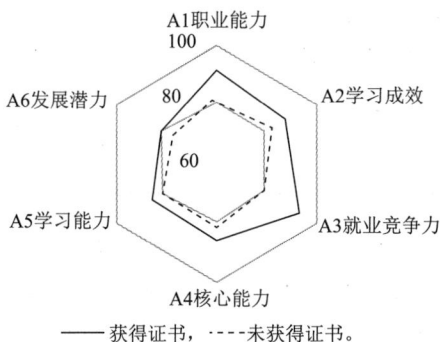

A1职业能力
100
A6发展潜力　80　　A2学习成效
60
A5学习能力　　　　A3就业竞争力
A4核心能力

—— 获得证书，---- 未获得证书。

图 7-6　6 个一级指标的雷达图

学习成果,学生的学习能力和学习成效提升幅度分别达到 4.9% 和 7.2%。在教学过程中融入 X 证书培训的内容,学生在学习专业知识和习得专业技能的同时,培养了与人合作的能力、交流沟通能力和解决问题的能力,树立了发展自信心,核心能力和发展潜力提升幅度分别达到 5.2% 和 5.5%。

三、定量评价

在雷达图综合评价中,可以通过计算雷达图的面积和周长,全面反映评价对象的综合水平以及各指标的均衡发展程度,面积 S_i 为雷达图折线与数轴构成的三角形的面积之和,周长 C_i 为指标各点连线长度之和。多边形的面积和周长分别按下面的公式进行计算。

$$S_i = \sum_{j=1}^{k} \frac{1}{2} n_{ij} n_{i(j+1)} \sin \alpha \qquad (7\text{-}1)$$

$$C_i = \sum_{j=1}^{k} \sqrt{n_{ij}^2 + n_{i(j+1)}^2 - 2 n_{ij} n_{i(j+1)} \cos \alpha} \qquad (7\text{-}2)$$

其中,n_{ij} 表示第 i 个对象第 j 个评价指标的大小;$\alpha = 360/k$,k 表示指标个数。

雷达图围成的图形面积越大,说明学生能力发展和学习成效总体优势越明显;围成的图形面积越小,说明学生能力发展和学习成效总体优势越小。雷达图围成的图形面积一定时,多边形的周长越小,越趋近于正多边形,各指标数值趋于相等,说明各项指标发展越均衡;多边形的周长越大,说明各指标数值差异性较大,各项指标发展不协调。

根据公式(7-1)和公式(7-2)以及表 7-1 的数据,分别计算获得 X 证书学生和未获得 X 证书学生育人成效雷达图的周长和面积,计算结果见表 7-2。

127

表 7-2　不同学生雷达图的周长和面积比较

比较项目	获得 X 证书的学生	未获得 X 证书的学生
周长	563.97	527.42
面积	25 048.97	21 936.08

　　雷达图围成的图形面积主要衡量育人成效的总体优势,面积越大,优势越明显。雷达图的周长主要衡量影响育人成效各项指标发展的均衡性,如果雷达图围成的图形面积一定,多边形的周长越小,说明各项指标发展越均衡。由于两个年级雷达图面积相差较大,因此要借助于雷达图和周长共同分析学习能力发展的均衡性。育人成效二级指标雷达图如图 7-7 所示,其中实线表示获得 X 证书学生的数据,虚线表示未获得 X 证书学生的数据。

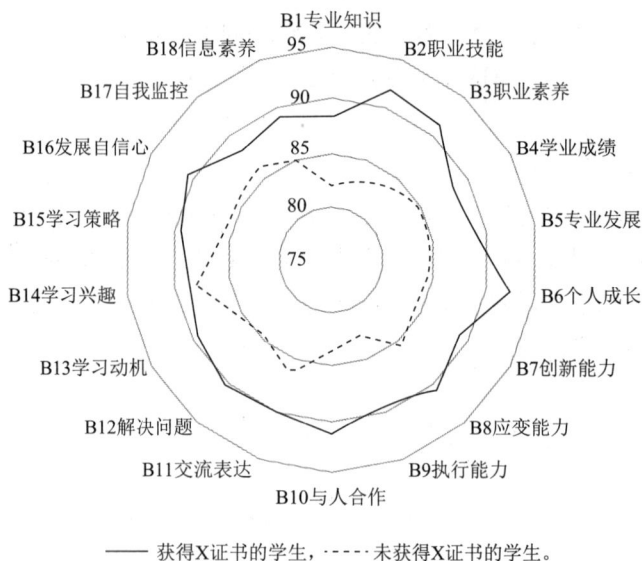

—— 获得X证书的学生,····· 未获得X证书的学生。

图 7-7　18 个二级指标雷达图

　　分析图 7-7 中雷达图的面积可知,获得 X 证书学生的各项指标围成的雷达图面积远大于未获得 X 证书的学生,增幅达到 14.2%,尤其是学生的职业技能、个人成长、职业素养、与人合作、执行能力等指标成效明显,提升幅度分别达到 11.06%、9.76%、8.89%、8.88% 和 8.78%,说明 1+X 证书制度可以助力高职院校服务人的全面发展、服务就业的人才培养目标。

第八章
职业技能等级证书与专业人才培养融合对策建议

总体来说,职业院校将专业人才培养与职业技能等级证书相融合有着现实必要性。从宏观上看,2019 年,全国职业教育大会提出技能型社会的构想,呼吁从学历社会向技能型社会转变,以提升技能型人才的经济地位与政治地位。这就需要职业院校以书证融通为起点,担起培养技能型人才的重任。此外,就业结构性矛盾与人才供需矛盾也给职业技能等级证书的发展提供了巨大的空间,学校需要借助职业技能等级证书与专业人才培养融合的方式培养高素质技术技能人才来填补社会需求的空缺。从中观上看,自中国特色高水平高职学校和专业建设计划实施以来,各院校都在致力于专业建设以提高自身竞争力。采用职业技能等级证书与专业人才培养相融合的方式可以促进职业院校可持续发展,为职业院校内涵发展与高质量发展提供新动能,也有利于为技能型社会培养更多的能工巧匠与大国工匠。从微观上看,学生作为职业院校的主体,其个性发展与全面发展是职业院校专业建设的最终目标,1+X 证书制度将各种与学生专业相关的职业技能等级证书包罗进学校人才培养全过程。学生学习的过程,既是获得学历证书的过程,也是获得职业技能等级证书的过程,大幅提升了社会竞争力。

1+X 证书制度强调职业技能等级证书的获取,但自职业技能等级证书实践以来,各种问题接踵而至。不少人将强调证书理解为证书化学习,学生和教师的压力倍增。实际上,"1"与"X"是一个整体,尽管学历教育体系与 X 证书之间具有一定的排异性,但只有二者相互融合,才能真正满足社会在用人方面的需求。

在实施过程中,将职业技能等级证书与专业人才培养充分融合,需要从 X 证书的设计、质量保障体系的完善、标准对接机制的建立、激励机制的落实几方面考虑。

第一节　X 证书的设计

X 证书是学习者获得各种技能的有效凭证,也是企业接受毕业生的重要依据与条件之一。因此 X 证书的质量是将职业技能等级证书与专业人才培养融合的基础与前提。在对 X 证书进行设计时,我们可以从 X 证书的开发以及选择上进行考虑。

一、X 证书的开发

(一)种类进一步拓展

随着我国产业结构的转型与升级,一些新兴产业势头猛进,发展迅速。基于 1+X 证书制度仍处于试点阶段,证书的开发目前主要集中在战略性新兴产业、先进制造业、现代服务业、农业等职业技能领域。学校开设的专业则包罗万象,由此导致证书种类与学校专业数量不匹配的问题。1+X 若想获得长足的发展,就要将证书全面铺开,使其覆盖大部分职业技能领域以及学校重点和热门专业。截至 2021 年 4 月,教育部已分四批遴选了 300 个 1+X 证书培训评价组织、447 种 X 证书,累计 100 多万人参加培训,71.55 万人参加考证,通过率为71.91%。证书的开发取得了一定的成果,但有研究发现,仍有不少专业的证书亟待开发。例如,当前幼教、学前教育等领域的证书仍比较匮乏且适配度不高。在 1+X 证书制度下,"X"是对"1"的拓展和补充,因此培训评价组织应该承担起职业技能等级证书开发的重任,根据重点及热门专业建立首选、备选和次选证书,丰富和拓展市场需求的缺口,为培养高素质技术技能人才提供保障。

(二)证书开发难度均衡

当前在职业技能等级证书开发过程中存在这样一种现象:人们把证书开发主体的知名度作为选择证书的主要依据,或者凭借低通过率的证书含金量大的错误认知盲目地增加证书的难度。需要明确的是,1+X 证书制度强调专业教学与证书的融合培养,高通过率与低通过率都不能当作评判证书含金量的唯一指标,职业技能等级证书需要与专业人才培养方案、课程相联系,因此仅以开发主体的行业知名度作为选择证书的主要依据是片面的。与专业的适用性、难易程度、能否体现行业未来发展趋势才是决定职业技能等级证书含金量的重要因素。

(三)证书内容设计符合职业教育规律

1+X 证书制度作为职业教育人才培养模式的重要创新,既鼓励在校学生在获得学历证书的同时积极获得多种职业技能等级证书以提高自己的社会竞争力,也给社会成员提供了接受 X 证书培训的渠道。1+X 证书制度将职业教育与培训有机结合在了一起,但证书针对的主体仍是中高职院校的学生。因此,职业技能等级证书的内容一定要符合教育的规律与特点、符合职业教育学生的特点。考虑到职业院校学生与岗位员工的特质不同,在证书开发过程中不能直接照搬照抄对企业员工的培训,在策划设计过程中要结合产教融合、校企合作大环境。每一种 X 证书都要基于行业企业的职业岗位需求,与职业教育专业教学标准尽量对应,以满足高职本科、高职专科和中职不同专业学生学习 X 证书理论和实践的要求。

二、X 证书的选择

(一)保留部分职业资格证书,丰富职业技能等级证书的种类

在 1+X 证书制度试点工作开展之前,我国一直实行的是双证书制度。与职业技能等级证书不同的是,双证书制度强调职业资格证书的获取。1+X 证书制度一经实施,由培训评价组织开发的职业技能等级证书就完全代替了职业资格证书,实现了新证书取代旧证书。自 2014 年以来,人社部多批次取消了部分职业资格,最终取消职业资格共计 434 项(占总数的 70.2%)。这种近乎完全摒弃式的破旧立新的做法是否得当,目前学界仍存有较大争议。实际上,不少特定专业领域原有的且较为成熟的资格证书仍有广阔的适用空间,仍被用人单位青睐,却未被纳入 X 证书的范围。统筹成熟的职业资格证书并纳入职业技能等级证书体系是赋予 1+X 证书制度强大生命力的必要举措。因此,应该结合院校专业发展特点和实际需求,组织专业教师开展专项研讨活动,梳理成熟度高、具有行业发展潜力且被企业高度认可的职业资格证书目录,通过"周报"平台将其纳入职业技能等级证书体系范围,丰富职业技能等级证书的种类,提高可选择证书的含金量和适应性。

(二) 构建 X 证书选择指导体系与遴选退出机制

职业技能等级证书与专业人才培养融合的前提,是学生能够根据自身的课程及今后的就业方向选择合适的职业技能等级证书。当前,培训评价组织已经针对各个专业开发出种类繁多的 X 证书,但证书的质量参差不齐,学生及社会成员面临如此多的证书,不免在选择上会出现偏颇。因此,为了充分发挥 X 证书的效益,融合于学校人才培养的全过程,达到事半功倍的效果,学校必须针对X 证书体系构建指导学生选择技能等级和实训项目的专业化选择指导体系,帮助学生根据现有专业目录和专业教学标准,分析岗位的"职业对应",按照专业方向,以专业教学标准为依据进行选择、对应、细化职业技能等级证书,以降低学生的学习成本。

此外,政府及学校还要共同构建证书遴选与退出机制。1+X 证书制度试点精准指向了"打造学生一技之长"这一职业教育的本质特性要求。与专业人才培养相结合,可使职业教育进入发展新常态,推动我国经济进一步从高速发展向高质量发展转变。X 证书作为其重要组成部分,其质量就成为职业技能等级证书与专业人才培养融合的关键。因此,政府及学校各主体要精心遴选试点专业(群),科学确定 X 证书的类型。在遴选专业时,既要基于行业企业技术经济发展和转型升级需求,对职业技能领域进行选择、分析和确认,确保选定的 X 证书具有一定的持久性、适用性、前瞻性和先进性;又要考虑学校教学设施、师资力量、实训条件等办学条件能否满足证书培训的需要。与此同时,当地的经济发展水平、岗位需求程度、学生选择证书的主观意愿等,也是在遴选 X 证书时需要考虑的因素。国家、培训评价组织以及院校应该根据学校实际情况、学校人才培养体系选择 X 证书,不让低质量证书入校。

第二节　完善融合质量保障体系

质量是职业教育可持续发展的动力和根本,也是提高职业教育活力和院校竞争力的关键。在 1+X 证书制度推行过程中,我们发现职业技能等级证书与职业教育专业人才培养融合的质量保障机制还不健全。政策方面缺少系统的证书建设制度以及院校实施的配套制度,阻碍了职业技能等级证书与现有课程教学过程的融通。师资方面也缺少能够适应 1+X 证书制度实施要求的高素质教师,现有教师对 X 证书所涉及的职业技能了解得还不够深入,无法将现有课程内容与 X 证书培训的内容有效融合。这都实实在在地影响着1+X 证书制度下人才培养模式实践的质量。促进职业技能等级证书与专业人才培养融合,只有从根本上落实融合质量保障体系,促进二者真正融通,才能保证 X 证书制度有可持续发展的基础和动力。

一、推动融合质量保证机制建设

(一) 加快资历框架建设

为了保住职业教育类型教育的地位,不使其沦落为"断头教育",我国一直在不遗余力地发展本科层次的职业教育,归根结底也是想培养高层次应用型人才以构建纵向贯通的现代职业教育体系,增强职业教育对社会的适应性。在这个过程中,1+X 证书制度是促进现代职业教育体系建成的途径,而国家资历框架建设就是促进现代职业教育体系建成的桥梁。1+X 证书制度是关于人才评价体系改革的一种具体探索,这种探索必须建立在国家资历框架的基础上才有实现的可能性。因此,加快推进国家资历框架建设是实施1+X 证书制度的重要前提,更是将职业技能等级证书与专业人才培养相结合的保证。资历框架对不同层次的知识、技能与能力设有科学规范的要求,是不同行业企业制定相关职业标准的参照和依据,为形成权威性、可比性、可操作性的职业技能等级证书体系提供了质量保证,保障同一层次或同等水平的职业技能等级证书享有同等的社会认可度与考评难度,在保障学习者及行业企业相关利益的同时,也保证了职业技能等级证书体系的价值。除此之外,国家资历框架建设能够将各专业领域中不同类型的学习成果都纳入统一的标准体系,既有效沟通了职业教育系统和劳动力市场,又能够科学打通技术技能人才成长上升的通道,搭建促进并引领终身学习和职业生涯发展的人才成长"立交桥"。资历框架的标准把关,能够很好地提高职业技能等级证书的科学规范性。

当前世界上大部分国家都已经建立了国家资历框架体系,但作为职业教育规模最大的中国却迟迟没有建立国家资历框架,而且我国职业教育目前存在规模与质量不成正比的问题。因此,迫切需要在国家层面建立统一的国家资历框架与职业技能等级标准体系。首先,从源头上,需要建成具有对比性的、价值定义的、国家认可的学习成果与能力统一认定平台,从根本上保证职业资格与职业技能等级证书的质量、权威性和认可度,为书证融通、产教融合提供顶层设计基础。其次,国家资历框架是依据能力等级标准,提供学习成果兑换的工具,因此要把能力等级标准建设作为资历框架建设的核心内容。按照发达国家的经验,通过选定几个维度确定各等级的能力标准,在此基础上确定衡量各种资历的通用等级标准,然后按照人才培养规格形成职业标准、人才培养标准和课程标准等子标准。

(二) 推进"学分银行"建设

未来的社会是终身学习的社会,"学分银行"的存在可以鼓励每一位社会成员继续学习,为学习者的多样化发展蓄力。"学分银行"在实体上是一个综合型的信息平台,它为每一位学习者建立了专属的学分账号,学习者在人生不同阶段通过不同途径取得的学习成果,都能够以学分的形式存入"学分银行",并进行积累和转换。2019 年 4 月,教育部等 4 部门联合印发《〈关于在院校实施"学历证书 + 若干职业技能等级证书"制度试点方案〉的通知》,明确提出建立职业教育"学分银行"制度,建设信息化服务平台,为学习者开设"学分银行"账户,对学习者获得的学习成果进行登记和存储,并计入"学分银行"个人学习账户,尝试学习成果的认定、积累与转换。对中、高职院校的学生来说,通过"学分银行",可以及时地把有关职业技能等级证书的学分与学校课程的学分存入账户中进行积累和转换,为更高层次的学习做准备。对于社会成员来说,各种职业培训的成果也可以存入信息平台,方便日后转换。总而言之,"学分银行"可以将学历教育成果与各类职业培训成果相融通并纳入统一的信息平台,方便学习者了解自身已获得的成就,帮助用人单位了解学习者已有的成果。

目前我国的"学分银行"建设已经取得了一定的成果,但仍有地域限制,惠及面和深度都不够。基于此,要将 1+X 证书制度与"学分银行"建设结合,首先应该加强制度建设,就"学分银行"建设所涉及的基础性问题确立法律规范,使"学分银行"建设有法可依。其次需要加快推进学分认证标准体系建设,明确学分认证标准体系的主体,加快制定体系化的高职学分认证标准,为各类学习成果的转换提供依据。最后需要搭建强大的信息化管理平台,包括技能证书信息管理服务平台和职业教育"学分银行"信息管理服务平台,两大平台一体化设计实现了数据无缝对接。

二、健全融合管理保障机制

既然 X 证书的质量是与专业人才培养融合的基础,那么如何把握 X 证书的质量就成为我们必须思考的问题。职业技能等级证书与专业人才培养融合涉及学校、行业企业、培训评价组织等多个方面,在管理过程中不免产生些许碰撞,为了保障书证的有机融通,建立融合管理保障机制必不可少。

首先要健全职业技能等级证书应用的质量监督机制。国家、省层面要依托信息化平台,对各职业院校 1+X 证书制度实施情况及成效进行过程监督,引入第三方培训评价组织对各职业院校 1+X 证书制度实施情况及成效进行评价,并将评价结果向各职业院校反馈,让其明确改进重点,以促进 1+X 证书制度实施质量的不断提升。学校在遴选 X 证书时,也要注意结合人才培养方案,确保证书与人才培养的融合度。同时,行业企业、第三方培训评价组织以及职业院校等所有技能等级证书相关的主体都应该积极参与进来,确保职业技能等级证书的应用过程法治化、规范化、科学化。

其次,建立后续的应用反馈机制也可以及时发现证书与专业人才培养融合过程中存在的问题,学校层面要将 1+X 证书制度实施情况纳入年终部门绩效考核体系,从学校内部建立 1+X 证书制度实施的诊断反馈改进机制。通过证书质量跟踪反馈体系,了解在校生、社会培训人员、企业、培训评价组织、教师等对 X 证书在社会上应用情况的反馈,有利于培训评价组织及时优化证书的开发与管理。

三、完善融合经费保障机制

1+X 证书制度为学习者的学习考证提供了更多可选择的机会,但学习者获得证书的过程并不是免费的。例如,汽车运用与维修职业技能等级证书,培训评价组织制定的初、中、高级证书考试收费标准为 700 元/人,而其他同类职业资格证书的考试收费标准为 200 元到 300 元不等。X 证书的收费标准偏高,导致学习者在进行选择时因为费用产生犹豫,使得职业技能等级证书与专业人才培养融合的效果大打折扣。

实际上,教育部、国家发展改革委、财政部三部门早在《关于推进 1+X 证书制度试点工作的指导意见》中就提出要"完善财政支持方式",要求各地要"按照财政部、教育部有关要求,切实履行投入主体责任,加大地方财政投入,统筹用好中央奖补资金,积极筹措社会资源,积极支持开展 1+X 证书制度试点工作"。然而,受各种因素影响,省级部门对 1+X 证书制度实施的奖补政策滞后于院校的试点工作。

因此,要完善融合经费保障机制,建议由教育部、财政部联合组成专家组,统一对 X 证书考核费用构成及依据进行论证,经第三方机构评估后,提交国家发展改革委价格司进行审批,再面向全国进行公布实施。教育部联合国家发展改革委对考证过程中的共性收费项目(如证书印制及发放费、考场租赁费、报名费、监考费、安保费、考评员劳务费等)集中统一核算成本、全国统一定价,并对定价依据进行论证,信息透明公开,以提高 X 证书考核费用的科学性、合理性。对考核费用较高的 X 证书,政府及院校可以建立 1+X 证书试点专项经费,用于 1+X 证书的环境改造、师资培训、学生考前培训、教师绩效、购买教材、宣传推广、评价考核等项目。

第三节　建立标准对接机制

不管是学历教育,还是 X 证书培训,都不是由学校或者企业随意决定的,都要基于一定的标准。X 证书的标准是企业依据国家职业技能标准制定的,具有企业标准、团队标准的属性;学校的专业教学标准也是根据职业分析理论结合产业、企业需求制定的,所以这两者有很好的融合基础。因此,在职业技能等级证书与专业人才培养相融合的过程中,需要国家及政府建立动态的标准对接机制,将更高要求的企业标准、团体标准纳入职业教育的专业教学标准等标准体系和教学内容,提升职业院校人才培养的先进性和针对性。

一、建立 X 证书的准入准出机制

(一) 建立 X 证书遴选机制

1. 明确 X 证书遴选原则

(1)对接国家、区域产业的需求。厘清国家、区域对产业的政策支持,掌握国家、区域产业规模与增速,摸清相关产业的人才缺口,以解决产业技术瓶颈为目的遴选 X 证书。

(2)对接学校、专业人才培养定位要求。对接学校、专业发展定位,定位学校优势特色资源支撑,完善学校制度保障,对接合作企业人才需求量遴选 X 证书。

(3)对接学生个人发展需要。对接学生的职业发展需要,对接学生的升学需要,充分考虑学生个人兴趣遴选 X 证书。

2. 建立 X 证书遴选模型

依据 X 证书遴选原则,确定 X 证书遴选关键观测点,依托现代信息化技术搜集相关数据,对 X 证书的对接度进行综合分析评价,建立 X 证书遴选模型,如图 8-1 所示。

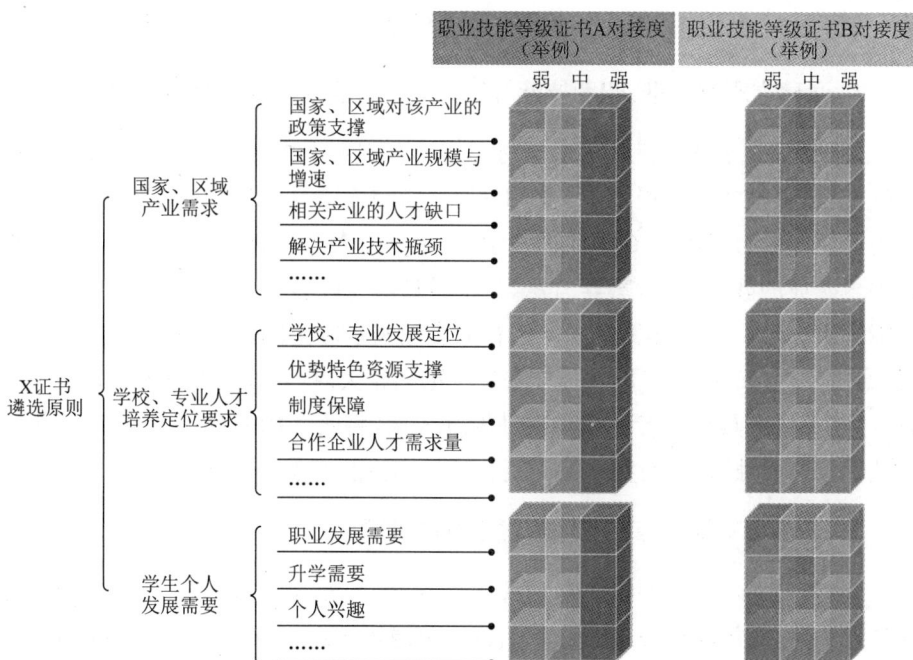

图 8-1　X 证书遴选模型

3. 组织实施 X 证书遴选

每年由实施职业技能水平评价相关工作的社会评价组织依据产业发展情况,向省级相关部门提出 X 证书设置申请。省级相关部门组织对提报申请的 X 证书进行初步的遴选。由教育部相关部门引入第三方培训评价组织,对申报的 X 证书进行评价,依据评价结果确定入选的 X 证书。

(二)建立 X 证书动态退出机制

建立 X 证书考核退出机制,每 3 年一轮。由教育部相关部门引入第三方培训评价组织,对 X 证书的年度实施情况、成效进行综合评价及诊断分析,依据产业发展、学校发展和个人发展需求变化情况,重新评估 X 证书与国家、区域产业需求的对接度,与学校、专业人才培养定位要求的对接度,与学生个人发展需要的对接度。对接度高于 50% 的 X 证书予以保留;对接度低于 30% 的 X 证书予以撤销;对接度在 30%～50% 的 X 证书认定为待观察,第二年对该 X 证书进行再次评估,结果高于 50% 后予以保留,否则予以撤销。

二、建立 X 证书与专业建设的对接机制

(一) 建立职业标准、职业技能等级标准与专业教学标准对接机制

《教育部关于职业院校专业人才培养方案制订与实施工作的指导意见》中明确指出,鼓励学校积极参与实施 1+X 证书制度试点,将职业技能等级标准有关内容及要求有机融入专业课程教学,优化专业人才培养方案。专业教学标准是关于专业的教学内容、教学方法、教学条件等保障教学质量要素的规范,职业技能等级标准是培训评价组织依据行业企业需求制定的,分为初、中、高三个等级,通过分析、归纳、排序职业技能等级标准的相关内容,确定哪些专业课程可以融入其中,根据具体的专业制订专业融入方案,将两个标准合二为一,能够更有效地保障书证融通,进而实现培养复合型技术技能人才的目标。

(二) 建立 X 证书与专业结构优化对接机制

对接产业发展与市场需求,对照国家标准,参考 X 证书标准,根据学校的专业建设实际,探索以相关 X 证书组合为组群逻辑重组专业(群),优化专业结构。

(三) 建立 X 证书与人才培养对接机制

将 X 证书的培训内容有机融入专业人才培养方案,优化课程设置和教学内容,对专业课程未涵盖的内容或需要强化的实训组织开展专门的培训。专业群组对接相关企业,与 X 证书标准开发企业围绕人才培养标准建设,在工学结合、顶岗实习与 X 证书标准的融合等方面开展校企合作,提升校企合作的效能。

(四) 建立 X 证书与学分制改革对接机制

将 1+X 证书试点与学分制、弹性学制管理改革相结合,将 X 证书的知识点与技能点融入专业人才培养方案,按照相关知识和技能的分类与分级划分成若干相互关联又可拆分的模块化课程,对应不同的学分。学生可在一定程度上自主进行知识和技能结构的组合。X 证书所含的知识点和技能点超过专业教学大纲内容的部分,学生可研究教育政策与制度,通过补修、重修等方式再次学习。

三、建立 X 证书与课程建设的对接机制

课程是职业教育人才培养的核心,课证融通是 1+X 证书制度落地的关键。课证融合即"在分析人才培养目标与其对应的职业资格考核标准基础上,通过将职业技能等级标准的考核内容与课程的教学内容一一对接,实现课程教学内容、课程标准与职业资格等级标准有机融合,以培养学生获得技能和获取职业资

格证书为目标进行教学的一种模式"。以课证融合为基本原则,开发课证融合课程,需要我们建立横向复合对接、纵向三级匹配的课程体系。

(一) 建立横向复合对接机制

在1+X证书制度中,"1"与"X"都不是独立存在的,两者是一个整体,共同服务于学生的素质、技能增长。只有把学历教育与职业技能培训当作一个整体来考虑,融合培养才有实现的可能。因此,学校在设计培训课程时,势必要考虑学生的学习时间与学习精力,培训内容不能完全独立于现有的专业课程教学内容体系,要在确保不增加学生学业负担的前提下,全面统筹安排1与X证书的内容。当前职业院校的课程主要包括专业基础课、专业核心课以及专业拓展课,在将职业技能等级证书的内容融入学校课程的过程中,可以先对专业课程的教学内容进行梳理,找出其与职业技能等级证书培训内容的共同点与不同点,通过增设学校课程未涉及的相关X证书培训内容或者把X证书培训内容融入现有专业课程,确保专业课程教学内容与X证书培训内容的相互衔接,同时避免出现课程内容重叠的现象,也可以通过免修、强化、补修、能力转化等形式在横向上实现专业内容与培训内容的对接。

(二) 建立纵向三级匹配机制

在横向上要注意将证书的培训内容与学历教育的内容有机结合,考虑到职业技能等级证书是有级别的;在纵向上也要注意逐级匹配,在每一方向类别开发分级的模块化、阶梯化课程。这样才能保证职业技能等级证书与专业人才培养融合的顺利实施。具体的方式是:首先,通过岗位分析对专业课程教学标准中的职业功能与X证书标准中的工作领域进行岗位匹配;其次,通过任务分析对专业课程教学标准中的任务目标与X证书中的工作任务进行任务匹配;最后,通过能力分析对课程教学标准中的岗位能力要求与X证书中的职业技能要求进行能力匹配。以用户侧微电网工程应用职业技能等级证书(中级)为例,分析其4项工作领域、16项工作任务和58项职业技能等级要求,通过横向复合对接、纵向三级匹配对现有专业人才培养方案的课程教学标准与职业技能等级要求进行分析、匹配。

四、建立 X 证书与教材建设的对接机制

教材既是教师开展教学的基本工具,又是学习者形成基本知识结构、发展能力的重要载体。职业教育是一种类型教育,因此职业教育的教材也要有别于

普通教育,体现出类型教育的特点。工作手册式教材、活页式教材强调新技术、新工艺在教学资源上的体现,能够很好地体现相应职业技能等级证书与专业人才培养融合的需求。因此,在 1+X 证书制度下,职业院校需要与行业企业、证书考评组织组成三位一体的教材开发团队,对接职业技能等级标准和专业教学标准,将职业技能等级标准要求的内容与专业教学内容进行深度融合,研究和开发适合教育与培训的活页式教材和其他技能型融合教材,以满足不同专业和 X 证书的具体需求。

五、建立 X 证书与教师队伍建设的对接机制

职业技能等级证书与专业人才培养融合的方式打破了原有教学框架的限制,进一步扩大了学生在校期间的受教育层面,在不放弃学生学历教育的同时,更加注重学生实践能力的培养,对职业院校教育教学工作的创新发展具有深远的意义和影响。教师作为学校教学的第一把手和最终执行者,师资队伍的质量是影响融合培养能否真正实现的重要因素,也是推动 1+X 证书制度顺利实施的关键性力量。目前,就 1+X 证书制度的深入推进而言,我国职业教育教师整体水平与职业教育高质量发展的要求还存在较大的差距。因此,加强 1+X 证书制度背景下的高水平教师队伍建设刻不容缓。

(一)规范教师准入与退出机制

参与职业技能等级证书教学的教师首先要有扎实的专业理论功底,更要达到相关证书的实践能力要求。因此,在选择教师时,需要将 1+X 证书作为新入职教师准入的必备条件,规范教师退出机制。由于 1+X 证书涉及多个组织,因此可以适当扩大教师的来源,加大人才引进的力度,将技艺精湛、育人水平高超的专业带头人、骨干教师、企业教师等都拉进职业技能等级证书与专业人才培养融合教学的教师队伍,打造一支专兼结合的教师队伍,以提高教师队伍的整体质量。

(二)完善教师培训体系

1+X 证书制度带来了许多新内容,培训评价组织、课证融通以及若干关于职业技能等级证书的知识不断涌现。习惯了学校教育模式的这一批学校教师大多对这些新内容比较陌生,而熟悉这些内容的企业兼职教师又对学校的知识、技能教学不大了解,将职业技能等级证书与专业人才培养融合有很大难度。因此,及时对教师进行培训,建立完善的教师培训体系很有必要。首先,为有效提高师

资团队的教学水平、研究水平和管理水平,教师队伍需要深入学习和理解《国家职业教育改革实施方案》和有关 X 证书标准的文件的内涵要求,理解职业技能等级证书与专业人才培养融合的缘由和根基。其次,因为加入了职业技能等级证书的内容,对教师的实践能力提出了更高的要求,所以要鼓励教师定期到企业参加生产实践锻炼、挂职学习,进一步适应 1+X 证书制度实施的专业教学、实训、考核认证需要,将职业教育教学团队打造成"高教型、职业型、教练型的师资队伍"。在实际培训过程中,应根据 1+X 证书实施工作进展和遇到的实际问题及时调整教师培训的内容,确保 1+X 证书实施质量、效率达到预期结果。

(三)改革"双师型"教师评价体系

对接 X 证书,改革"双师型"教师评价体系。将职业技能等级证书与专业人才培养融合,对教师的实践能力要求甚高,因此打造一支专兼结合的"双师型"教师队伍以及高水平教学创新团队尤为重要。在"双师型"教师队伍建设中,要适应国家深化教育评价改革的要求,改革"双师型"教师评价体系,突出教育教学实际。完善"双师型"教师认定、聘用、考核等评价标准,将 1+X 证书制度实施作为评价内容之一,突出实践技能水平和专业教学能力。

第四节　落实激励机制

激励制度指的是采用激励措施,对参与 1+X 证书制度的单位和人员形成正面的支持。通过加大对企业、学校以及校内教师的支持力度,提高产教融合、校企合作的满意度以及教师参与 1+X 证书制度改革的积极性。

一、建立对企业的激励机制

实际上,在校企合作方面,国家已经颁布了多条政策对产教融合型企业给予金融＋财政＋土地＋信用的组合式激励。但是在实践过程中,由于宣传、监督等方面的偏差,企业的一些需求并未得到满足,企业对校企合作的满意度也有待提高。职业技能等级证书与专业人才培养最终都是面向企业的,企业的参与至关重要。因此,落实对企业的激励机制,首先需要建立中央财政的奖补机制,其次需要政府部门发挥宏观调控作用,建立以政府为主导的校企合作供需双向信息平台,引导一些企业积极申请成为职业教育培训评价组织,对在校企合作方面表现突出的企业,通过经费支持、税收减免等方式保持其在职业技能等级证书和标准开发等方面的热情。除此之外,作为校企合作的另一大主体,职业学校要运用好国家鼓励校企合作的各项政策,适度拨出一部分学校建设经费与企业共同投资、共同建设"产学研"一体化的生产性实习实训基地,实现教学与生产的同步,在降低企业育人成本的同时,也可以更好地借助企业的资金资源优势提升学校的职业技能培训能力。

二、落实对教师的激励机制

教师是 X 证书教学最直接的执行者,每个个体的职业技能水平都会对 X 证书的教学质量产生影响。教师在课堂教学以及教育科研中能够发现证书培训与学历教育内容融合的许多问题。因此,形成稳定的教师激励机制有助于 1+X 证书制度的实施。

首先,要落实教师的绩效工资激励机制。实际上,当前教师的绩效工资制度并不利于调动教师工作的积极性。调查对象普遍认为,"学校绩效总量盘子每年为固定的数额,限制了绩效设计的激励作用"。教师在 1+X 证书制度中参与的课程开发、标准制定等工作,目前也不能纳入教师的绩效范围,导致教师参与课程改革、培训的动力不足。因此,试点院校可以考虑在内部绩效工资分配时酌情向承担相关工作的一线教师倾斜。例如,在工资、奖金或津贴中反映一线教师对 1+X 证书制度试点的实际付出,突破教师绩效工资总额的限制。

其次,可以探索建立新"双师型"教师考核评价体系,将评价结果作为教师职位晋升的主要依据,对教师的考核评价不应只限于教师的课堂教学、科研总量等,教师在专业建设、课程改革中做的贡献也应该考虑在内。在明确了教师考核评价的内容之后,可以采用教师校内岗位工资升降机制,即每年根据教师考核结果对全院专任教师实行岗位升级或降级;或是将教师的考核结果与教师专业技术职务的晋升等直接挂钩,以此形成激励教师参与和教师成长的长效机制。

第九章
职业技能等级证书与专业人才培养融合路径案例

案例一 大数据与会计专业＋智能财税职业技能等级证书

一、基本信息

1+X 证书融合专业（群）基本信息见表 9-1。

表 9-1 专业（群）基本信息

试点院校	专业（群）	专业（群）人才培养目标	试点职业技能等级证书	证书简介	选择的证书考核等级
北京电子科技职业学院经济管理学院	大数据与会计	培养理想信念坚定,德、智、体、美、劳全面发展,具有一定的科学文化水平、良好的人文素养和信息素养、职业道德和创新意识、精益求精的工匠精神、较强的就业能力和可持续发展能力、创新能力和跨文化沟通能力及参与国际	智能财税职业技能等级证书	面向财税社会共享服务中心,企业财务共享服务中心,其他会计税务审计专业服务机构,以及企业财务会计、管理会计、税务管理等基础工作岗位群(如财税助理、基层财税业务操作人员等)、核心工作岗位群	初级

试点院校	专业(群)	专业(群)人才培养目标	试点职业技能等级证书	证书简介	选择的证书考核等级
北京电子科技职业学院经济管理学院	大数据与会计	竞争的能力,适应首都经济建设发展需要,满足北京市三城一区发展需要,掌握扎实的会计记账、会计核算、数据分析、风险控制、审计等理论知识,掌握纳税申报、成本核算、资产管理、报表编制、财务分析等会计技能,能够胜任本土及大中型企业会计共享财务类岗位群、业财融合类岗位群和第三方服务类岗位群的复合型高素质技术技能会计人才	智能财税职业技能等级证书	(如主办会计、业务会计、综合财税业务处理人员等)和主管工作岗位群(如财务经理、财务分析主管等)	初级
			智能估值职业技能等级证书	以智能估值为主线,覆盖估值数据应用相关的会计、资产管理与运营、金融、第三方咨询服务行业的会计核算、出纳、财产清查、财务分析、风险控制、税务核算、内部审计、市场调研、企划、银行个贷、银行公司业务、银行风险管理、财富管理、理财顾问、投资分析、评估、审计、房地产经纪、房地产营销等工作岗位群	中级

二、1+X 融合路径设计思路

(一) 选择依据

职业教育是从职业出发的教育,职业是职业教育的起点。1+X 证书是依据企业岗位技能开发的证书,逻辑起点也是岗位和职业。因此,在高职院校选择证书的过程中,应该首先关注专业对应的职业。一方面要对本专业对应的职业技能进行深入分析,调研工作任务和岗位需求。另一方面要对证书进行研究,了解证书的标准体系和证书对应的岗位群,分析两者在岗位和技能方面是否匹配。

会计作为一种商业语言,是现代服务业的重要行业,在经贸交往中起着不可替代的作用,关系到经济发展和经济安全。"互联网＋"助推了会计市场的快速发展。基于会计服务产业的特点，随着产业的不断发展、信息技术的不断进步，我国会计行业快速发展，会计人员的需求也在不断变化。在制订新版人才培养方案的时候，大数据与会计专业对会计行业和人才需求进行了深入的调研，形成了会计专业的职业仓和对应的技能要求，如图 9-1 和图 9-2 所示。

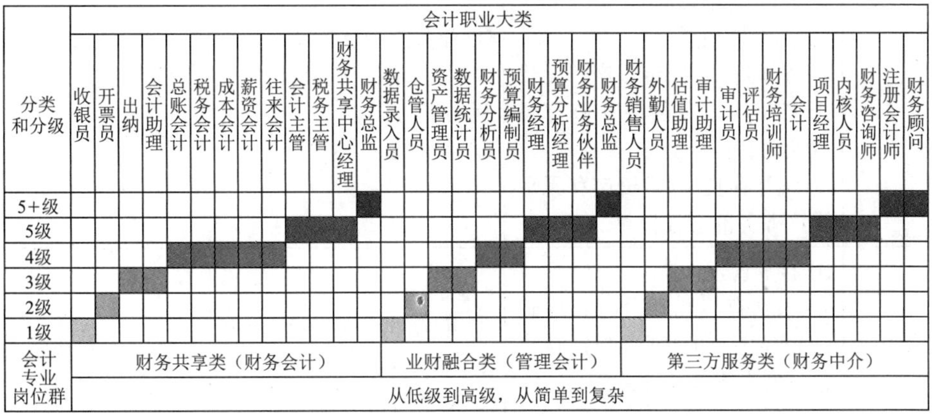

分类和分级	会计职业大类																																		
	收银员	开票员	出纳	会计助理	总账会计	税务会计	成本会计	薪资会计	往来会计	会计主管	税务主管	财务共享中心经理	财务总监	数据录入员	仓管员	资产管理员	数据统计员	财务分析员	预算编制员	财务经理	预算分析经理	财务业务伙伴	财务总监	财务销售人员	外勤助理	估值助理	审计助理	审计员	评估员	财务培训师	项目经理	内核人员	财务咨询师	注册会计师	财务顾问
5+级												■																						■	■
5级									■	■	■							■	■	■									■	■	■				
4级				■	■	■	■	■																			■	■							
3级			■																																
2级		■													◎																				
1级	■																																		
会计专业岗位群	财务共享类（财务会计）												业财融合类（管理会计）											第三方服务类（财务中介）											
	从低级到高级，从简单到复杂																																		

图 9-1 大数据与会计专业职业仓

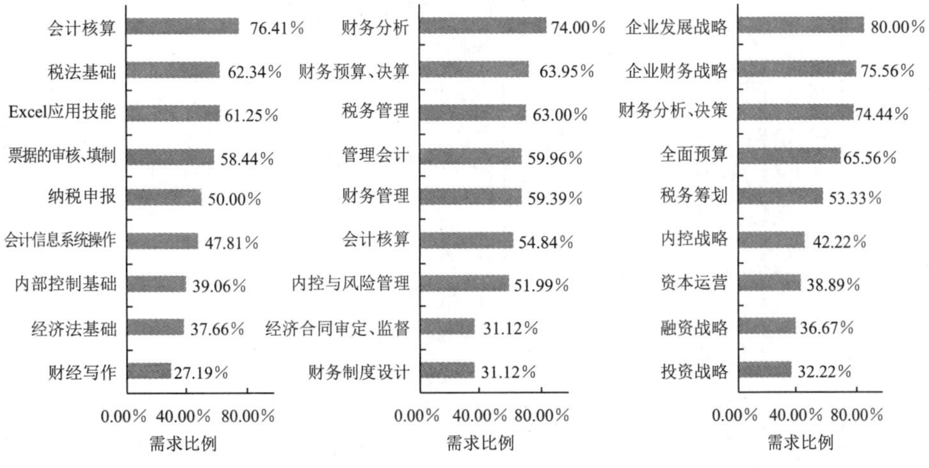

会计核算	76.41%	财务分析	74.00%	企业发展战略	80.00%
税法基础	62.34%	财务预算、决算	63.95%	企业财务战略	75.56%
Excel应用技能	61.25%	税务管理	63.00%	财务分析、决策	74.44%
票据的审核、填制	58.44%	管理会计	59.96%	全面预算	65.56%
纳税申报	50.00%	财务管理	59.39%	税务筹划	53.33%
会计信息系统操作	47.81%	会计核算	54.84%	内控战略	42.22%
内部控制基础	39.06%	内控与风险管理	51.99%	资本运营	38.89%
经济法基础	37.66%	经济合同审定、监督	31.12%	融资战略	36.67%
财经写作	27.19%	财务制度设计	31.12%	投资战略	32.22%

0.00% 40.00% 80.00% 需求比例 　　　 0.00% 40.00% 80.00% 需求比例 　　　 0.00% 40.00% 80.00% 需求比例

图 9-2 大数据与会计专业财务能力需求分析

根据会计专业职业仓和对应技能要求，对 X 证书进行分析，经过比较，最终确定智能财税和智能估值两种证书作为学生考取的 X 证书，因为此两种证书能够涵盖会计专业仓的岗位和技能(见表 9-2)，全面提升学生专业素养。

表 9-2 财产物资核算及管理能力要素分解表

职岗分级	工作内容	行为标准	相关知识
初级	① 识别、整理和审核存货、固定资产和无形资产业务涉及的原始凭证； ② 明确存货、固定资产和无形资产业务涉及的会计核算流程及内容； ③ 进行存货、固定资产和无形资产业务的会计核算	① 业务流程把控能力； ② 财产物资核算知识的运用能力； ③ 沟通能力	① 会计基础； ② 办公自动化等相关知识
中级	① 存货管理； ② 识别存货购置、使用、保管和销售环节的风险,制定存货最佳持有量等相关政策； ③ 固定资产管理； ④ 识别固定资产取得、使用、保管和处置环节的风险,制定固定资产折旧和投资等相关政策； ⑤ 无形资产管理； ⑥ 识别无形资产取得、研究与开发、使用和处置环节的风险,制定无形资产投资等的相关政策	① 财产物资业务综合核算能力； ② 文字写作能力； ③ 财务分析判断能力； ④ 数据处理能力； ⑤ 固定资产处置和投资风险识别与管理能力； ⑥ 存货保管风险识别与管理能力； ⑦ 无形资产研发和投资风险的识别与管理能力	① 财务会计核算； ② 会计电算化； ③ 财务管理； ④ 固定资产购置、处置和使用的核算与管理； ⑤ 无形资产购置、处置和使用的核算与管理等相关知识
高级	① 重大固定资产处置风险和投资风险管控； ② 重大无形资产研发风险和投资风险管控； ③ 重大存货持有风险管控	① 固定资产处置和投资风险管控能力； ② 无形资产研发和投资风险管控能力； ③ 存货持有风险管控能力； ④ 组织、沟通、协调能力； ⑤ 决策能力	① 财务管理； ② 内部控制和风险管理等相关知识

（二）融合路径设计

大数据与会计专业书证融通的总体目标是结合专业发展趋势,以学校为主体、专业为依托、课程为载体,通过"三教"改革、调整课程设置、完善课程内容、改善实习实训条件、优化评价与考核制度等措施,在人才培养过程中实现前述的四个有机融合。

按照《教育部关于职业院校专业人才培养方案制订与实施工作的指导意见》要求,大数据与会计专业在设计书证融通路径时,要围绕现有X职业技能等级证书设计课程体系,充分体现大数据、人工智能时代财税改革的需求,培养师资,开发课程,编写教材,设计实训,制定人工智能环境下的财税人才培养标准。引入适合的职业技能等级证书,培养书证融通型技术技能人才;校企协同育人,培养一专多能的专业复合型技术技能人才;依托证书开发企业,基于实际任务开展科研、产教研合作,培养产业急需的创新实践型人才。如图9-3所示。

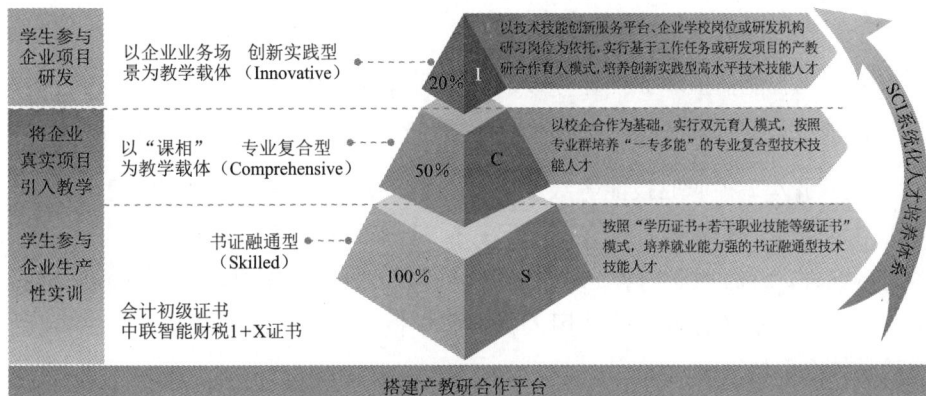

图9-3 大数据与会计专业课证融通思路

(三)1+X 融合课程体系设计与课程内容优化

围绕以上两种职业技能等级证书设计课程,使教学内容与证书考核标准对接。课程设计和教学内容要考虑会计核心知识技能体系与企业职业标准相结合,兼顾专业教学的全面性和企业标准的特殊性。将职业技能等级证书(中级)考核要求与6门专业核心课分别对应,搭建书证融通新型架构,如图9-4所示。

票据开具①		a.企业基础数据核验
制单审核②	①②③会计信息系统a、b	b.企业环境数据核验
纳税申报③	④财务会计c、d、e、f	c.流动资产数据核验
财务核算④	⑥人工智能财务管理	d.设备类资产数据核验
企业设立变更⑤	③⑦纳税实务	e.房地产数据核验
资金管理⑥	管理会计g	f.无形资产数据核验
税务管理⑦	⑤会计实训b、c、e	g.估值数据应用
智能财税1+X证书 （中级）		智能估值1+X证书 （中级）

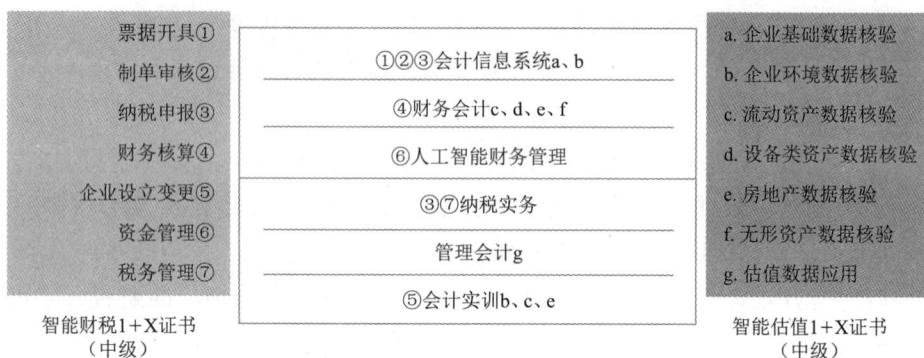

图 9-4   1+X 融合课程体系的架构

三、实施与保障

(一) 1+X 融合人才培养实施

以下以智能估值职业技能等级证书为例,详细介绍 X 证书融合的方式。

1. 基于书证融通,建立技能型人才培养机制

初步引入 2 种职业技能等级证书(中级),培养具有较高技能水平和就业能力的书证融通型职业技能人才,见表 9-3。现有的 6 门专业核心课全部为书证融通型课程。课程教学内容分别与上述两种试点证书的标准对接。在教学过程中,将 1+X 证书的标准与企业用人标准和学校的教育标准相结合,建立书证融通教学体系架构。

表 9-3   基于书证融通,培养技能型人才

证书名称	合作企业	参与情况
智能财税职业技能等级证书	中联资产评估有限公司	8 名教师通过师资培训认证,取得培训讲师和考评员资格
智能估值职业技能等级证书		全程参与证书标准制定、教材编写、试题库搭建、全国师资培训

2. 分析专业人才培养目标和职业技能等级证书培养目标的契合度,确定书证融通模式

大数据与会计专业人才培养目标是培养理想信念坚定,德、智、体、美、劳全面发展,具有良好的职业能力和较高的人文素养、职业道德和创新意识,具备精益求精的工匠精神的复合型高素质技术技能会计人才。

智能估值职业技能等级证书是以智能估值为主线,培养与估值数据应用相关的会计、资产管理与运营、金融、第三方咨询服务行业的会计、审计、资产评估、金融等工作岗位群的复合型技能人才。

通过分析可知,智能估值职业技能等级证书和大数据与会计专业在岗位、技能等方面并不完全对应,不具备将"1"与"X"完全融合的条件,因此大数据与会计专业在此选择了逐步融通的模式。

3. 对比分析专业课程体系及课程标准与职业技能等级证书标准,确定书证融通方法

对比两者的知识点和技能点,除资产的实物勘查和估值计算等内容外,大数据与会计课程能够涵盖智能估值数据采集与应用职业技能等级证书的其他知识点和技能点,经综合考虑,决定采取新增课程和能力转化两种方法进行书证融通,如图 9-5 所示。

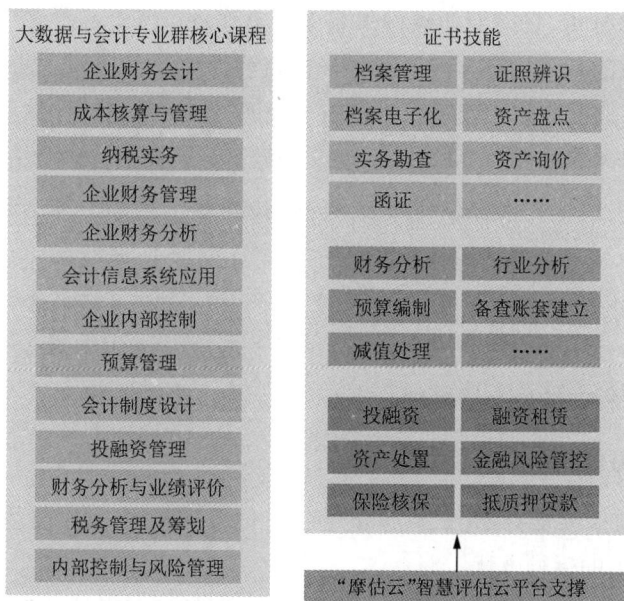

图 9-5　大数据与会计专业书证融通课程与技能对应图

4. 确定能力转化课程,重建课程教学标准和教学内容

根据对 X 证书的知识点、技能点、考核标准的分析,确定具体实施能力转化的书证融通课程,包括财务会计、企业财务分析和企业财务管理。对其进行完善以满足证书的培训考核要求,切实提升学生的技能水平和综合素质,如图 9-6

所示。

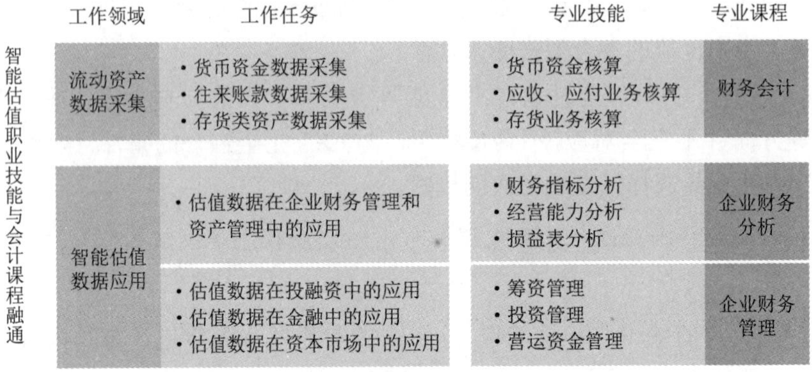

工作领域	工作任务	专业技能	专业课程
流动资产数据采集	• 货币资金数据采集 • 往来账款数据采集 • 存货类资产数据采集	• 货币资金核算 • 应收、应付业务核算 • 存货业务核算	财务会计
智能估值数据应用	• 估值数据在企业财务管理和资产管理中的应用	• 财务指标分析 • 经营能力分析 • 损益表分析	企业财务分析
	• 估值数据在投融资中的应用 • 估值数据在金融中的应用 • 估值数据在资本市场中的应用	• 筹资管理 • 投资管理 • 营运资金管理	企业财务管理

（左侧竖排文字：智能估值职业技能与会计课程融通）

图 9-6　大数据与会计专业能力提升型书证融通课程与技能对应图

5. 确定新增课程，完善教学体系

通过对照分析，目前专业课程体系中没有涉及机器设备类、房地产、无形资产等资产估值的相关内容，需要新增一门资产评估基础课程。通过梳理，制定了与智能估值数据采集和应用职业技能等级证书对应的资产评估基础课程的教学内容和课程标准。

6. 联合企业，制定书证融通课程考核互认标准

考核结果互认是书证融通工作的关键环节，在完成培养目标和保证教学水平的前提下，建立教学评价和证书评定结果的互认标准有助于提升工作效率和质量。经校企深度研讨，确定知识考核由校方完成，技能操作考核由企业完成，建立了相关课程的结果互认机制。

（二）保障机制

学校专项拨款支持，为试点考试学生支付考试费用，鼓励学生积极努力地学习，解决学生的后顾之忧。

选派专业教师参加两种证书的师资培训，了解证书考核政策，学习考核知识要点，保障考核工作和学生培养落到实处。

将考核要点与专业课程教学内容相融合，另外选派通过认证考试中心培训的教师进行针对性指导，在学生群转发官方考前辅导视频，确保学生学习效果。

四、成效与特色

(一) 成效

(1) 基于证书开发过程中的调研,修订了 2019 年版大数据与会计专业人才培养方案。

(2) 与企业共同出版与证书配套的新形态教材一部。

(3) 企业接收 2 名教师下企业实践,院校吸引企业兼职教师 3 名,实现人才的双向流动。

(4) 完成两期智慧财经工厂项目建设,打造了集证书考核、实习实训、社会培训于一体的在线平台。

(5) 完成 4 门课程的书证融通。

(6) 完成 58 人次的智能估值职业技能等级证书考核认证,通过率达到 85%。

(二) 特色

(1) 专业教师积极参与 X 证书的研发,并根据研发过程中的调研和讨论修订专业人才培养方案。

(2) 积极参与岗课赛证融合,将 X 证书标准对接教学标准。

(3) 提高学生职业能力和就业竞争力,为实现行业内高端就业奠定基础。

五、存在问题

证书的定位和专业的定位不完全契合,在后期的岗课赛证融通中,只有一部分课程和岗位进行了融通。在今后应该结合中联资产评估有限公司和其他企业的证书,进一步进行融通,全面培养学生的专业技能。

案例二　金融服务与管理专业＋人身保险理赔职业技能等级证书

一、基本信息

1+X 证书融合专业（群）基本信息见表 9-4。

表 9-4　专业（群）基本信息

试点院校	专业（群）	专业（群）人才培养目标	试点职业技能等级证书	证书简介	选择的证书考核等级
济南职业学院	金融服务与管理	培养掌握金融基础理论知识和必备的经济管理知识,具备金融业务的基本操作技能和较强的金融产品营销能力,在金融行业生产、服务第一线能从事基层金融服务和管理等工作的品德高尚、技强业精的高素质劳动者和技术技能人才	人身保险理赔职业技能等级证书	人身保险理赔职业技能等级证书标准按照 GB/T 1.1-2009《标准化工作导则第 1 部分　标准的结构和编写》给出的规则起草。标准规定了人身保险理赔职业技能的能力要求等级、主要职责和职业能力要求,适用于人身保险理赔职业技能等级认证的考核与评估,保险从业人员的聘用、教育和职业培训均可参照使用	初级、中级

二、1+X 融合路径设计思路

(一) 选择依据

1+X 证书制度是《国家职业教育改革实施方案》贯彻全国教育大会精神,以提升职业教育质量为主线提出的一系列针对性很强的改革举措之一,它将学历证书与若干职业技能等级证书有机衔接起来。金融管理专业力在一个金融管理领域形成一套完整的国家职业技能等级标准,同时与金融管理专业的专业建设、课程建设、教师队伍建设等紧密结合,推进学历证书与职业技能等级证书的有机衔接,提升职业教育质量和金融管理专业学生的就业能力,从而为服务现代制造业、现代服务业、现代农业发展和职业教育现代化提供制度保障与人才支持。

如何构建适应社会需要的人才培养模式,切实培养高素质技术技能型金融管理人才是金融管理专业打造特色专业所要解决的重要问题。本专业自开办以来,一直在积淀,一直在成长,针对目前高职金融管理专业重理论轻实践以及传统学科式培养等种种弊端,济南职业学院积极探索了适应区域经济社会发展需求的金融管理专业人才培养模式。为贯彻《国家职业教育改革实施方案》精神,落实教育部等四部门印发的《关于在院校实施"学历证书 + 若干职业技能等级证书"制度试点方案》等文件,济南职业学院金融服务与管理专业积极开展了1+X证书制度试点工作,选择了由中保教育咨询(北京)有限公司(简称"中保教育")组织的全国1+X人身保险理赔职业技能等级考试,根据金融服务与管理专业的实际情况,确定高职培养目标与职业技能等级的初级对应,年级、课程培养目标与职业技能的中级对应。

(二) 融合路径设计

根据试点特色,凝练1+X融合路径设计思路和做法,改变教学模式和考核模式等。

金融服务与管理专业以开放的办学思路,利用广阔的社会资源,在金融服务与管理专业教学团队的通力配合下,优化人才培养方案,构建以金融服务与管理职业素质教育为核心,以职业岗位能力培养为主线的"三强化、五阶段、三位一体"的工学结合人才培养模式。突出"理实一体,德技双馨,校企共同育人,产教深度融合"特征,体现金融服务与管理人才培养的实践性、开放性和职业性要求,优化人才培养方案,按照"三强化"策略序化课程,在"三位一体"人才培养平台上保证"五阶段"实践教学组织模式的实施条件,全面带动专业建设与改革。

1. 1+X 融合路径设计思路

1+X 融合路径设计思路如图9-7所示。

首先,以全面服务济南市区域经济发展为原则。金融服务与管理专业教学标准和职业技能等级标准的衔接,要以服务经济社会发展为出发点,以培养高素质技术技能人才为最终归宿。高职院校要深入学习和了解新时代职业教育的特点,准确实施1+X证书育人模式,精准对接企业行业发展需求,满足国家支柱产业发展技术型人才的需要。

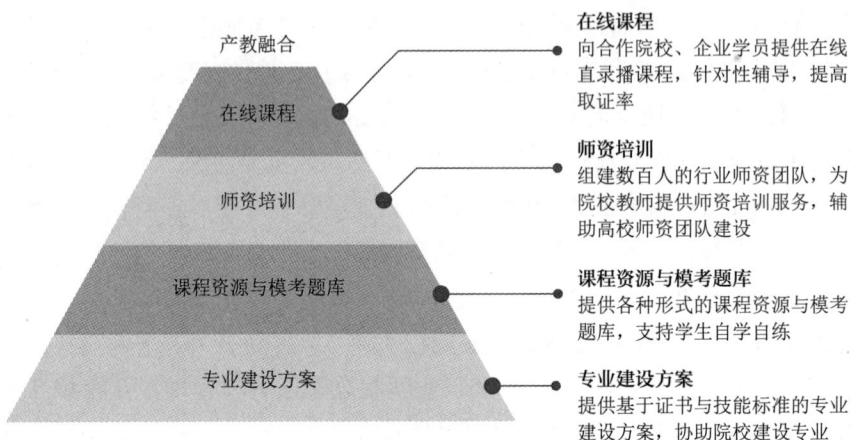

在线课程
向合作院校、企业学员提供在线
直录播课程,针对性辅导,提高
取证率

师资培训
组建数百人的行业师资团队,为
院校教师提供师资培训服务,辅
助高校师资团队建设

课程资源与模考题库
提供各种形式的课程资源与模考
题库,支持学生自学自练

专业建设方案
提供基于证书与技能标准的专业
建设方案,协助院校建设专业

图 9-7　1+X 融合路径设计思路

其次,以社会效益为主的原则。1+X 证书制度的初衷是培养高素质技术型
人才,凸显的是社会效益。因此,高职院校要以社会效益为重,扎实推进专业教
学标准与职业技能等级标准相融合,为高职院校提高人才培养质量和水平创造
良好的条件。

最后,以学生全面成才为原则。1+X 证书制度虽然强调培养学生的职业技
能,但是没有忽略学生人文精神的重要作用。因此,高职院校有必要探寻两者融
合在人文素养方面的"亮点",从而有助于培养高职学生全面的知识结构,促进
他们全面成才。

2. 1+X 融合路径的做法

(1)基于课程体系的融合。将人才培养方案中"学习内容、知识能力要求、
职业范围"等的描述与 X 证书培训的内容和要求进行比对,选择吻合度基本一
致的专业方向直接与 X 证书进行对接,将证书培训的内容嵌入专业课程体系中;
通过对比、分析,划分出大部分一致的课程,再对有差异的课程进行多种专业方
向课程体系的构建;通过比对专业课程体系与 1+X 人身保险理赔职业技能等级
证书培训的学时划分比例,增加专业课程体系的学时,并适当调整专业基础课、
专业主干课和专业核心课的学时。

(2)基于教学模式的融合。根据人才培养方案中设置的理论教学、实践教
学、实训教学三大课程结构,在实践教学和实训教学环节,根据 1+X 人身保险理
赔职业技能等级证书中对应的技能任务分项进行课程重构,将实践和实训以任

务情景进行分割,以分项技能训练对应证书技能任务分项。

（3）基于考核模式的融合。学生在完成校内课程的基础上,通过期末测试的证考融合与 1+X 职业技能等级证书考试结合起来。评价与考核的基本原则为:第一,改革传统学生评价模式,采用过程性评价、阶段性评价、目标评价相结合的评价方式;第二,实行多元化评价,关注学生在学习活动全过程的实际表现。

（三）1+X 融合课程体系设计与课程内容优化

1+X 融合课程体系的架构如图 9-8 所示。

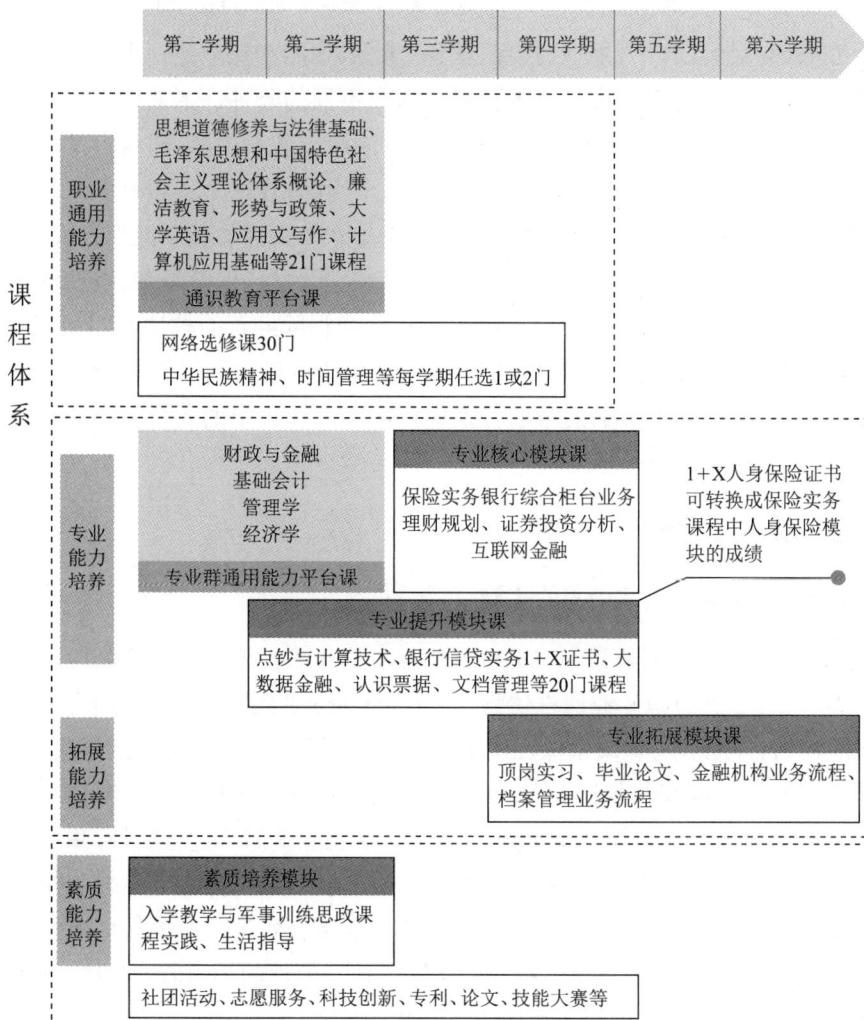

图 9-8　1+X 融合课程体系的架构

1. 以培养保险从业职业能力为重点

综合理财规划能力和金融产品营销能力的培养是一个宽泛的概念,如何通过课程的设计来实现核心职业能力的培养,关键在于准确把握课程的目标。保险实务课程立足于通过完整的保险业务过程来训练学生对保险产品、保险市场、保险客户等方面的理解和运作能力,课程中的人身保险理赔模块教学通过1+X人身保险理赔课程资源实现学生对人身保险理赔知识和技能的掌握,通过仿真的业务实现知识、技能和态度的整合与提升。

2. 以保险工作流程为基础,按照教学规律整合和序化教学内容

在日常保险工作中,展业、投保、核保、承保、理赔和保全是一个完整的工作过程,在这个工作过程中每一个步骤都有多个不同的险种。本课程在内容组织上采用了按照不同险种的多个工作循环的方法组织教学内容,即将日常工作中表现为展业、投保、核保、承保、理赔和保全六个步骤,且每个步骤有多个险种的工作组织方式整合和序化为在每个险种中安排六个步骤的教学组织方式,以此为载体设置课程的四个学习情境,即人身保险经营、财产保险经营、机动车辆保险经营、责任保险和信用保证保险经营,其中人身保险经营的教学以"1+X人身保险理赔"平台资源为主。在教学过程中,学生既能学习人身保险行业的最新理念与技能,又能通过证书的考取转换成保险实务课程中的人身保险知识模块的成绩,做到课证融通一体化。

三、实施与保障

(一)1+X融合人才培养的实施

在1+X证书制度背景下,1+X融合人才培养的实施需要完善高职院校人才培养方案,合理组织专业课程体系、教学实训资源的建设和整合,提升师资力量,完善教材体系和考评质量保证体系。从1+X证书制度试点工作的意义上看,高职专业教学标准和职业技能等级标准融合,使专业教学标准的主要内容与学生未来职业的岗位相协调。金融服务与管理专业注重健全过程监控,积极通过开展学校与企业乃至家长的调研、走访、座谈和制度试行等,完善适合工学结合的人才培养模式的校企共管制度,特别在非毕业综合实习阶段的校内成绩考核与企业实践考核体系、校内学习和校外实际工作一致性的教学监控制度、学生校外实习期间素质教育制度等方面做了进一步的探索。

1. 金融服务与管理专业人才培养规格要与经济社会发展战略相适应

金融服务与管理专业要科学设置专业人才培养规格。一方面，要主动开展人才需求市场调研，科学分析调研数据反映的人才需求标准，及时将其反映在人才培养方案修订上；另一方面，要探究相应专业的1+X证书制度的内涵，分析1+X证书制度所反映的职业技能等级标准的具体表现形式，对照国家经济社会发展人才需求，准确设置专业人才培养规格，为制订专业人才培养方案提供精准的框架条目。

2. 金融服务与管理专业课程体系设置突出职业能力的层次性

教育部发布的高职专业教学标准课程体系分为公共课程、专业课程、专业核心课程、专业素质拓展课程。公共课程一般是固定的，但是教学内容要与专业人才培养相适应；专业课程要以专业岗位基本能力和未来专业技能发展方向为依据；专业核心课程要凸显专业核心特色；专业素质拓展课程要以专业为依托，培养学生专业外围知识。

3. 进一步完善理实一体化实验实训教学设施

实验实训教学设施配置要做到与企业行业职工技能培训标准大致相同，参考企业行业员工真实的工作环境改善校内实训条件。考虑到高职院校资源的有限性，可以利用多媒体等教学设施模拟工作环境，让学生初步掌握与未来工作岗位相适应的职业技能。在建设实训基地时，要从两方面进行考量。一方面是要做好校内实训基地的建设，这样可以在校内教学中引导学生学习实践性的知识；另一方面是要与企业合作建设好校外实训基地，并请企业相关人员对学生进行辅导。

4. 培育技能型专业教师，提升金融服务与管理专业师资水平

在1+X证书制度背景下，高职院校要舍得投入资源，培育不同等级和层次的专业技能型教师。可以采用学历提升、挂职锻炼等方式完成对专业教师技能培训的任务。专业教师具有与企业行业技术员工一样的职业技能，才有可能实现培养学生不同等级职业技能的目标。

5. 1+X证书制度与教材开发建设形成良性互动

1+X证书制度将使职业院校教材逐步升级为课证融合教材。课证融合教材是既符合专业教学标准要求，又覆盖相关多种职业技能等级证书（或职业资格证书）要求的职业院校正规课程教材。

在教材编写过程中，金融服务与管理专业将以职业技能等级证书要求为依

据,确定课证融合课程,并结合职场工作实际开发课证融合综合实训课程。

(1)以职业标准体系为依据,确定课证融合教材开发方案。将金融服务与管理专业技能课程中与职业标准密切相关、内容基本重合或覆盖的课程设计为课证融合课程,课证融合课程的数量可以根据职业技能等级证书的培训学时要求来确定。

(2)结合职场工作实际,做好课证融合综合实训教材开发。结合职业技能等级考核规定的实操要求,设置职业技能综合实训课程,课程内容应包括职业技能等级证书所涉及的全部职业技能,并结合企业实际执行的生产(服务)过程进行训练。

(3)教材内容选择的原则是双覆盖、对接"四新"、不遗漏。

要实现金融服务与管理专业教学标准和职业技能等级证书要求的"双覆盖"和"对接'四新'",不能遗漏两个标准规定的知识、技能、态度点。具体可表述为:该组证书课程和综合实训课程既要包含专业教学标准中的主要教学内容和要求,又要涵盖职业标准中的基本要求、工作要求(包括职业功能和工作内容)。

在资源配置上,考虑到教学过程的复杂性,教材应提供基于专业教学标准的专业证书课程实施规范、专业证书课程标准、专业综合实训课程标准、职业技能等级证书考核理论和操作模拟题库资源,最好配套职业技能评价考核模拟系统,以及必要的数字教学资源、教学仪器设备等。

6. 完善金融服务与管理专业的考评质量保证体系

在1+X证书制度背景下,金融服务与管理专业教学标准和职业技能等级标准融合需要强有力的质量保障体系。高职院校强有力的质量保障体系构建,归根结底是完善治理体系和提高治理能力的过程。金融服务与管理专业将全面对标新时代人才培养工作需要,以习近平新时代中国特色社会主义思想为指导,剖析高职教育的初心和使命,构建科学合理的金融服务与管理专业教学标准和职业技能等级标准融合机制。

7. 科学确定评价指标,不断优化融合方案

在1+X证书制度背景下,评价高职专业教学标准和职业技能等级标准融合试点工作的效果,需要科学合理地确定评价指标。目前,项目管理效果评价指标主要分为定性指标和定量指标。高职院校评价两者融合效果时,也可以设置定性指标和定量指标。定性指标主要从师生日常教学、课堂学习、日常行为表现、校内外教学资源基本状况等方面去设定,而定量指标主要从两者融合后学生获

取职业技能等级证书的数量、课程设置的满意程度、学生技能成长的满意度、职业技能等级标准融入教学内容的比例等指标入手,可以用数据具体描述指标来界定。

(二) 保障机制

在 1+X 证书制度背景下,高职专业教学标准和职业技能等级标准融合过程,本质上是教师、教材、教法实现同频共振的过程,因此高职院校要针对"三教"改革要求,梳理现有规章制度和保障机制,进一步完善治理体系,从而提升金融服务与管理专业的管理效能。此外,金融服务与管理专业要积极按照一定的标准,对专业教学标准和职业技能等级标准的融合效果进行认证、积累和转换,构建"学分银行",从而助力 1+X 证书实施。

在 1+X 证书制度背景下,金融服务与管理专业教学标准和职业技能等级标准融合,要按照 SWOT 分析思想在实践中不断地完善相关措施。要以学生幸福感和获得感为出发点,不断优化两者融合,使其在高职人才培养过程中最大化地发挥积极作用,为 1+X 证书制度背景下的高等职业教育可持续发展提供良好的和能够复制的范式。要以动态和发展的眼光,制定符合 1+X 证书制度背景的高职专业教学标准与职业技能等级标准融合的评价指标和制度,使其凸显时代背景,从而全面提升高等职业教育育人质量和水平。

四、成效与特色

(一) 成效

1. 试点规模

中保教育为教育部 1+X 证书第三批培训评价组织,负责人身保险理赔职业技能等级证书的推广工作。

中保教育在 2020 年 4 月 18 日举行了试点工作线上说明会,参加人员覆盖开设保险、金融和医学等相关专业的院校,以及保险企业等。说明会后,中保教育在线上持续提供视频回放服务。

2020 年,山东省内申报人身保险理赔职业技能等级证书试点的院校共有 11 所获得批准。其中,高职院校 9 所,本科院校 2 所,涉及专业包括电子商务、工商管理、金融工程、市场营销教育、保险、互联网金融、金融管理等。

2. 通过情况

全国参加 1+X 人身保险理赔职业技能等级证书(初级)考试的总人数为

2 432 人,通过人数为 2 116 人,通过率为 87%。

2021 年 5 月 16 日的人身保险理赔职业技能等级证书全国统一考试,全国共有 39 所学校的学生参加本次考试。其中,17 所学校的学生参加初级考试,平均通过率为 80%;26 所学校的学生参加中级考试,平均通过率为 71.7%。

3."三教"改革成果

金融服务与管理专业保险实务课程在教学中积极探索将 1+X 资源融入课堂教学,使学有余力的学生在课堂教学过程中既能学习人身保险最前沿的知识,又能顺利考取证书,为提升专业素养夯实基础。

2020 年 11 月,济南职业学院金融服务与管理专业参加 1+X 人身保险理赔职业技能等级证书(初级)考试的有 60 人,通过率是 96.7%;2021 年 5 月,参加 1+X 人身保险理赔职业技能等级证书(中级)考试的有 40 人,通过率是 97.5%。

在 1+X 证书与课堂教学的融合过程中,济南职业学院不断摸索与改进,与行业紧密对接,以职业标准培养学生,提升学生的社会竞争力。

(二) 特色

1+X 人身保险理赔职业技能等级证书将保险行业人身保险理赔师的职业技能标准引入高校,结合高校的教学特点进行标准的相应转换,使标准更适合在校学生。

在教学资源和考试题库中加入了大量行业内的实务内容、案例内容。由各保险公司一线理赔经理或总监以及保险行业培训专家担任师资培训的讲师,提供与行业接轨的培训。

对试点院校的服务延续原有的沟通渠道,对试点院校的学生参加培训、考取证书等给予足够的支持。

发挥中保教育是中国保险行业协会下属企业的优势,推动校企合作,为考取证书的院校学生提供更多的到保险企业实习或就业的机会,推动产教融合,力争为学生疏通就业实习通道。

2021 年,中保教育在做好职业技能等级证书培训的基础上,对接保险企业用人缺口和毕业学生求职需求,帮助保险、金融等相关专业在校学生更好地规划了职业道路,推动了产教融合。

案例三 现代物流管理专业＋物流管理职业技能等级证书

一、基本信息

1+X 证书融合专业(群)基本信息见表 9-5。

表 9-5 专业(群)基本信息

试点院校	专业(群)	专业(群)人才培养目标	试点职业技能等级证书	证书简介	选择的证书考核等级
青岛酒店管理职业技术学院	现代物流管理	培养理想信念坚定,德、智、体、美、劳全面发展,具有一定的科学文化水平,良好的人文素养、职业道德和创新意识,精益求精的工匠精神,较强的就业能力和可持续发展能力,掌握本专业知识和技术技能,面向道路运输、多式联运和运输代理、装卸搬运和仓储等行业的管理(工业)工程技术人员、装卸搬运和运输代理服务人员、仓储人员等职业群,能够从事仓储、运输与配送、采购、供应链管理等基层管理及物流服务等工作的高素质技术技能人才	物流管理职业技能等级证书	物流管理职业技能等级证书(中级)根据业务管理的要求,对物流仓储、运输、信息处理、客户服务、外协资源管理、物流系统的使用和维护的运作实施监督和指导	中级

二、1+X 融合路径设计思路

(一) 选择依据

2019 年 1 月,国务院发布《国家职业教育改革实施方案》,明确"学历证书＋若干职业技能等级证书"制度为职业教育改革的一项制度设计。2019 年

4 月,教育部、发展改革委、财政部、市场监管总局联合印发了《关于在院校实施"学历证书 + 若干职业技能等级证书"制度试点方案》,部署启动试点工作。2019 年 4 月,《人力资源社会保障部　教育部关于印发〈职业技能等级证书监督管理办法(试行)〉的通知》,明确两部门目录内职业技能等级证书具有同等效力和待遇。根据试点安排,物流管理列入首批 1+X 证书制度试点项目。

依据北京中物联物流采购联合会 2019 年制定并发布的《物流管理职业技能等级标准》(针对物流管理专业出台的首个 X 证书的标准),将物流管理的职业技能等级分为初、中、高三级。其中,中级面向的是高职物流类专业毕业生(含应届毕业生),主要职责是根据业务管理要求,对物流仓储、运输、信息处理、客户服务、外协资源管理、物流系统使用和维护的运作实施监督和指导。物流管理职业技能等级证书(中级)的标准与物流管理专业的教学目标具有良好的耦合关系,如图 9-9 所示。

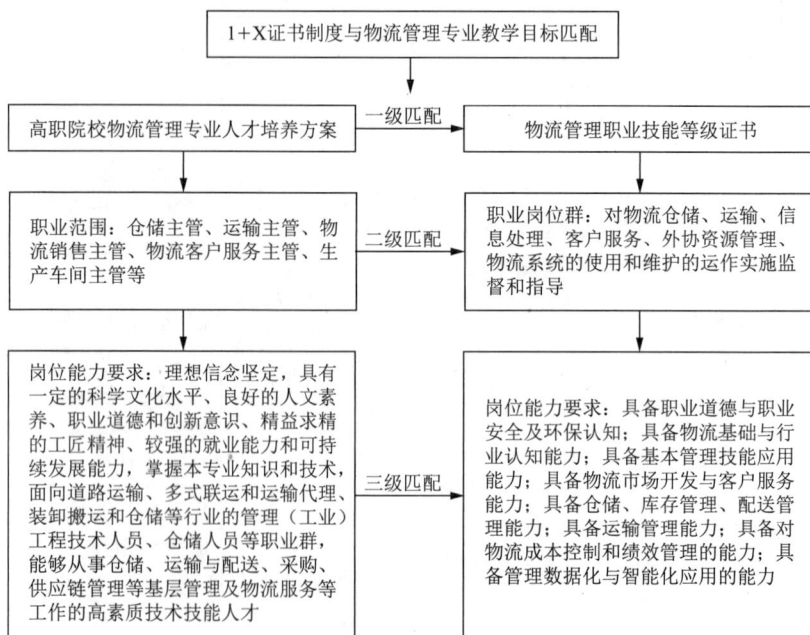

图 9-9　证书与专业教学目标的耦合关系

(二)融合路径设计

为了遵循职业教育发展规律,将证书培训与人才培养紧密结合,有效提升人才培养质量,满足智慧物流背景下的岗位胜任能力要求,物流管理专业依托产教融合,建立了人才培养方案、职业技能等级证书、职业岗位、技能竞赛相互融通的"四位一体"的 1+X 融合路径,如图 9-10 所示。

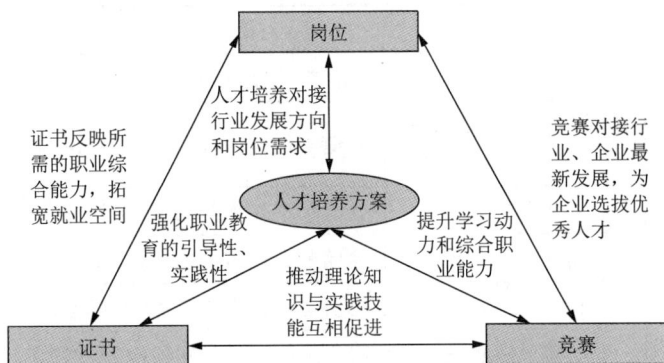

图 9-10　1+X 融合路径设计思路

按照上述融合路径,从重构课程体系、优化教学内容、搭建教学场景、改进教学实施、改革评价方式五个方面制定实施路径。首先,基于岗位标准、职业技能等级标准和技能竞赛标准,重构课程体系,优化课程标准;其次,在内容层面,将证书、竞赛和课程有机结合;再次,搭建反映企业工作场景、竞赛环境和证书实操环境的教学场景;从次,统筹组织实施职业技能培训、各级技能竞赛与课程教学;最后,将职业技能等级考核、技能竞赛与专业课程考试对接,实现同步考核。

(三) 1+X 融合课程体系设计与课程内容优化

1. 证书与课程体系的融合

确定了证书与人才培养方案融合路径后,可以采用融合、嵌入、补充、强化等方式将 X 证书的技能等级标准与专业课程体系相融合,避免内容重复,达到强化职业知识和技能、补充行业发展最新技术、拓展职业技能的目的。实践中,将物流管理职业技能等级标准的要求与物流管理专业的知识、技能目标进行比对,在课程体系中嵌入、强化、补充职业技能等级要求的内容,确定融合策略,具体见表 9-6。

表 9-6　1+X 融合课程体系的架构

工作任务	职业技能	课程名称	融合类型
物流市场开发与客户服务	物流市场调研	物流市场营销(必修课)	融合
	客户开发计划与实施	物流市场营销(必修课)	融合
	物流项目投标	无	补充
	客户投诉及异常处理	无	补充

163

工作任务	职业技能	课程名称	融合类型
仓储与库存管理	仓储作业管理	仓储配送技术与实务（必修课）	强化
	仓库布局与物流设施规划	仓储配送技术与实务（必修课）	强化
	库存控制	仓储配送技术与实务（必修课）	融合
配送管理	配送作业管理	仓储配送技术与实务（必修课）	强化
运输管理	当事人业务管理	物流运输技术与实务（必修课）	融合
	运输风险管理	物流运输技术与实务（必修课）	强化
	作业计划管理	物流运输技术与实务（必修课）	融合
成本与绩效管理	作业成本控制	无	嵌入 18 课时
	作业绩效考核	无	嵌入 18 课时
数字化与智能化	管理数据化与智能化应用	物流信息技术与应用（必修课）	补充

例如，高职院校课程中已经开设物流市场营销课程，与物流管理职业技能等级证书中要求的物流市场调研、客户开发等能力匹配，因此可以将 X 证书的职业技能要求与专业课程进行融合，在课程教学中完成职业技能融合；虽然仓储配送技术与实务课程中已经包含了仓储、配送管理方面的技能训练，但目前的授课内容不足以满足 X 证书中对于仓库布局、作业管理等实操技能的需求，因此需要在修订人才培养方案时，在仓储配送技术与实务这门课程中将这部分技能加以强化；对于当前课程中没有涉及的物流项目投标等内容可以在相关课程中加以补充或者开设新课程；对于作业成本控制与作业绩效考核这部分职业技能，目前没有专门的课程涉及，可以根据不同的作业成本控制和作业绩效考核内容，嵌入对应的课程中，譬如仓储作业成本控制与绩效管理可以嵌入仓储配送技术与实务课程中。最终通过融合、补充、强化、嵌入等手段实现课证融通，满足 X 证书培训的技能需求。

完成与人才培养方案的融合之后，相应的课程、学时、时间环节、考核评价方式也需要进行调整，以满足工作岗位的技能需求。

2. 课程内容的优化

传统的课程是以知识点为主要构成要素的，更加注重理论讲授，对于学生的专业能力、职业素养培养不够。在1+X证书制度下,课程体系实现重构,同时课程内容需要由传统的"理论—实践"模式转变为"技能—理论"模式。在重构课程内容时,应该以企业岗位能力需求和工作过程为导向,重新整合课程内容。以《物流管理职业技能等级标准(中级)》中的"仓储作业管理"为例,对仓储管理课程的标准进行重构,如图9-11所示。根据职业技能等级标准的要求,以仓储企业的工作任务和工作流程为主线,创设工作情境,将原来独立的知识点贯穿于每个学习情境中,再进一步细化成各个子任务,由易到难,多层次递进,让学生不仅掌握所需要的专业知识,还能更好地掌握工作技能。与此同时,在各个学习情境中,将行业所需的职业素养贯穿始终。通过课程标准的重构、任务驱动,倒逼着学生掌握相关技能,达到职业能力的等级要求。

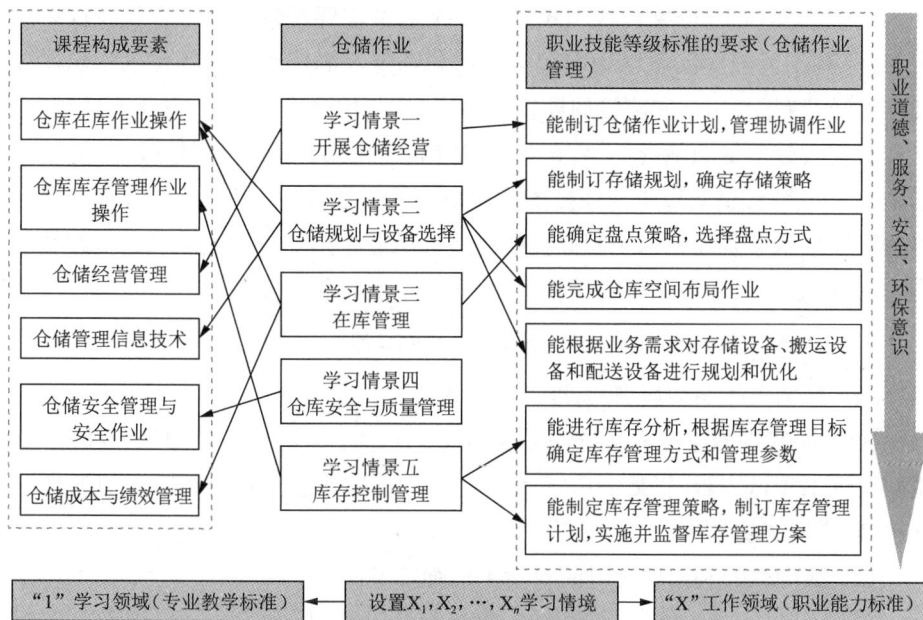

图9-11 课程内容重构思路

三、实施与保障

(一)1+X融合人才培养实施

1.打造理论扎实、技能高超的专兼职师资队伍

1+X证书制度在实施过程中需要将行业新技术、新工艺融入专业教学中,其考核方式包括线上理论、线上和线下实操,要求试点专业的教师专业理论知识

扎实、专业技能过硬。要打造一支理论扎实、技能高超的师资队伍,一要组织专业教师到行业企业进行实践,参加行业组织的1+X证书培训,掌握行业企业的新技术、新工艺和新规范,更好地理解职业技能等级标准、考核要求和教学方法;二要深入开展校企合作,聘请行业企业专业人士作为兼职教师,参与学校人才培养方案制订、课程体系重构、教学标准制定工作,并对学生进行技能培训,以弥补专业教师在实践教学方面的不足。

2. 提供课岗对接、课证融合的实践教学基地和资源

1+X证书制度实施的最终目的是实现课岗对接、课证融合,即职业技能等级标准与专业培养目标、实践教学标准的对接,以及课程任务与教法和学法的对接。物流管理职业技能等级证书(中级)除90分钟的理论考试之外,还有60分钟的线上实操和10分钟的线下实操。实操考试需要学校提供符合最新行业技术、规范和工艺的实践教学场所和实训资源。青岛酒店管理职业技术学院在专业建设经费有限、实训室建设周期较长的情况下,加强校企合作,深化产教融合,在现有实践教学资源基础上,与企业共建集教学、实训、培训、考核于一体的实践基地,满足学校、企业对于职业技能等级证书考试的要求。与此同时,青岛酒店管理职业技术学院还邀请了职业技能等级标准专家指导教学团队确定实践教学内容,并将其融入专业课程实践教学中,丰富了实践教学资源。

3. 通过制度鼓励教师参与1+X证书试点工作

(1)鼓励教师参加培训,考取高级证书。

为了能够在教学过程中充分利用课堂,让学生学习更多的知识和技能,紧密对接证书考试内容,青岛酒店管理职业技术学院制定了相关制度,鼓励教师参加培训,考取高级证书。

(2)鼓励教师利用课余时间对学生加强辅导。

借鉴职业技能大赛辅导的做法,将参与认证考试的学生分组,请教师按组指导,按照学生获取证书的级别和通过率给予老师一定的奖励。

4. 课余时间为学生提供专用训练场所

课余时间根据报考学生人数,为学生提供专用训练场所,安排教师轮流值班对学生进行辅导。

(二)保障机制

为保障证书试点工作的高质量开展,青岛酒店管理职业技术学院制定了《青岛酒店管理职业技术学院1+X证书制度试点工作指导意见》,建立了证书试

点工作机制,从制度上确立了证书试点工作的各项规范,同时也明确了证书试点工作的导向。

四、成效与特色

(一) 成效

物流管理职业技能等级证书是青岛酒店管理职业技术学院第一批试点的证书,证书试点的各项工作得到了学院的大力支持并取得了良好的成效。证书的通过率目前已从70%提升至90%。专业教师参加证书试点培训的比例已达100%。

在证书试点过程中,专业的实训条件显著改善,实训设备不断完善,实训课程的开设数量与质量均得到大幅提升。依托于证书试点,专业建设工作也取得了丰硕的成果。目前物流管理专业已经成为青岛酒店管理职业技术学院山东省高水平专业群——现代商贸物流专业群中的核心专业。

(二) 特色

对于专业而言,证书试点已经内化为专业人才培养方案构建过程中的"四维"之一,也成为专业群建设过程中的支撑点之一。

证书试点工作的主要特色是,以校企融合的方式,通过双元主体共同完成证书试点的各项工作。目前,专业在与顺丰速运、菜鸟网络合作育人的过程中,已经将1+X证书的试点工作嵌入校企合作的内容中,由企业导师定期入校针对1+X证书培训的内容举行讲座,同时对证书实操部分的内容进行指导。

在校外实训方面,企业导师在学生进行校外实训的过程中,也结合1+X证书的培训内容创建实训场景,使学生在企业实践的过程中能够完成证书培训内容的实操练习。

案例四　智慧财经专业群＋财务数字化职业技能等级证书

一、基本信息

1+X 证书融合专业(群)基本信息见表 9-7。

表 9-7　专业(群)基本信息

试点院校	专业(群)	专业(群)人才培养目标	试点职业技能等级证书	证书简介	选择的证书考核等级
山东商业职业技术学院	智慧财经专业群	培养理想信念坚定,德、智、体、美、劳全面发展,具有一定的科学文化水平,良好的人文素养、职业道德和创新意识,精益求精的工匠精神,较强的就业能力和可持续发展能力,适应人工智能、大数据、区块链、云计算等现代信息技术快速发展需要,掌握业财一体数字化管理、专业智能化工具应用、大数据分析决策等知识和技术技能,面向生产性服务业等行业的智能会计、共享服务、业务财务、税务服务、数据管理等职业岗位群,能够从事智能会计、共享服务、业务财务、税务服务、数据管理等工作,懂财务、精数据、善管理、会沟通的复合型、创新型技术技能人才	财务数字化职业技能等级证书	财务数字化职业技能等级证书:初级面向企业财务会计核算岗位群,从事基于财务数字化平台开展的财务基础业务智能处理、税务基础业务智能处理、资金基础业务智能处理等基础应用类工作。中级面向企业财务会计管理岗位群,从事基于财务数字化平台开展的组织体系及参数设置、业财协同管理等协同应用与管理类工作。高级面向企业财务管理(决策)辅助岗位群,从事财务流程设计、企业全面预算管理、所得税业务处理及税收筹划、集团企业资金调度、资金分析与预测、财务大数据分析等管理(决策)辅助类工作	初级

二、1+X 证书融合路径设计思路

1+X 证书融合路径设计思路如图 9-12 所示。

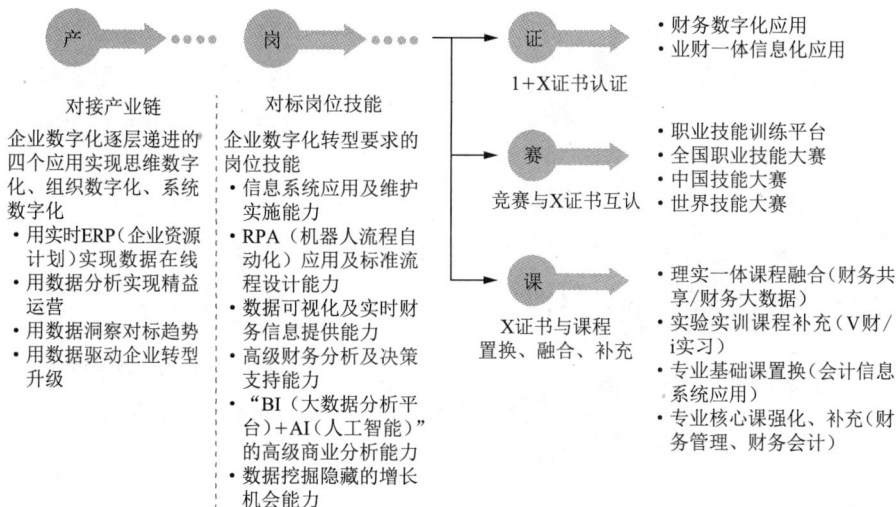

图 9-12　1+X 证书融合路径设计思路

(一) 选择依据

数字经济时代,企业规模已不是优势所在,需要用数字化工具来发掘新模式、新价值、新商机,增加企业效率、营收和竞争力。新道科技有限公司依托用友软件集团财务数字化平台,以财务共享服务、智能财务和财务大数据应用为基本内容,承载当今企业数字化转型升级的先进理念、先进技术,通过财务数字化应用、业财一体信息化应用系列技能提升实践水平,帮助学生提升岗位能力,助力学生就业。

(二) 融合路径设计

依托财务数字化应用证书,将职业技能等级证书与学历证书相互融通,推进人才培养模式和评价模式改革。面向新数字时代产业与技术发展趋势下人才供给改革,探究 1+X 证书制度下专业人才培养模式改革方法,优化专业建设,重构课程体系,调整教学内容,改革课程考核方式,打造"双师型"新团队,积极试点弹性学分制改革。同时,借 1+X 证书改革契机,融合校企多方资源,有效提高学生的职业素养和技能水平,形成更有区域经济发展特性的人才培养体系,提高学生的就业创业本领。

(三) 1+X 证书融合课程体系设计与课程内容优化

1+X 证书融合课程体系的架构如图 9-13 所示。

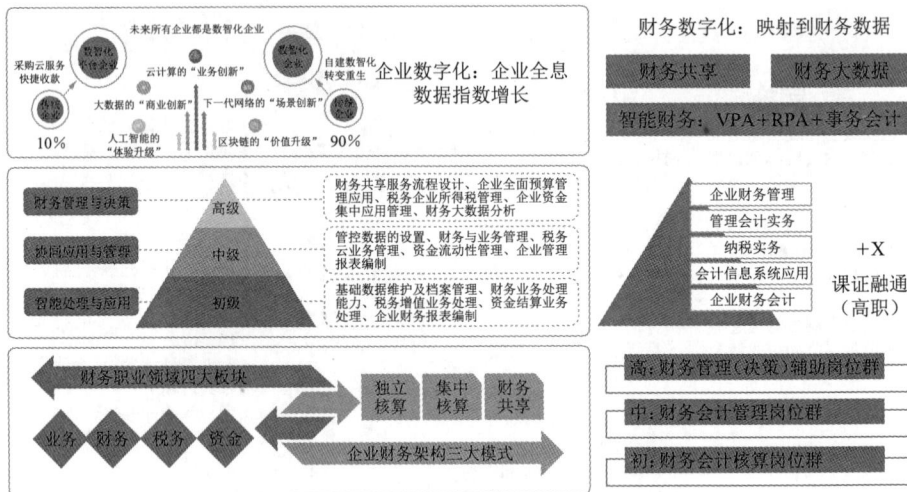

图 9-13   1+X 证书融合课程体系的架构

1. 重构课程体系,促进 1+X 课证融通

针对 1+X 财务数字化应用证书制度中初级、中级、高级的能力标准与知识要求,重构与优化课程的内容,对 X 证书的培训内容进行强化或补充。融入大数据、财务机器人流程自动化、移动报账、电子单据等新技术,新增财务共享服务业务处理、财务大数据分析等内容,补充管理会计等原有课程的内容及企业案例,达到专业课程(学历)与 X 证书(职业技能等级证书)的深度融合。

2. 推进混合式教学改革,保证 1+X 证书制度实施落地

借鉴 X 证书职业技能等级认定标准,推进教学方法改革,实施课岗对接、课证融合教学改革。在财务共享服务等课程教学中,以培养学生自主、合作、探究为目的,以案例探究教学法为引导,实现知识与技能、过程与方法、情感态度及价值观的培养;引进 X 证书考证培训实训平台,创建仿真平台,建立健全实验实训平台,开放相关课程的配套教学资源,开展虚实结合的培训;增设综合性、设计性、创新性实验,依托教学信息化平台,推进线上线下混合式教学改革。

3. 改进评价手段,形成匹配职业技能标准的教学评价融通体系

打破传统,全面实行过程、综合考核,建立与专业培养目标、职业技能标准相匹配的职业技能考核制度,构建评价融通体系。训赛平台可辅助检验学生达到的财务数字化应用能力和水平。完善的教学质量评价体系是学生就业竞争力的有力保证。此外,学校依托财务数字化应用平台创建,对接行业龙头企业,参加行业举办的人才推荐活动,利用学生新技术和新知识的优势,精准高效地匹配对口岗位,有效提升了对口率。

三、实施与保障

(一)1+X 融合人才培养实施

1. 建立"四层递进,双创贯穿"实践教学体系,强化智慧财经实战能力培养

统筹基础技能培养、岗位技能培养、综合技能培养、创新创业能力培养、职业素质培养等实践教学环节,整合实习实训资源,采用"公共实训平台＋专项实训模块＋共享创新平台"的模式,系统构建"层次＋模块"专业群实践教学体系,如图 9-14 所示。

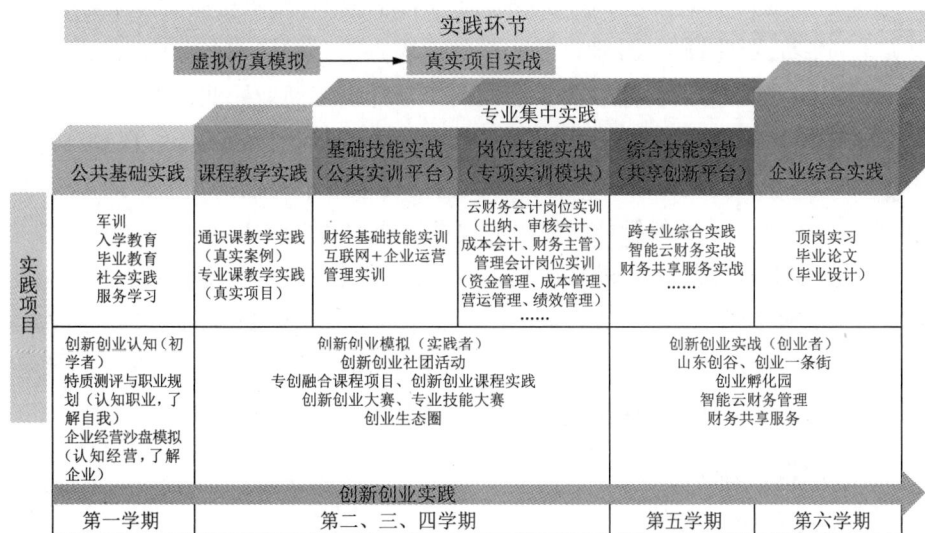

图 9-14　"四层递进,双创贯穿"的专业群实践教学体系

通过"公共基础实践→课程教学实践→专业集中实践→企业综合实践"递进式提高实践能力,"创新创业实践"贯穿培养全过程。创新创业教育与专业实践融合,实践教学项目化,培养复合型、创新型技术技能会计人才。其中,公共基础实践主要包括军训、入学教育、毕业教育、社会实践和服务学习;课程教学实践主要在通识课程和专业课程中加强实践教学;专业集中实践主要包括基础技能实战(公共实训平台)、岗位技能实战(专项实训模块)和综合技能实战(共享创新

平台),从模拟走向实战,全部基于企业真实项目和业务,特别是开展智能云财务实战和财务共享服务实战,实现师生专业性创业;企业综合实践主要包括顶岗实习和毕业论文(或毕业设计)。创新创业实践主要包括创新创业认知(初学者)、创新创业模拟(实践者)和创新创业实战(创业者)。

2. 产教融合、校企共建智慧财经产教融合实训基地

引入企业真实项目,对标企业内部财务管理岗、会计核算岗、税务管理岗、票务管理岗、财务共享岗等岗位群,山东商业职业技术学院师生为中小微企业提供票财税代理服务,为大中型企业提供财税外包服务。创建真实职场实战环境,将学习环境与职业环境对接,实训场所与工作岗位对接,企业文化与校园文化对接。实施完全学分制、弹性学制,为实践教学模式改革提供支撑。

3. 多措并举、外引内培,打造数量充足、专兼结合、结构合理的高水平师资队伍

制定专业带头人引进、考核标准,制订骨干教师、技术技能大师培养计划,制定教师到企业轮训制度,确定兼职教师选聘办法。聘请知名行业企业家担任专业群客座教授、专业群建设委员会顾问。依托山东商业职业技术学院建立的院士工作站,吸引商务智能、智能财税等领域领军人才 3～5 位,引育专业群建设带头人 1 位。校企合作培养能够解决企业智能财税难题的骨干教师 10～15位,合力培育企业认可的智能财税服务技术技能大师 1 或 2 位。

实施专业群双师素质提升计划。专业群教师每年至少要有 1 个月在企业或实训基地进行实训,全面落实每 3 年一周期的教师轮训制度,提升教师解决实际问题的能力和双师素质。建设专业群兼职教师库,提升校企人才双向流动水平,企业兼职教师要参与专业群建设、课程资源开发、实习实训指导等工作。

(二) 保障机制

1. 组织保障

为保证项目顺利实施,实现既定建设目标,学校将着力健全组织机构,以保障建设工作顺利完成。成立由行业企业、主管部门、学校等组成的项目建设领导小组,全面负责项目建设工作的统筹、指导和监督,落实建设资金和相关政策;领导小组下设 1+X 证书试点项目建设办公室,负责具体项目的组织、管理、推进、协调工作。

2. 制度保障

为确保项目按计划有效地实施以及资金的合理使用,按照上级有关文件要

求,山东商业职业技术学院制定了《山东商业职业技术学院1+X证书试点项目实施管理办法》《山东商业职业技术学院1+X证书试点项目建设专项资金管理办法》《山东商业职业技术学院1+X证书试点项目建设设备采购管理办法》《山东商业职业技术学院仪器设备使用管理及考核办法》等一系列文件,优化资源配置,为项目建设提供全面、科学的制度保障。

3. 资金保障

山东商业职业技术学院创新机制体制,深化产教融合,加强政行企校合作,不断提高学校筹集办学资源的能力,建立多元化、全方位的筹资渠道,形成多元投入、合力支持的格局,确保建设项目有充足的资金。依托国家"双高计划"建设项目、山东省优质高职院校建设项目等专项资金,设立专项账户,保证专款专用、规范管理,使资金发挥最大效益。

4. 管理保障

实施项目化管理。建立项目负责制,对建设项目的各项关键指标、标志性成果与项目建设内涵等进行综合评估,强化激励与问责机制。建立绩效考核制度,由学校项目建设领导小组制定奖惩办法,对项目的执行情况分年度进行过程检查和中期推进,确保建设项目按计划完成。

强化学校各层级管理系统间的质量依存关系,建立健全学校管理内部保障体系,保证项目建设顺利进行;整合学校多方的数据资源,建立校本公共数据中心,形成学校人才培养大数据体系,提升学校信息化水平,为公共信息服务、人才培养工作动态分析、行政决策提供支撑。

四、成效与特色

(一) 成效

(1)数字化教学资源与教材建设成果丰硕。新建10门在线开放课程的数字化教学资源,并有《财务会计》《政府会计》《税费计算与申报》《财务分析》等5部教材入选国家"十三五"规划教材,编写《管理会计实训》等新型工作手册式、活页式一体化教材3部。

(2)人才培养质量不断提高,大赛取得优异成绩。获山东省会计技能赛项一等奖,第十二届大学生科技节智慧企业财税审经营模拟赛二等奖、三等奖各1项。

(3)与澳大利亚合作开发财务机器人应用与开发、管理会计两门课程的国际标准。开展美国注册管理会计师认证(CMA)培训工作,20 名教师通过相关考试。

(二) 特色

1. 1+X 财务数字化应用职业技能等级证书示范性考核站点成功落地

2021 年 5 月,山东商业职业技术学院获批教育部 1+X 财务数字化应用职业技能等级证书示范性考核站点(如图 9-15 所示),有效地推进了 1+X 证书制度的试点工作,促进了书证融通,以人才评价模式改革带动学院人才培养质量的提升。

图 9-15　山东商业职业技术学院获批教育部 1+X 财务数字化应用
职业技能等级证书示范性考核站点

2. 教学练一体,增强"复用型"实践内容

根据新道科技有限公司财务数字化应用职业技能等级证书面向岗位群分类以及工作领域、工作任务,山东商业职业技术学院在现有专业课程外增加了集中实训的内容,如将财务共享中心各职能小组的作业集中在一起,让学生在仿真工作环境中体验真实的企业案例、人机协同、共享管理模式。这样不仅能训练学生综合运用专业知识与技能,还可以促进教师应用案例探究、创新教学法,逐步形成具有辐射引领作用的高水平专业化产教融合实训基地,一举多得。

案例五　食品专业群 + 粮农食品安全评价和可食食品快速检验职业技能等级证书

一、基本信息

（一）专业群基本信息

山东商业职业技术学院食品专业群包括食品检验检测技术、食品生物技术、食品贮运与营销三个专业。其中，食品检验检测技术专业侧重于培养高精尖的检验检测技术技能人才，食品生物技术专业主要培养食品生产加工技术技能人才，食品贮运与营销专业重点培养掌握食品贮运保鲜的技术技能人才。

（二）职业技能等级证书基本信息

目前，食品专业群融入的职业技能等级证书有粮农食品安全评价和可食食品快速检验两种证书，各专业具体的证书融入情况见表9-8。

表9-8　食品专业群各专业证书融入情况

专业群	专业	融入的证书		备注
		证书名称	等级	
食品专业群	食品检验检测技术	粮农食品安全评价职业技能等级证书	中级	专业群共通证书等级
		可食食品快速检验职业技能等级证书	中级	专业特色证书等级
	食品生物技术	粮农食品安全评价职业技能等级证书	中级	专业群共通证书等级
		可食食品快速检验职业技能等级证书	初级	专业特色证书等级
	食品贮运与营销	粮农食品安全评价职业技能等级证书	高级	专业群特色证书等级（含专业群共通证书等级）
		可食食品快速检验职业技能等级证书	高级	专业群拓展可选证书等级

二、证书遴选的原则

职业技能等级证书体现了职业技能的实用性、适用性、前沿性和引领性,促进以技术技能应用为贯穿主线的经济社会、区域产业、相关企业、人才培养的全面发展。因此,基于需求导向,从国家需求、区域产业需求、就业需求、学生需求四个维度确定专业(群)职业技能等级证书遴选原则。

(一) 国家需求

服务国家经济社会发展,对接市场变化与新技术新技能需求,是职业教育专业建设和人才培养的逻辑起点,也是遴选职业技能等级证书最基本的依据。国家层面对专业技术技能的需求,主要体现在社会生活需要的强度、经济发展需要的程度、国家标志性政策支持保障的力度等指标上,要建立国家需求维度的证书遴选指标体系,并与证书的适用范围进行比对分析,构建专业(群)证书库。

(二) 区域产业需求

区域产业需求是技术技能人才培养的风向标。从区域产业布局、产业转型升级、产业扶持政策等指标出发,明确技术技能更新换代的方向,这是遴选职业技能等级证书的关键依据,可确保专业(群)人才培养与产业发展同步对接。

(三) 就业需求

促进学生充分就业,是专业(群)人才培养的主要目的,也是遴选职业技能等级证书的核心依据。面向行业龙头企业就业岗位需求,以岗位工作、技术升级、企业发展规划等为指标,分析人才培养规格与证书知识、技能要求的匹配度,遴选满足职业岗位需要的职业技能等级证书,促进学生横向上掌握多种职业岗位的技能,纵向上具备职业岗位的精深技术技能,拓宽学生就业创业通道,实现学生"好就业,就好业"。

(四) 学生需求

为满足学生多元化成长成才的需求,以学生为行为主体,从学生职业发展规划、兴趣爱好、自身能力等指标出发,个性化遴选职业技能等级证书,促进学生人人皆可成才、人人尽展其才。

三、1+X 融合模式设计

1+X 融合模式主要包括完全融合、对接嵌入、多元新增三种融合模式,如图 9-16 所示。

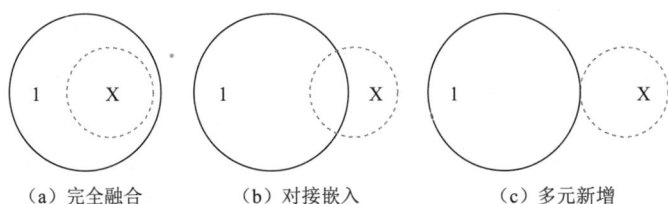

(a) 完全融合　　　(b) 对接嵌入　　　(c) 多元新增

图 9-16　1+X 融合模式

(一) 将"X"完全融合到"1"中

专业(群)人才培养方案的课程可全部覆盖职业技能等级证书培训的内容，可采用 1+X 完全融合模式[如图 9-16(a)所示]，即通过课程免修正、内容重构、技能强化等路径，将"X"完全融合到"1"中。

(二) 将"X"对接嵌入"1"中

专业(群)人才培养方案的课程涵盖职业技能等级证书的部分内容，对于职业领域新技术、新工艺、新规范则未完全涵盖，可采用 1+X 对接嵌入模式[如图 9-16(b)所示]，即通过内容补充、模块拓展等路径，将 X 证书中的高、新、精技术技能有针对性地、有重点地嵌入"1"中。

(三) 将"X"作为"1"中的多元发展新增课程

专业(群)人才培养方案的课程与某一职业技能等级证书的内容无交集，但该职业技能与专业上下游产业或关联性职业岗位有关，因此将该 X 证书作为"1"中促进学生多元化发展的新增课程[如图 9-16(c)所示]。

四、1+X 融合路径设计

1+X 融合路径包括课程免修正、内容重构、技能强化、内容补充、模块拓展及新增课程六大路径。

路径一：课程免修正。课程模块无变化。现有专业课程中的知识、技能和素养能够完全覆盖职业技能等级标准的要求，相关内容无须修正，可按现有实验实训资源条件开展课程教学。

路径二：内容重构。课程模块的顺序调整。根据职业技能等级标准的要求，遵循职业技能建立的系统性和完整性，将现有课程模块以指标属性、产品类别、生产步骤等为载体，进行项目化或职业岗位工作过程化重构。

路径三：技能强化。课程模块根据职业技能等级标准要求的熟练程度进行调整。在现有课程内容的基础上，针对职业技能等级标准中熟练度要求较高、难度较大的技术技能进行强化训练,使学生做到举一反三。在课程体系中,可设置专业群基础实训、专业群岗位实训和专业群综合实训,作为主要的强化路径课程,按学年分阶段对专业关键技术技能进行集中训练。

路径四:内容补充。在课程中增加高、新、精职业技能模块的内容。将职业技能等级标准中的新技术、新工艺、新规范、新要求融入课程教学,补充相关新内容。在补充融合过程中,针对学校在专业教学过程中不能完成的或现有教学条件无法完成的内容,通过校内外集中培训、企业实践、虚拟仿真模拟等方式加以补充。

路径五:模块拓展。在课程中增加关联性职业领域模块的内容。将职业技能等级标准中涉及的核心职业岗位晋升要求,或全产业链运行特定共性需要,或关联性职业岗位工作任务等,增加为课程拓展延伸类模块的内容。在拓展融合过程中,结合产业发展需要及职业技能等级证书培训对实验实训条件的要求,学校与行业头部企业共建互利共享的校内外实验实训基地,满足课程拓展模块的教学需要。

路径六:新增课程。增设全新课程。根据职业岗位工作的需要,将现有课程不能支撑的职业技能整合为一门或多门新增课程,由学校教师、行业专家、企业技术能手共同制定课程标准,共同实施课程教学,共同开展考核评价。通过吸纳行业企业精兵强将,促进学生、教师职业技能提升与产业发展同步。

通过课程免修正、内容重构、技能强化、内容补充、模块拓展、新增课程六类融合路径的单一性运用或复合性联用,将职业技能融入课程教学实际,保障学生充分获取产业发展需要的职业技能,满足学生"一生多证",促进复合型、创新型技术技能人才培养质量提升,实现学生"一专多能",切实为学生提供多条就业创业路径。

五、食品专业群1+X融合实践

(一)专业群调研与证书遴选

1.专业群调研

根据证书遴选"四维"原则开展专业群调研。

(1)政策调研:通过研读《中华人民共和国国民经济和社会发展第十四个五年规划和2035年远景目标纲要》《中共中央国务院关于深化改革加强食品安全工作的意见》《山东省国民经济和社会发展第十四个五年规划和2035年远景目标》以及山东省《关于加强食品安全工作的若干措施》等国家和山东省出台

的标志性政策文件,掌握国家和山东省经济社会发展对食品相关产业的规划和布局,以培养充分满足经济社会发展需要的专业人才。

(2)行业调研:调研全国食品工业协会、山东省健康肉供应链发展联盟、山东省物流与采购协会等行业相关单位,了解食品行业发展新方向以及职业技术技能新要求和新变化。

(3)企业调研:通过问卷调研和实地走访,调研了金锣集团、蒙牛集团、百胜集团、山东省产品质量检验研究院、喜旺集团、百事可乐有限公司等行业龙头企业,了解了生产、技术、管理等职业岗位的工作要求及人才需求情况。

(4)毕业生和在校生调研:通过问卷调研了解了毕业生职业发展能力需求和在校生个人发展需求。

2. 专业群证书遴选

通过对国家经济发展、行业发展变化、企业转型升级、学生发展意愿等方面的了解,确定专业群人才培养目标及技术技能要求,建立食品专业群证书遴选指标体系。食品专业群立足于服务国家食品安全战略,贯彻实施"十四五"规划中强调的"推动现代服务业同现代农业深度融合"的意见,助力山东农产品上行,以质量安全检测为重要抓手,保障食品(农产品)生产流通全链条品质安全。聚焦蒙牛集团、金锣集团、山东省产品质量检验研究院等行业头部企业职工岗位设置、岗位工作要求及技术革新需要,整合政行企校优势资源,培养食品流通全链条质量安全检验检测技术技能人才,故食品专业群选择侧重于培养大型精密检验检测仪器操作和农产品流通品控技术的粮农食品安全评价职业技能等级证书(中级)作为专业群共通证书,各专业根据不同人才培养目标,确定专业特色证书。同时考虑学生个性化发展的需求,根据试点证书情况不断扩充专业X证书库。

(二)专业群职业岗位分析

通过专业群调研,确定专业群通用职业岗位、专业核心职业岗位、专业群拓展职业岗位,并与面向该职业岗位的职业技能等级证书及考核等级匹配对应,见表9-9。

表9-9　食品专业群职业岗位分析

专业群职业岗位类别	职业岗位	面向该职业岗位的职业技能等级证书及考核等级
专业群通用职业岗位	化学实验员	粮农食品安全评价职业技能等级证书,初级
	检测实验室管理员	粮农食品安全评价职业技能等级证书,初级

专业群职业岗位类别	职业岗位	面向该职业岗位的职业技能等级证书及考核等级
专业核心职业岗位	食品检验员	粮农食品安全评价职业技能等级证书,中级 可食食品快速检验职业技能等级证书,中级
	食品加工员	粮农食品安全评价职业技能等级证书,中级 可食食品快速检验职业技能等级证书,初级
	食品贮运管理员	粮农食品安全评价职业技能等级证书,高级
专业群拓展职业岗位	食品流通品控员	可食食品快速检验职业技能等级证书,高级
	食品智能生产员	
	食品冷链物流管理员	

(三)人才培养方案中的知识、能力与职业技能等级标准的比较分析

将专业群人才培养方案中的知识、能力与职业技能等级标准进行比较分析,确定"1"与"X"的融合模式。以食品检验检测技术专业为例,人才培养方案涵盖了与粮农食品安全评价职业技能等级证书(中级)相关的样品采集、检验检测、仪器使用操作等知识和技能,但未涉及食品加工过程中监测仪器使用、谱图异常值判断、生产质量控制图绘制等内容,因此粮农食品安全评价职业技能等级证书(中级)采用对接嵌入融合模式;食品检验检测技术专业人才培养方案涵盖了可食食品快速检验职业技能等级证书(中级)考核所需的全部知识和技能,因此可食食品快速检验职业技能等级证书(中级)采用完全融合模式。具体见表 9-10。

表 9-10　食品专业群人才培养知识、能力与证书标准比较分析

(以食品检验检测技术专业为例)

	食品专业群人才培养方案(食品检验检测技术专业)	职业技能等级证书	
		粮农食品安全评价职业技能等级证书(中级)	可食食品快速检验职业技能等级证书(中级)
知识要求	掌握食品样品采集、制备、保存方法,食品检验检测的基础理论知识、原理和方法,以及检测分析仪器工作原	掌握样品采集方法,掌握食品常见指标、食品添加剂的检测原理及方法,掌握大肠菌群、菌落总数检验检测方法,掌握农药残留、兽药残	掌握样品采集、制备和保存的方法,掌握标准溶液的配制方法,掌握农药残留、兽药残留、食品添加剂、非法添加物、

食品专业群人才培养方案（食品检验检测技术专业）	职业技能等级证书	
	粮农食品安全评价职业技能等级证书（中级）	可食食品快速检验职业技能等级证书（中级）
知识要求 理、使用及维护的基本知识；熟悉食品产业链相关质量安全管理的基本原理和主要方法，熟悉食品行业发展动态；了解新产品、新技术、新方法	留等指标的快速检测原理和方法，掌握常规检测仪器使用原理和方法；熟悉食品加工过程中监测传感器的使用原理和方法；了解生产质量控制图绘制方法，了解危险实验废弃物处置方法	生物毒素、重金属等快速检测的原理和方法，掌握数据处理的相关知识；熟悉实验室安全管理办法和制度；了解实际耗材与仪器设备管理的相关知识
能力要求 具有食品样品采集、常规指标检测、快速检测、数据分析、结果判定的能力；具有实验室管理的能力；具有应用食品安全与质量控制技术对食品生产、流通、餐饮等环节进行评价监控的能力；具有对食品安全进行质量监督的能力	能制订样品采集方案，能规范使用常规实验仪器并进行日常维护，能规范进行食品常见指标、食品添加剂的检测，能进行大肠菌群和菌落总数的检测，能进行农药残留、兽药残留等指标的快速检测，能规范使用、维护食品加工监测传感器，能准确记录图谱数据并进行数据处理，能判断异常数据值并绘制生产质量控制图，能对危险实验废弃物进行安全处置	能按照抽样方案制订合理的抽样计划，选择合适的检测方法，能独立承担可食食品快速检验工作，能按照质量控制方案实施有效的质量控制
1+X 融合模式	对接嵌入融合模式	完全融合模式

（四）1+X 融合课程体系优化

根据食品专业群教学标准和人才培养方案的要求，以课程免修正、内容重构、技能强化、内容补充、模块拓展、新增课程六类融合路径优化"宽平台、精方向、强拓展"课程体系，重点将粮农食品安全评价、可食食品快速检验职业技能等级标准中的知识、技能和素养整合到相关课程中，转化为专业课程教学的内容，实现课证合一，提高学生就业创业本领。

"宽平台",主要是搭建专业群基础知识与技能共享平台,使学生掌握专业群通用技术技能。在大一学年设置专业群基础课程和专业群基础实践课程,将粮农食品安全评价职业技能等级证书(初级)涉及的知识、技能和素养,以主体内容免修、重点实操强化等方式融入课程,使学生具备粮农食品安全评价职业技能等级证书(初级)要求的知识、技能和素养,服务学生从事化学实验员等专业群通用职业岗位工作,见表9-11。

表9-11 职业技能等级证书融入专业群平台课程

典型工作任务	职业技能	专业课程	融入的证书	融入路径
基础性实验分析	标准溶液配制与标定	无机及分析化学	粮农食品安全评价职业技能等级证书(初级)	课程免修正
	实验数据记录与处理	无机及分析化学		课程免修正
	滴定分析操作	专业群基础实训		技能强化
实验室安全	实验室用品安全使用	无机及分析化学		课程免修正

"精方向",是指学生分专业方向掌握精湛的食品检验检测技术、食品生产加工技术以及食品贮运保鲜技术。在大二学年开设各专业的核心课程和专业方向岗位实践课程,将中级粮农食品安全评价职业技能等级证书要求的技术技能作为专业群共通技术技能,将高级、中级、初级可食食品快速检验职业技能等级证书要求的技能,高级粮农食品安全评价职业技能等级证书要求的技能,分别作为食品检验检测技术、食品生物技术、食品贮运与营销三个专业的特色技术技能,按照职业岗位工作需要重构、行业企业核心技术技能补充、重难点实操强化等方式融入课程,使各专业的学生获得核心职业技能,使得学生胜任食品检验员、食品加工员、食品贮运管理员等专业核心职业岗位的工作,见表9-12。

表9-12 职业技能等级证书融入专业核心课程
(以食品检验检测技术为例)

典型工作任务	职业技能	专业课程	融入的证书	融入路径
样品采集	样品采集	食品理化检验技术	粮农食品安全评价职业技能等级证书(中级)、可食食品快速检验职业技能等级证书(中级)	内容重构
		食品微生物检验技术		内容重构

典型工作任务	职业技能	专业课程	融入的证书	融入路径
样品制备和保存	样品预处理	食品理化检验技术		内容重构
		食品微生物检验技术		内容重构
	样品保存	食品理化检验技术		内容重构
		食品微生物检验技术		内容重构
样品检测	食品常见指标检测	食品理化检验技术		内容重构
		食品检测实务		技能强化
	食品添加剂检测	食品理化检验技术		内容重构
	食品微生物检测	食品微生物检验技术		内容重构
	农药残留、兽药残留等快速检测	食品快速检测技术		内容重构
		食品检测实务		模块拓展
	常规检测仪器操作	仪器分析	粮农食品安全评价职业技能等级证书（中级）、可食食品快速检测职业技能等级证书（中级）	内容重构
		食品检测实务		模块拓展
	大型精密检测仪器使用	食品检测实务		模块拓展
		食品检测岗位实训		模块拓展、技能强化
数据处理	数据处理与结果分析	食品理化检验技术		内容重构
		食品微生物检验技术		内容重构
		仪器分析		内容重构
	谱图异常值分析	无		内容补充
报告填报	检测报告填报	食品理化检验技术		内容重构
		食品微生物检验技术		内容重构
质量管理	加工过程质量控制	食品加工技术		内容重构
		食品安全与质量控制		内容重构
	生产质量控制图绘制	无		内容补充
	食品安全管理	食品安全与质量控制		内容重构
	加工过程监测仪器操作	无		内容补充
实验室安全与管理	实验室危险品处置	实验室安全管理		内容重构
	实验室仪器设备管理	实验室安全管理		内容重构
	实验室安全管理	实验室安全管理		内容重构

"强拓展",主要是促进专业群内各专业技术技能的拓展提升与专业间的相互融通。在第五学期开设专业群拓展课程和专业群综合实训课程。其中,专业群拓展课程组包括食品流通品控、食品智能生产、食品冷链物流管理三个课程组,学生可根据个人兴趣与职业规划选择其一。在食品流通品控课程组,采用对接嵌入方式融入可食食品快速检验职业技能等级证书(高级),通过内容补充、模块拓展、技能强化等路径融入专业群课程,根据学生选择的拓展课程组,促进学生掌握相应的职业技能。第六学期的毕业实习,学生可在职业岗位工作中进一步巩固粮农食品安全评价、可食食品快速检验职业技能,提高专业群关联性职业技能。"强拓展"促进学生掌握核心职业岗位晋升所需的技术技能,或食品流通品控员、食品智能生产员、食品冷链物流管理员等新兴交叉职业岗位工作技术技能。

(五)1+X 融合育人模式创新

按照六类融合路径,根据食品专业群每一门专业课程的教学实际,将课程相应的内容划分为四类教学内容。其中,第一类教学内容是通过课程免修正、技能强化等路径确定的课程基础性知识与技能,第二类教学内容是通过内容重构、技能强化等路径确定的岗位工作技术技能,第三类教学内容是通过内容补充、模块拓展等路径确定的职业岗位新技术、新工艺、新规范,第四类教学内容是通过课程新增路径确定的职业新方向技术技能。通过课程教学内容的归类,将职业技能等级标准中涵盖的技术技能逐步推向课程教学层面,并通过"两阶段、三协同、多元化"1+X 融合育人模式的实施(图9-17所示),实现课程教学与证书培训同步。

(1)实施课程"两阶段"教学。课程划分为校内、校外两个教学阶段,课程基础性知识与技能主要通过校内课堂教学学习;岗位工作技术技能通过校内课堂教学和证书集中培训学习,并在合作企业真实职场体验岗位工作;品控技术集成应用等新技术、食品流通品控管理等新方向主要在合作企业通过岗位实践、技术集中培训学习。校内、校外教学所用课时,根据课程实际教学需要确定。

(2)开展校企培"三协同"育人。组建由专业教师、企业导师、证书考评员构成的专兼职教师团队,根据四类教学内容的要求,团队教师优势互补、分工合作开展课程教学、实践指导与技能培训;同时整合学校、企业、第三方培训评价组织的资源与条件,共建互利共享的食品流通全链条相关的校内外实验实训基地及职业技能证书培训考核站点,三方协同保障高质量育人实效。

(3)建立课程多元化考核评价体系。课程考核采用学生自评、学生互评、教师评价、企业导师评价、第三方培训组织评价等多元主体相结合的考核模式,对课程和职业技能等级标准涉及的公共素养、职业素养、知识内容、职业岗位工作技能等多元化内容进行考核评价。课程期末测试成绩占比不超过 30%,增加学习过程表现、生产场地技术技能实操考核所占的比例。加强第三方培训评价组织评价,用职业技能等级证书考核成绩置换课程期末成绩,以此提升学生参与1+X 融合学习的积极性。

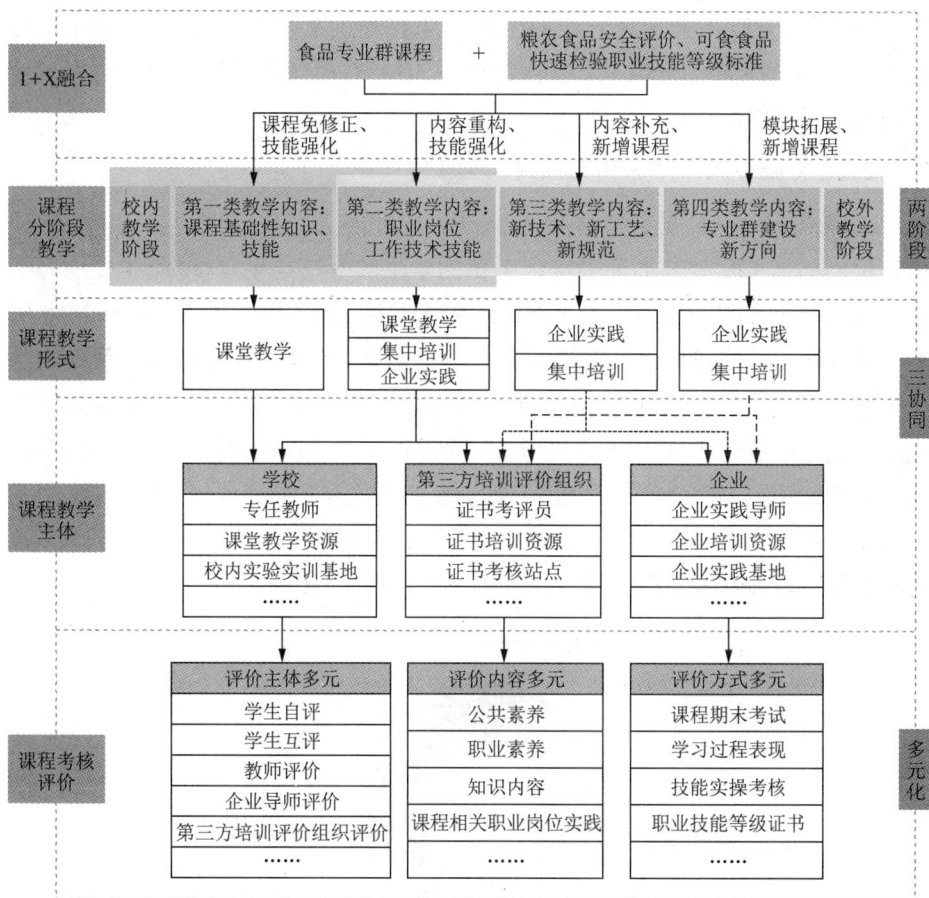

图 9-17 "两阶段、三协同、多元化"1+X 融合育人模式

六、试点成效

(一)1+X 融合人才培养模式改革成效

食品专业群将粮农食品安全评价、可食食品快速检验职业技能等级证书融

入人才培养,在"四维"证书遴选原则的指导下,建立了完全融合、对接嵌入、多元新增三种1+X融合模式,提出了课程免修正、内容重构、技能强化、内容补充、模块拓展、新增课程六类1+X融合路径,形成了较为成熟的1+X融合人才培养模式。

1. 证书考核通过率高于全国平均水平

2020年,山东商业职业技术学院获批粮农食品安全评价职业技能等级证书(中级)考核站点,共培训166名学生,证书考核通过率达90%,高于全国平均通过率(85%),表明专业群1+X融合路径设计科学,能够有效促进学生掌握行业所需的技术技能。

2. 1+X融合人才培养模式得到学生认可

主要依据《1+X融合人才培养对学生职业能力发展的调查问卷》进行分析评价。根据123名参加证书培训考核的学生的反馈结果,发现职业技能等级证书对提升个人职业能力有极大帮助或较大帮助的学生占90.25%(图9-18所示),认为职业技能等级证书对提升个人就业竞争力有极大帮助或较大帮助的学生占87.8%(图9-19所示),对职业技能等级证书学习成效的自我评价为非常满意或满意的学生占89.43%(图9-20所示)。调查问卷的结果表明,学生对职业技能等级证书较为认可。职业技能等级证书尚属于新鲜事物,还需要学生在实际工作中不断验证其价值。此外,职业技能等级证书融入专业群人才培养也处在起步阶段,融合的路径、模式还需要进一步探索、完善。

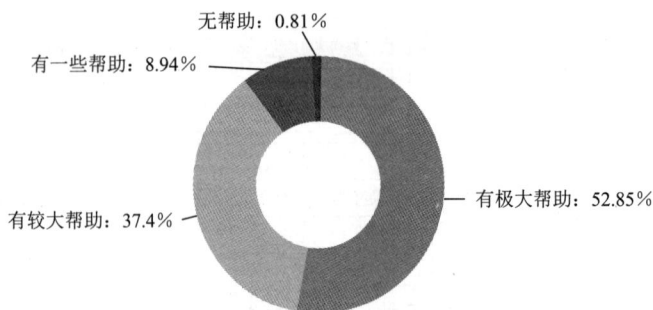

无帮助:0.81%
有一些帮助:8.94%
有较大帮助:37.4%
有极大帮助:52.85%

图9-18 职业技能等级证书提升个人职业能力情况的调查结果

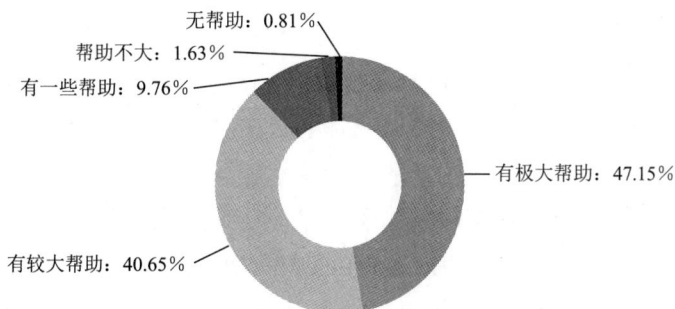

无帮助：0.81%
帮助不大：1.63%
有一些帮助：9.76%
有极大帮助：47.15%
有较大帮助：40.65%

图 9-19 职业技能等级证书提升个人就业竞争力情况的调查结果

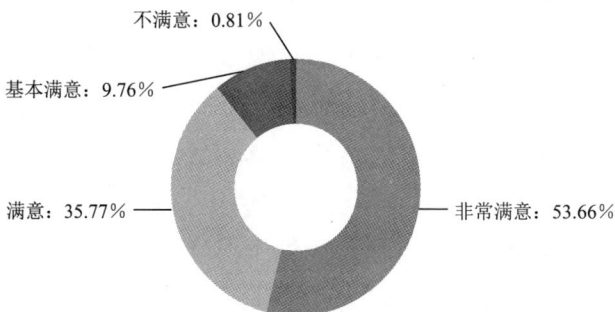

不满意：0.81%
基本满意：9.76%
满意：35.77%
非常满意：53.66%

图 9-20 职业技能等级证书学习成效的自我评价结果

3. 有效促进学生技术技能学习积极性

1+X 融合人才培养提高了学生学习技术技能的积极性,通过"课堂即考场,结课即拿证"的实验实训考核办法,提升了学生的技术技能水平,学生报名参加各级各类技术技能大赛时非常积极。通过证书培训考核的学生,参加 2020 年全国食品营养与安全检测技能大赛获得一等奖 1 项、三等奖 2 项,参加 2020 年山东省职业院校技能大赛获得团体三等奖。

4. 企业对专业群 1+X 融合人才培养评价高

目前首批参加证书培训考核的学生已走上工作岗位,通过走访及问卷调查了金锣集团、蒙牛集团、山东省产品质量检验研究院、喜旺集团等单位对职业技能等级证书在人才培养中的认可度,调研单位均认为职业技能等级证书对提高人才专业知识、技术技能、职业素养有较大的帮助,能够缩短学生岗位适应时间。在人才招聘时,同等条件下,这些单位会优先录用获得职业技能等级证书的学生。

(二) 教师团队建设成效

目前,食品专业群共有 11 位教师获得职业技能等级证书考评员资格。其中,9 位教师获得粮农食品安全评价职业技能等级证书考评员,2 位教师获得可食食品快速检测职业技能等级证书考评员。1+X 融合人才培养促进专业群教师紧跟行业发展动态,及时跟进行业新技术、新方向、新规范。以证书培训为载体,强化校企行合作,专兼职教师深度融合,推进教师队伍建设质量不断提升。

教师团队 1+X 融合人才培养得到第三方培训评价组织——中农粮信(北京)技术服务有限公司认可,该公司授予山东商业职业技术学院领军院校奖、优秀教学奖等荣誉,授予团队 1 位教师"领航奖"、3 位教师"先锋奖"、3 位教师"厚德奖"。

(三) 教材建设成效

基于 1+X 融合人才培养实践经验,专业群与山东省产品质量检验研究院共同编写了《食品仪器分析》《食品快速检测技术》《食品检测实务》三本活页式、工作手册式教材,共同开发了教学资源。

(四) 实验实训条件建设成效

专业群与百胜集团、百事集团、山东省产品质量检验研究院共建了食品安全检测公共实训基地,新建食品冷链运营实训室,升级改造第三方检测机构 Living Lab 虚拟仿真漫游中心,建成与国际接轨的高端食品安全检测实验实训站点;对接国际标准,面向社会人员开展多农药、多兽药残留等高端检测技术研发与培训。

案例六　机电一体化技术专业＋工业机器人集成应用职业技能等级证书

一、基本信息

1+X 证书融合专业（群）基本信息见表 9-13。

表 9-13　专业（群）基本信息

试点院校	专业（群）	专业（群）人才培养目标	试点职业技能等级证书	证书简介	选择的证书考核等级
山东商业职业技术学院	机电一体化技术	培养理想信念坚定，德、智、体、美、劳全面发展，具有一定的科学文化水平，良好的人文素养、职业道德和创新意识，精益求精的工匠精神，较强的就业能力和可持续发展能力；掌握智能制造相关知识和技能，面向装备制造等行业的机电一体化设备维修技术员、自动生产线运维技术员、工业机器人应用技术员、机电一体化设备生产管理员、机电一体化设备销售和技术支持技术员、机电一体化设备改造技术员等职业群，能够从事机电一体化产品的生产与装调、高端机电一体化设备的操作与维护、机器人装调与操作、智能机电产品营销与技术支持、机电产品质量管理等工作的复合型、创新型技术技能人才	工业机器人集成应用职业技能等级证书	能根据应用需求进行集成方案适配、原理图绘制以及操作手册和维护保养手册编写，能在离线编程软件中搭建并仿真工作站应用，能根据典型工作任务完成示教编程，能根据工艺要求对集成系统进行联机调试与优化，能遵循规范对集成系统进行维护、备份及异常处理，能根据维护保养手册查找机械、电气故障并维修（112 个学时）	中级

二、1+X 融合路径设计思路

(一) 选择依据

教育部等部门联合印发了《关于在院校实施"学历证书 + 若干职业技能等级证书"制度试点方案》,部署启动"学历证书 + 若干职业技能等级证书"制度试点工作。方案提出,探索建设职业教育国家"学分银行",对学历证书和职业技能等级证书所体现的学习成果进行认证、积累与转换。

中国已连续 6 年成为全球最大的机器人市场,机器人高端装备产业从无到有、从小到大,尤其是市场应用领域取得了长足的进步。机器人及其智能装备发展创造了更多的工作机会,如工业机器人技术及其智能装备的集成设计、编程操作以及日常维护、修理等方面。工业机器人的编程操作相对比较成熟,但机器人系统集成应用相关人才的培养却没有跟进,造成了专业人才短缺。"互联网 + "智能制造产业推进信息化与工业化深度融合,"物联网 + "智能制造产业推动智能化制造技术发展升级,"机器人 + "智能制造产业推进智能化生产过程系统集成。机电一体化技术专业是融合机电液气等多门技术的专业,紧贴区域发展需求,为体现专业发展特色,在众多的 1+X 证书中确立了工业机器人集成应用职业技能等级证书。

(二) 融合路径设计

以智能制造企业职工岗位能力需求为宗旨,以 1+X 工业机器人系统集成职业技能考核要点为大纲,融入相关专业课程的教学内容;按照职业技能要求构建实训教学体系,提升实际操作能力,从而实现课证融合。融合设计思路如图 9-21 所示。

加强专业课程体系整合优化,校企合作开发与国际标准对接的机电一体化技术专业课程,将智能制造新技术、新工艺引入课程,围绕智能制造典型环节,构建以核心职业能力培养为主线,"基础通用、模块组合、产业对焦"的工学结合的专业课程体系。

以全生命周期智能制造实践基地典型实训设备为专业共同教学载体,开发各专业核心课程。专业共享课程主要是培养电工电子工具仪表使用、电子产品装调、电气线路装调、机械工具使用、机床使用、计算机应用、制图识图等职业基础能力。专业核心课程主要培养整个智能制造系统信号采集、执行机构运动抓取、系统集成方面的能力。专业方向课程主要培养智能装备制造与装调、工业机器人系统集成、机电产品设计、机电设备维护与维修等职业核心能力。专业拓

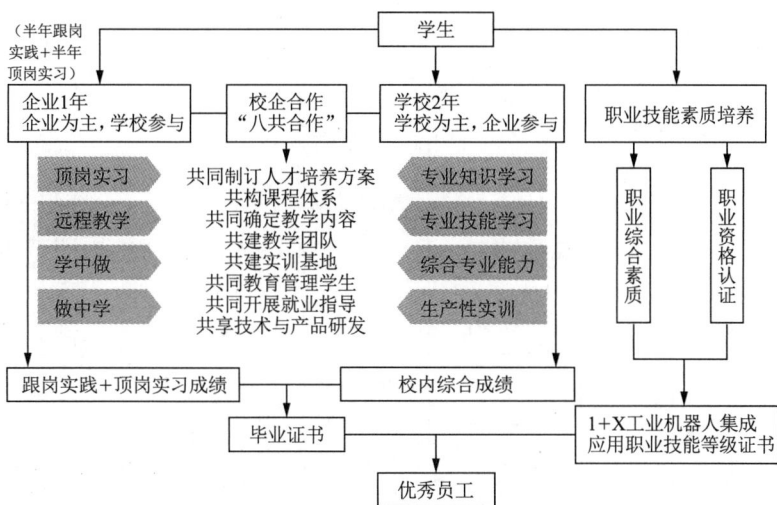

图 9-21 1+X 融合路径设计思路

展课程主要培养岗位适应能力、可持续发展能力和创新能力。随着全生命周期智能制造实践基地建设进程的推进，以专题讲座、课题研究、企业实习等形式开设智能制造前沿课，帮助学生获得新技术、新工艺和新知识。

（三）1+X 融合课程体系设计与课程内容优化

确定证书后，可以采用嵌入、融合、补充、强化、延伸、提升等方式将 X 证书培训方案与本校的人才培养方案结合，避免内容重复，达到强化职业知识和技能、补充行业发展最新技术、拓展职业技能的目的，见表 9-14。机电一体化技术专业 1+X 融合课程体系的架构如图 9-22 所示。

表 9-14 1+X 融合方式

工作任务	课程	融合情况
工业机器人系统机械设计	机械设计基础	嵌入
工业机器人系统气动控制	液压与气动技术	融合
工业机器人系统编程操作	工业机器人编程操作	融合、强化
工业机器人系统产线控制	电气控制与 PLC 技术	融合
工业机器人系统整体应用	机电一体化系统应用	融合、提升

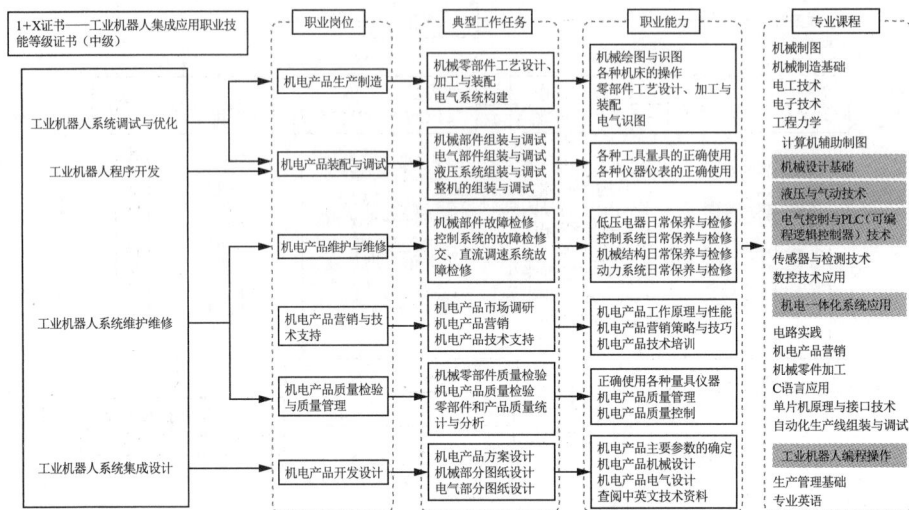

图 9-22　1+X 融合课程体系的架构

三、实施与保障

(一) 1+X 融合人才培养实施

(1)采取"全员动员,自愿参加"的方式进行组织,组成考核班进行有针对性的考前辅导,保证通过率。

(2)选派骨干教师参加 1+X 师资培训和考评员培训,把握考核的正确方向,同时提升教师专业实践能力。

(3)课余时间根据报考学生人数,为学生提供专用训练场所,安排教师轮流值班,对学生进行辅导。

(4)将专业课程资源、考评机构的学习资源等课前课后、线上线下教学资源进行融合,在不订购专门教材的情况下保证学习资源充足。

(5)通过新增工业机器人集成应用实训室,改善实践硬件条件。申报职业技能等级证书考核站点,满足周边地区企业技术人员和职业院校学生学习、培训和技术提升的需要。

(6)理论考试部分满分为 100 分,权重为 40%;实操考试部分满分为 100分,权重为 60%。综合成绩等于理论考试成绩和实操考试成绩的加权之和,综合成绩合格标准为高于或等于 60 分,综合成绩合格的学员可以获得相应级别的职业技能等级证书。

(二) 保障机制

为了更好地完成 1+X 证书制度的试点工作,山东商业职业技术学院出资购买了 4 套考证设备,并配备了工业机器人集成应用实训室。山东商业职业技术学院专项拨款支持,工作经费使用规范,为试点考试的学生支付考试费用,鼓励学生积极努力学习,解决了学生的后顾之忧。

四、成效与特色

(一) 成效

至今为止,已有 1 位教师参加了由北京华航唯实机器人科技股份有限公司组织的工业机器人集成应用职业技能等级证书师资培训,11 位教师参加了考评员培训并获得考评员资格。

2020 年,山东商业职业技术学院首次有学生参加证书(中级)考试,报考学生 30 人(包括 2018 级 1 人、2019 级 27 人、2020 级 2 人),25 人顺利通过考核并取得证书。2021 年,山东商业职业技术学院报考人数为 112 人(全部为 2019 级学生),99 人顺利通过考核并取得证书。

专业建设成果丰硕。山东商业职业技术学院获得国家级课题 4 项,国家级教学成果二等奖 1 项;参与"十三五"产教融合发展工程规划项目智能制造创新服务基地项目 1 个,建设国家级数控实训基地 1 个,建设国家级智能制造实训基地 1 个;开设创新行动发展规划在线精品课程 3 门,成为全国职业院校大赛裁判,山东省职业院校大赛裁判,山东省科技厅课题立项评审、科学技术奖评审、成果验收鉴定评审,教育部教学成果奖评审,兄弟院校招聘、职称、课程评审;发明实用新型专利 30 多项;获得省级精品课程 1 门,山东省科学进步奖二等奖 1 项,省级教学成果一等奖 1 项;获得市厅级课题 5 项,省级课题 6 项;开设校级优质资源共享课 3 门,校级精品课 5 门;获得校级课题 10 项,校级教学成果奖三等奖 2 项、二等奖 1 项、一等奖 3 项;有师德标兵 1 人,巾帼建功先进个人 1 人等;发表论文 30 多篇,指导学生参加创新类大赛获奖 50 多项,并在第五届"互联网＋"大赛中获金奖。

(二) 特色

(1)建设完成工业机器人集成应用实训室,对接职业岗位能力要求,承办 2021 年工业机器人集成应用考评员培训并获得好评。

(2)对接 1+X 证书考评要求,课证赛深度融合,产教融合,教学改革成果辐射校内更多的专业,在国内同类院校中具有一定的影响力。积极参与或承办各级相关会议,展示 1+X 证书建设成果。

(3)课程项目有设备依托、依证书标准、可实现能力,学生有动力、能考核、可提升。改进人才培养方案,将职业技能等级证书的要求融合到教学计划中,强化学生技能训练。学生在完成专业学习的同时,可以顺利地完成职业技能培训,经过考核合格,在获得毕业证的同时,获得相关职业技能等级证书,实现双证书,极大地提高了职业能力和就业竞争力,为实现行业内高端就业奠定了基础。

参考文献

[1] 国务院.关于印发国家职业教育改革实施方案的通知:国发〔2019〕4号 [EB/OL].[2020-08-26].http://www.gov.cn/zhengce/content/2019-02/13/ content_5365341.htm.

[2] 教育部办公厅　国家发展改革委办公厅　财政部办公厅关于推进1+X证 书制度试点工作的指导意见[J].中华人民共和国教育部公报,2019(12): 31-34.

[3] 韩舒文.中、澳两国职业资格证书制度比较研究[D].石家庄:河北师范大 学,2014.

[4] 彭振宇.我国职业资格证书制度的历史回溯及述评[J].中国职业技术教育, 2021(19):29-36,81.

[5] 肖鹏程.我国职业资格证书制度演变对职业教育的影响研究[D].上海:上 海师范大学,2015.

[6] 孙善学.对1+X证书制度的几点认识[J].中国职业技术教育,2019(7): 72-76.

[7] 钱娴.双证书制度比较视角下"1+X"证书制度内涵研究[J].成人教育, 2020,40(4):50-54.

[8] 刘英霞,王若超.1+X证书制度育人效果评价与提升策略[J].中国职业技 术教育,2021(25):54-59.

[9] 唐以志.健全1+X证书制度,增强职业教育适应性[J].中国职业技术教育, 2021(12):109-113.

[10] 陈丽婷,李寿冰.1+X证书制度实施的意义与现实问题分析[J].职业技术 教育,2020,41(27):13-18.

[11] 李寿冰,高艳芳,杨兴芳.职业教育1+X证书制度试点的现状与对策[J].

职业技术教育,2020,41(20):20-24.

[12] 储诚炜,张波,许迪楼.双元制和资格证书制度:德国农民职业教育的制度
驱动[J].世界农业,2013(3):132-133,141.

[13] 许冰冰.德国职业资格证书制度研究[J].职教论坛,2013(13):46-51.

[14] 李思.德国企业《实训教师资格条例》发展探析[J].职业技术教育,2019,
40(21):68-73.

[15] 王垚芝,卢德生.德国职业资格证书制度及对1+X证书制度的启示[J].
当代职业教育,2020(5):105-112.

[16] 王垚芝.德国国家资历框架及对"1+X"证书制度的启示[J].成人教育,
2021,41(5):80-86.

[17] 郑静姝.英国职业资格证书制度再研究[D].上海:华东师范大学,2012.

[18] 李兵兵.实施职业资格证书推进"1+X证书制度"的研究[D].苏州:苏州
大学,2020.

[19] 朱亚娟.英国职业教育资格证书制度对我国的启示[J].成人教育,2021,
41(4):88-93.

[20] 尹书倩.英国职业资格证书制度与我国1+X证书制度差异分析[J].长沙
民政职业技术学院学报,2020,27(1):121-122.

[21] 李庶泉.英国国家职业资格证书制度改革的取向[J].职教论坛,2016
(28):81-86.

[22] 徐琳.英国职业资格证书制度建设特色借鉴[J].教育与职业,2013(19):
102-103.

[23] 邓茜.英国:职业资格证书考试受热捧[J].比较教育研究,2009,31(9):
93-94.

[24] 沈雕.英国"普职融合"的资格证书框架体系研究[D].重庆:西南大学,
2017.

[25] 陈竹韵.澳大利亚高职教师资格TAE证书四培训特色与启示[J].教育与
职业,2021(4):104-108.

[26] 杨丽波,张桂芳.澳大利亚学校本位学徒制对我国实行1+X证书制度的
启示[J].职业技术教育,2020,41(10):74-79.

[27] 孟秀丽,刘金涛.澳大利亚证书框架体系对我国高职院校专业建设的启示
[J].职教论坛,2012(9):94-96.

[28] 邓涛,孔凡琴.澳大利亚资格证书框架改革探析[J].外国中小学教育,
2015(5):5-10.

[29] 蒋燕. 澳大利亚和中国职教外贸证书体系比较分析[J]. 职教论坛,
2013（32）：91-93.

[30] 张东. 借鉴澳大利亚 TAA 四级证书培训包开发企业兼职教师培训课程的
系统设计[J]. 职业技术教育,2014,35（2）：94-96.

[31] 程舒通. 资历框架、"学分银行"与 1+X 证书制度的协同发展研究[J]. 职
教论坛,2020,36（12）：38-44.

[32] 吴雪萍,汪鑫. 发达国家实施职业资格证书制度的经验及启示[J]. 职教论
坛,2010（13）：85-89.

[33] 李兵. 国外学历证书与职业资格证书衔接的比较及启示[J]. 职教论坛,
2008（6）：60-64.

[34] 肖凤翔,黄晓玲. 国家资格框架发展的世界经验及其对我国的启示[J]. 职
教论坛,2014（16）：79-83.

[35] 杜敏,赵文超. 国外职业资格证书制度及其对我国的启示[J]. 继续教育研
究,2009（7）：53-54.

[36] 鲁兴启. 贝塔朗菲的跨学科思想初探[J]. 系统辩证学学报,2002,10（4）：
72-77.

[37] 袁霖. 兵团科技管理体制创新研究[D]. 石河子：石河子大学,2012.

[38] 方安荣. 促进客户价值挖掘的银行厅堂管理模式优化：基于大数据应用的
分析[D]. 杭州：浙江理工大学,2019.

[39] 陈易依. 基于共生耦合系统理论的复合型都市农业园区发展规划研究：以
四川简阳双古井现代都市农业园区的规划为例[D]. 南京：南京农业大学,
2016.

[40] 何绍福. 农业耦合系统的理论与实践研究：以马坪镇为实验区[D]. 福州：
福建师范大学,2005.

[41] 李峰峰. 动态耦合视角下的收入分配、消费需求与经济增长[D]. 长沙：湖
南大学,2015.

[42] 李云. 多元智能理论下的幼儿英语教育[J]. 吉林省教育学院学报（下旬）,
2014（8）：106-108.

[43] 苏虹. 终身教育思潮对成人高等教育的影响[J]. 山西高等学校社会科学
学报,2003,15（1）：84-88.

[44] 周一飞,谢朴园. 传承黄炎培职业教育思想,办人民满意的职业教育[A].
// 上海中华职业教育社. 托起职业教育的明天：2005 上海中华职业教育论

坛论文汇编 [C]. 上海：上海交通大学出版社，2005:33-43.

[45] 郭小斌，季海龙. 西方新职业主义发展及教育观对中国的启示 [J]. 教书育人（高教论坛），2019（3）：70-72.

[46] 黄一鸥，曾绍玮. 书证融通背景下 1+X 证书制度的价值目标与推进路径 [J]. 教育与职业，2021（5）：12-19.

[47] 王亚盛，赵林. 1+X 证书制度与书证融通实施方法探索 [J]. 中国职业技术教育，2020（6）：13-17,64.

[48] 喻宙，胡斌，郝会霞，等. 职业技能等级证书与专业人才培养方案融通路径设计：以用户侧微电网工程应用职业技能等级证书与分布式发电与微电网技术专业衔接为例 [J]. 中国职业技术教育，2021（24）：85-90.

[49] 戴孝林，周军，陈亮，等. 1+X 证书制度与双证书制度的比较研究 [J]. 扬州职业大学学报，2020，24（3）：48-52.

[50] 吴南中，谢红. 1+X 证书制度下职业教育人才培养模式的变革方向与创新路径 [J]. 职业技术教育，2020（36）：22-26.

[51] 郭秋兰，张小义，王成元，等. "1+X" 证书制度下土木工程专业课程体系构建探讨 [J]. 农村经济与科技，2020（10）：289-290.

[52] 刘琴. "1+X" 证书制度下高职金融专业课程体系优化探索 [J]. 经贸人才，2021（9）：58-60.

[53] 汤泽军. 1+X 证书制度下职业院校电子类专业课证融通的改革探索 [J]. 长沙航空职业技术学院学报，2020（6）：45-50.

[54] 季东军，孙福才，杜丽萍. 基于学分制的 "1+X" 证书课程体系改革 [J]. 中国管理信息化，2021（9）：209-210.

[55] 李蓉. 1+X 证书制度下多证融合软件技术专业课程体系构建研究 [J]. 职业教育研究，2021（5）：28-33.

[56] 陈天凡. 基于院校视角的 X 证书评价遴选 [J]. 木工机床，2021（1）：27-29,36.

[57] 安晓倩. 嘉禾小区智能化建设工程项目综合评价研究 [D]. 北京：华北电力大学，2015.

[58] 莫艳珍，张静. 高职会计专业遴选 1+X 证书策略研究 [J]. 财会学习，2021（17）：176-177.

[59] 王亚盛，童红兵，孙志. 1+X 书证融通方法在专业群建设与新型教材开发中的应用 [J]. 中国职业技术教育，2021（29）：91-96.

[60] 戴勇.基于1+X证书制度的书证融通教材开发研究[J].中国职业技术教育,2021(14):35-42.

[61] 教育部.教育部关于印发《中小学教材管理办法》《职业院校教材管理办法》和《普通高等学校教材管理办法》的通知:教材〔2019〕3号[EB/OL].[2021-06-09] http://www.gov.cn/zhengce/zhengceku/2020-01/07/content_5467235.htm.

[62] 蔡跃,王偲,李静.职业教育新型活页式教材的内涵、特征及开发要点[J].中国职业技术教育,2021(11):88-92.

[63] 陈子季.优化类型定位,加快构建现代职业教育体系[J].中国职业技术教育,2021(12):5-11.

[64] 李寿冰,高艳芳,满冬.1+X证书制度试点下职业教育培训评价组织建设与监管[J].中国职业技术教育,2020(7):50-53.

[65] 刘林山.学习者视角下1+X证书制度实施的意义、困境与引导策略[J].教育与职业,2021(6):13-18.

[66] 唐以志.关于以效果为导向构建职业教育质量评价标准的思考[J].中国职业技术教育,2016(6):12-16.

[67] 刘英霞.服务学生发展,成就出彩人生:高职教育学生发展性评价理论研究与实践[M].北京:中国纺织出版社,2020.

[68] 张晓刚.1+X证书制度试点工作存在的问题与对策[J].教育与职业,2021(15):52-56.

[69] 郭剑英.高职院校学前教育专业试点"1+X"证书制度的思考[J].职业技术教育,2020,41(20):41-44.

[70] 许宇飞,罗尧成.职业院校推进1+X证书制度的现实之困与应有之举[J].教育与职业,2021(14):29-35.

[71] 人社部继续清理取消职业资格许可和认定事项[EB/OL].[2017-01-18].http://www.gov.cn/xinwen/2017-01/18/content_5160873.htm.

[72] 周小青,姜乐军,肖红升,等.基础性条件保障:"1+X"证书制度下的实训基地建设[J].职业技术教育,2020,41(2):16-20.

[73] 于进亮.1+X证书制度实现书证融通的问题与策略[J].中国职业技术教育,2021(17):53-57.

[74] 王兴,王丹霞.1+X证书制度的若干关键问题研究[J].职业技术教育,2019,40(12):7-12.

[75] 张培,夏海鹰.1+X 证书制度的价值取向、生成机制与实践进路[J].教育与职业,2021(13):28-35.

[76] 曾晓琴,王利华.基于1+X 证书制度的高职"学分银行"建设的问题与对策[J].教育与职业,2021(8):20-26.

[77] 茅徐斌.1+X 证书制度理念下职业教育"学分银行"建设的价值、困境与策略[J].职业技术教育,2020,41(36):27-31.

[78] 陈华,何少庆.国家资历框架下1+X 证书制度实施的关键与路径选择[J].教育与职业,2021(16):36-42.

[79] 郭为.对1+X 证书考核费用问题的思考[J].中国职业技术教育,2021(7):77-81,87.

[80] 张盼盼.1+X 证书制度与人才培养方案的融合路径研究:以"动漫制作技术"专业为例[J].中国职业技术教育,2020(23):45-50.

[81] 教育部.教育部关于职业院校专业人才培养方案制订与实施工作的指导意见:教职成〔2019〕13 号[EB/OL].[2019-06-11].http://www.moe.gov.cn/srcsite/A07/moe_953/201906/t20190618_386287.html?eqid=fa41ecf600007cd800000006642e57dd.

[82] 高华,吴岸晶,杨翀,等.1+X 证书制度的书证融通实施路径与实践:以老年服务与管理专业为例[J].中国职业技术教育,2020(29):73-78,85.

[83] 易烨,戎笑,丁明军.1+X 证书制度视域下高职智能制造专业群复合型技术技能人才培养探究[J].教育与职业,2021(16):65-68.

[84] 散晓燕.1+X 证书制度下高职新型活页式教材的特征、价值与设计[J].教育与职业,2021(11):93-97.

[85] 杨天红,张莉.1+X 证书制度导向下企业对校企合作的满意度调查研究[J].中国职业技术教育,2021(24):79-84,90.

[86] 余彬."大职教观"视域下职业教育1+X 证书制度的实施[J].教育与职业,2020(11):20-27.

[87] 李虔,卢威,尹兴敬.1+X 证书制度:进展、问题与对策[J].国家教育行政学院学报,2019(12):18-25.

[88] 鲍风雨,苗玲玉,李兵.高职教师动态绩效考核评价体系的运行与实践[J].中国职业技术教育,2017(21):66-69.